修炼

中学思想政治课有效教学实践研究

尹小俊　著

湖南师范大学出版社

·长沙·

图书在版编目（CIP）数据

修炼：中学思想政治课有效教学实践研究 / 尹小俊著. —长沙：湖南师范大学出版社，2021.9
ISBN 978 - 7 - 5648 - 4191 - 1

Ⅰ.①修…　Ⅱ.①尹…　Ⅲ.①政治课—教学研究—中学　Ⅳ.①G633.202

中国版本图书馆 CIP 数据核字（2021）第 100624 号

修炼：中学思想政治课有效教学实践研究

Xiulian：Zhongxue Sixiang Zhengzhi Ke Youxiao Jiaoxue Shijian Yanjiu

尹小俊　著

◇组稿编辑：李　阳
◇责任编辑：李红霞　江洪波
◇责任校对：蒋旭东
◇出版发行：湖南师范大学出版社
　　　　　　地址/长沙市岳麓区　邮编/410081
　　　　　　电话/0731 - 88873071　88873070　传真/0731 - 88872636
　　　　　　网址/https：//press.hunnu.edu.cn
◇经销：新华书店
◇印刷：湖南省美如画彩色印刷有限公司
◇开本：710 mm×1000 mm　1/16
◇印张：15.25
◇字数：280 千字
◇版次：2021 年 9 月第 1 版
◇印次：2022 年 7 月第 2 次印刷
◇书号：ISBN 978 - 7 - 5648 - 4191 - 1
◇定价：59.80 元

前　言

　　2019年3月18日，中共中央总书记、国家主席、中央军委主席习近平在学校思想政治理论课教师座谈会上强调，思想政治理论课是落实立德树人根本任务的关键课程。青少年阶段是人生的"拔节孕穗期"，最需要精心引导和栽培。我们办中国特色社会主义教育，就是要理直气壮开好思想政治课，用新时代中国特色社会主义思想铸魂育人，引导学生增强中国特色社会主义道路自信、理论自信、制度自信、文化自信，厚植爱国主义情怀，把爱国情、强国志、报国行自觉融入坚持和发展中国特色社会主义事业、建设社会主义现代化强国、实现中华民族伟大复兴的奋斗之中。

　　21世纪是我国现代化建设和实现中华民族伟大复兴的关键时期，在这时期，我国政治、经济、文化、科技等飞速发展，国力日益增强。在这样伟大的历史时期，思想政治课所承担的责任特别重大。有效的课堂教学自然成为思想政治课的重要教育目标之一。

　　新课程实施，为我国的基础教育作了新的定位，面向全体学生成为新课程实施的重要原则。目前，实施新课程已经在全国范围全面铺开，教育者的认识和实践都到了更高层次的平台上。推进新课程有哪些良策？新课程如何更好地实现它的终极目标？这些问题已成为当前教育者们思考的热点。研究"有效课堂教学"正是有力推进新课程思想政治课教学的良策之一，所以它的研究意义非常深远。

中学思想政治课教学经过多年来教改洗礼，虽然取得了一些可喜的成绩，但仍然存在许多问题。其具体表现为：功利化——把提高分数和升学率作为衡量课堂是否高效的唯一尺度；形式化——关注结果，忽视教学过程的有效性；简单化——关注知识，忽视能力和情感的有效性，关注即时的、显性的，忽视长远的、隐性的有效性。

高耗低效，缺乏策略，成为教与学最突出的问题。而解决这一问题的关键就是要系统地研究课堂教学的有效性原理，努力形成有效教学策略体系，用以指导学生进行有效学习，最终达到教学效果的最优化。

"思想政治课有效教学"研究的主要内容就是学生学习心理、学习方法，教师的教学策略等。所以，该项研究对更好地加强思想政治课教学以及促进学生更好地发展有重大的意义。

尹小俊

于中山纪念中学

目 录

第一章　紧跟时代步伐　牢记时代使命 …………………………（1）

第一节　顺应教学改革，探索教学新路 ……………………（1）

第二节　时政教学中培育政治认同的有效途径 ……………（4）

第三节　运用时政资源教学常见的误区 ……………………（8）

第四节　用好时政素材　提高教学质量 ……………………（12）

第五节　市场经济条件下的思想政治课教学策略 …………（14）

第六节　当代中学生人生价值取向的特点及教育对策 ……（18）

第二章　精心设计教学　打造高效课堂 …………………………（23）

第一节　"消费及其类型"教学设计 ………………………（23）

第二节　"我国的生产资料所有制"教学设计（一）

　　　　——"我国的基本经济制度"教学设计 …………（31）

第三节　"我国的生产资料所有制"教学设计（二）

　　　　——"毫不动摇巩固和发展公有制经济"教学设计 ……（37）

第四节　"我国的生产资料所有制"教学设计（三）

　　　　——"毫不动摇鼓励、支持、引导非公有制经济发展"

　　　　教学设计 …………………………………………（42）

第五节　"按劳分配为主体、多种分配方式并存"教学设计 ……（47）

第六节　"征税和纳税"教学设计 …………………………（54）

第七节　"市场配置资源"教学设计 ………………………（60）

第八节　"中国共产党的领导"教学设计（一）

　　　　——"始终坚持以人民为中心"教学设计 ………（65）

第九节　"中国共产党的领导"教学设计（二）

　　　　——"坚持党的领导"教学设计 ………………（71）

第十节　"民族区域自治制度"教学设计 …………………（78）

第十一节　"永恒的中华民族精神"教学设计 ……………（83）

　　第十二节　"用发展的观点看问题"教学设计 ……………………（89）
　　第十三节　"一例到底教学法"运用
　　　　　　——以"实践及其特征"为例 …………………………（95）

第三章　优化教学方式　提高教学质量 …………………………（103）
　　第一节　构建活动课堂　培育政治认同 ………………………（103）
　　第二节　打造全员育人共同体　提高思想政治课教学实效 ……（109）
　　第三节　科学地使用教材　提高教学实效 ……………………（114）
　　第四节　重视信息反馈　提高教学质量 ………………………（119）
　　第五节　议题式教学中的"伪议题" …………………………（121）
　　第六节　议题式教学中的误区 …………………………………（126）
　　第七节　思想政治课中运用现代信息技术的策略 ……………（129）
　　第八节　PPT 教学中常见的误区 ……………………………（132）
　　第九节　计算机辅助教学艺术 …………………………………（134）
　　第十节　学校教育与家庭教育相结合 …………………………（137）

第四章　总结解题方法　培育学生素养 …………………………（139）
　　第一节　讲题：层层设问，步步提高 …………………………（139）
　　第二节　选择题解题方法 ………………………………………（142）
　　第三节　非选择题解题技巧 ……………………………………（145）
　　第四节　"材料题"教学策略 …………………………………（148）
　　第五节　"材料题"解题技巧 …………………………………（155）
　　第六节　高考政治试题分析及教学反思 ………………………（158）
　　第七节　指导研究性学习　培养学生能力 ……………………（161）

第五章　挖掘传统文化　开发乡土资源 …………………………（168）
　　第一节　红色文化资源融入思想政治课 ………………………（168）
　　第二节　加强传统文化教育　培育学生核心素养
　　　　　　——"传统文化的继承"教学设计 …………………（172）
　　第三节　乡土文化资源的开发价值 ……………………………（184）
　　第四节　乡土人文资源在思想政治课中的开发与利用 ………（188）

第六章　开展课题研究　促进教师专业成长 ……………………（193）
　　第一节　"网络四环教学法"研究 ……………………………（193）
　　第二节　高三学生"学习瓶颈期"研究 ………………………（199）
　　第三节　生态文明建设背景下的绿色学校创建研究 …………（219）

参考文献 ……………………………………………………………（236）

第一章
紧跟时代步伐 牢记时代使命

第一节 顺应教学改革 探索教学新路

教育教学与教育政策密切相关。1999 年教育部推行"3＋X"高考改革，即语文、数学和英语三门必考科目，加上"X"自选科目。这种改革凸显了综合能力测试因素。命题以能力测试为主导，增加能力型和应用性题目，考查学生相关课程基础知识、基本技能的掌握程度和综合运用所学知识解决实际问题的能力。3＋X 高考模式的改革，不仅仅是高考科目设置的改革，更是高考指导思想及内容的改革。它是对素质教育的促进与支持，同时也给思想政治课教学带来的新的机遇和挑战。探索 3＋X 模式的高考政治试题的特征，以确定科学的教学对策，对教师的教学和学生学习来说，具有重要意义。

一、高考改革要求教学更加重视基础知识

新高考模式下思想政治课试题的特征之一，是指导思想从以往的"知识立意"转为"能力立意"，更加注重考查学生能力和素养，从而淡化了知识的覆盖面，有效地避免了学生死记硬背。如 2018 年全国文综一卷第 13、15、17、18、22 题主要考查学生对学科知识内在联系的把握，或者说考查学生学科知识的组合（迁移）能力及分析、比较、归纳问题的能力；而第 38、39 题则以时政热点材料为载体，考查学生综合运用知识从不同角度分析问题的能力。

高考改革强调对能力的考查，而能力的发展有赖于知识的掌握和积累。注重能力绝非轻视知识，相反是对知识的学习提出了更高的要求，即要把

"死知识"变为"活知识"。一方面，"文科综合"中政治、历史、地理三科交叉、综合的内容只占很少一部分，一味地追求综合能力，将是舍本求末；另一方面，试题是以考查所学的各科的内容知识为载体或背景材料，考查的内容既是书本上有的，又是书本上没有的，靠死记硬背或题海战术都无济于事，唯一有效的办法是把基础打牢，做到灵活运用知识，这样才能综合地分析和解决问题。① 基于此，我们政治课的教学对策是：（1）严格按照《考试说明》规定的考查知识范围，全面复习，系统掌握，防止出现知识死角；（2）准确理解和把握基本原理和基本概念，真正弄懂弄清基本原理的内容和基本概念的内涵和外延；（3）要从多角度，从知识的交叉上把握知识，加工消化，分清易混易错点，避免含混不清和囫囵吞枣。做到以上三点，才能准确理解知识，正确解答问题。

二、高考改革要求教学要实现"两个转变"

新高考模式下思想政治课试题突出了对学生核心素养的考查，加大了对考生综合能力和整体素质，特别是创新能力考查的力度。如 2019 年全国文综一卷第 13、14、16、22、24、38、39 题，都需要学生根据材料创造性回答，渗透着创新思维能力，体现了素质教育的要求。而从素质教育的高度审视"3＋X"改革，这一方案不仅充分体现了学生综合素质在选拔考试中的重要地位，更为重要、更为深远的意义在于它对中小学尤其是高中教学起积极的导向作用。要适应"综合测试"对考生素质和能力的考查，注重创新的要求，我们必须实现"两个转变"，即转变教学理念、转变课堂教学模式。从茫茫题海中摆脱出来，从传统的学科分类中走出来，在更广阔的空间里采取有针对性的、灵活的、科学的教学方法。3＋X 高考注重对学生创新思维能力，尤其是发散思维能力的考核。素质教育的核心在于培养学生的创新精神和实践能力。这一特征告诉我们必须采用的对策是：（1）使学生了解高考中思想政治学科考察的能力要求及其特点，分析相关例题，严格按照八种能力要求的标准进行练习；（2）进行定时、定性和不同类型试题的单项训练，指导学生掌握正确的审题步骤和答题方法，剖析题意，掌握答题规律，提示解题失误原因，实现主观和客观的高度统一；（3）知识点的多角度运用、同一热点的多角度分析、同一试题的多角度解答，培养创新思维能

---

① 钱治权. 文科综合能力测试的特点及对策 [J]. 课程教材教学研究（中教研究），2002（2）.

力及应变能力；（4）发挥思考问题的主动性。

具体来说要做到：第一，在教师指导下让学生积极参与到教学的各个环节中去。从发展学生创新思维这一战略高度出发，我们必须创造新的教学模式，有问题要让学生去讨论、争论，再让学生"动起来"，让学生参与教学的各个环节。例如："问题式教学"模式就比较好，基本思路是：教师确定某一热点问题—组织学生搜集资料和信息—学生独立或集体对资料和信息进行加工、整理—学生提出解决问题的思路、方法。第二，要创造条件让学生多思考、多问、多交流。能力是练出来的，教师在课堂教学中要不断创设新的问题情境，创造和谐民主的课堂气氛，鼓励学生在课堂上勇于质疑问难，展开讨论。例如时政评述，通过对重要问题讨论或争论，既能加深学生对问题的理解，又能培养学生的批判思维和发散思维，特别是"学以致用"的能力。

三、要探索"一科多用、多科渗透"的教学模式，优化教学内容

更加注重知识的内在联系，考查学生的综合分析和运用知识的能力是新高考模式下文科综合试题又一特征。突出综合的要求，这一特点在苏、浙、吉三省高考文科综合试卷中都有明显表现，客观题中许多选项从表达方式到内涵，已不是单纯的某一学科内容，而是带有综合性特点。如1999年第8题罗斯福新政的重要内容中的D项：扩大内需，刺激生产；第11题中D项：利用季风。这些选项，如果学生没有一定的综合理解能力，把所学的知识加以整合，就无法准确理解。另外，命题还要求学生必须具备一些基本知识和能力。如学生的读图能力，在最后的两道跨学科的综合题中融合了政、史、地三科知识，如果学生缺乏这种能力则会给解答题目造成极大的困难。

这一特点要求教师探索综合学科渗透教学的规律，打破现有的分科教学相对独立的格局，从纵横两个方面构建"一材多用，多科渗透"的教学模式，优化教学内容。纵向渗透，即加强政治学科自身知识贯通。一般通过"串联"（知识间的顺序和程序的多层次联系）、"并联"（多角度地联系），引导学生对基础知识作全面的理解。横向渗透，即综合学科间的沟通。一般采取三种形式：一是承前联系，即联系其他学科中已经学过的知识和内容；二是同步联系，即联系其他学科中正在教学的内容；三是超前联系，即联系其他学科中即将教学的内容。这三种形式在教学实践中可以采用一种，也可以同时采用多种。通过综合学科教学的渗透，使各科在知识背景、教学内

容、思维方法、学习能力、操作技能以及科学的、道德的、审美的教育因素等方面相互补充、相互配合和相互贯通，把各学科间同类的知识信息集中在一起，相关的技能训练紧密联系起来，形成协调统一的整体性教学体系。创建多种活动载体，将政、史、地三个学科知识融于一体，也是综合学科渗透教学的一种好形式。学生的成长，离不开知识的传授、行为的训练、情感的激发和情境的熏陶，然而这一切又离不开以学生为主体的社会实践教育活动。在实践中，大量的实物材料、图形材料、形象材料和非语言性材料，以及参观调查、撰写论文、知识竞赛等，能使学生巩固所学知识，激发兴趣，发挥特长，培养创新精神，提升独立发现问题、解决问题的能力。

四、新高考模式要求教学要更加注重理论联系实际

新高考模式综合科试题特点之三是不回避社会热点问题，对有的社会热点问题是多角度、多层次地考查。例如全国人大会议精神、国企改革、农业和农村发展问题、扶贫攻坚、科技创新、抗疫、宪法修正案、打击走私、对外开放等问题，都成为了考查的重点内容。由此，我们在实际的教学过程中，要尽量挖掘学生的潜力，给学生创造条件，让他们广泛接触生活实际和社会实际，充分利用现有的图书馆、广播室等设施，拓宽学生的知识视野和思维空间。引导学生注意学科内外知识的联系、学科知识与实际问题的联系，逐步培养学生运用单学科或多学科知识分析和解决实际问题的习惯、思维方式和能力。这一特征要求我们在教学中必须坚持理论联系实际的原则。一是要学习理论、学习时事政治，且将时事政治渗透到政治课教学中，以提高分析问题解决问题的能力。二是运用所学知识，分析现实生活中各种问题，指导学生正确观察生活，分析其中蕴含的政治常识道理、经济常识道理和哲学道理，从而抓住现实生活中有关现象的本质，提高认识水平，分清是非，树立科学世界观、人生观。

第二节　时政教学中培育政治认同的有效途径

在思想政治课教学中利用时政知识构建教学情境，开展丰富多彩的时事教育活动，能有效地帮助学生形成正确的政治认知，激发学生的政治情感，坚定学生的政治信仰，引导学生的政治行为。思想政治课教师要立足于学生

的"核心素养"，对时政资源进行深入的分析和挖掘，要寻找多角度、多层次开发时政资源的可能性，以此来培养学生的政治认同素养。① 如何运用时政资源来培养学生的政治认同素养，教师可从以下几个方面着手：

一、创设时政教育平台，引导学生关注时政新闻，形成政治认知

建构主义认为，"学生是在自己的生活经验基础上，在主动的活动中建构自己的知识"。高中生的直接生活经验很有限。这样在很大程度上限制了其认知水平的提升。例如，在学习"我国国家机构"时，那些生活经验较少且平时"两耳不闻窗外事"的同学理解起来就非常困难。他们很难将中国共产党、人大和政府区分开来，很难分辨哪些部门属于政府部门。如果教师能够经常引导学生关注时政新闻热点，这些信息就能够为学生提供丰富的、兼具广度和深度的间接生活经验。关注时政新闻热点既有利于学生丰富自身的生活经验，获得对自身政治身份、自己的国家、自己的民族和民族文化的感性认识，同时也能够获得对我国的政治主体、政治规范、政治程序和意识形态层面的初步认知。②

学生形成政治认知，教师需要做好全方位的引导：第一，所有学生都需要在课前关注时政。第二，课前关注的时政内容，在浏览各类要闻的同时最好能够将重点聚焦在即将展开的学习主题上，这样更有利于为即将到来的学习打下坚实的基础。为此，教师应当规定关注的主题。比如，在学习"为人民服务的政府"这一课时，教师可以规定学生重点关注"中央政府、本省政府、本市政府最近一周的工作"等相对具体的主题。第三，教师应当为学生关注时政提供便利，同时帮助学生培养高效搜索的能力。比如，将《人民日报》《中国青年报》等报纸张贴在教学楼内，班级订阅《参考消息》《新闻周刊》等刊物，方便学生利用碎片时间随时查阅；比如，推荐"澎湃新闻"等权威的、无杂乱信息的网站，推荐"学习强国"等官方的、内容经过严格审核的APP。第四，必须强调"关注"所需达到的效果，就是需要能够用简短的段落与同学们分享所关注到的时政内容。第五，关注之

① 张河珍. 巧用时政　妙趣横生——时事政治在高中政治教学中的运用 [J]. 福建教育学院学报，2018，19（11）：62－64.

② 陈哲远. 基于核心素养培养的高中政治时政述评活动的开展 [J]. 西部素质教育，2018，4（06）：41－48.

后要展示成果。展示的方式不应限于"课前5分钟新闻播报"，还应包括编辑班级《新闻日刊》、在公告栏设置《今日关注》展示专区等，这些方式容量更大、留存时间更长，同时也便于在下一个环节让这些素材发挥更大的作用。在同学们展示自己的关注成果之后，教师最好能够在课堂上使用其中的一些素材，这样既能够调动同学们持续关注时政的积极性，也能够搭建起直接经验与知识之间的桥梁，真正发挥学生的自主性，建构起自己的知识大厦。

二、开展时政新闻评述，激发学生的爱国意识，培养政治情感

新课标倡导进行议题式教学。议题式教学是指教师根据教学内容提炼议题，围绕议题创设问题情境，在情境的讨论中形成基本的价值判断。而学生的政治意向（政治认同的心理倾向）也是在对情境进行探究和思考的过程中形成的。因此，在政治课教学中，教师可将教学内容与时政联系起来，创设具有开放性和思辨性的议题，使学生在议题讨论的过程中生发出政治意向，形成政治认同感。例如，教师在组织"和平与发展：当今时代的主题"的教学时，可以围绕"中美贸易战"来设置议题，根据"是什么""为什么""怎么办"的教学逻辑来引导学生思考以下的问题："你们如何看待中美贸易战？""中美贸易战会给中美双方乃至国际带来怎样的影响？""中美贸易未来的走向会是怎样？""面对霸权主义和强权政治，发展中国家应如何应对？"通过该议题的教学，在引导学生了解国际经济秩序存在的问题以及发展趋势的基础上，让学生更加认同我国处理国际关系的基本原则。

2019年9月中下旬，为及时有效地运用时政热点及重大事件开展思想政治教育工作，引导学生正确认识香港局势，树立理性爱国意识，笔者开展了"形势与政策"的专题教育。通过专题教育，让学生对香港局势动态研判，简要讲解了香港修订《逃犯条例》风波的起源和事态发展起伏过程，让同学们对香港局势的起因和主要发展过程有一个大概了解，以帮助同学们坚持实事求是、客观分析的态度，从而激发学生的爱国热情。教学过程中，老师不断深入地引导同学们加深对"一国两制"基本国策的认同，坚定对"全面依法治国"重大国家战略的信心，坚持"理性爱国"的认识自觉和行动自觉。

三、巧用时政开展探究，强化学生的价值辨析，坚定政治信念

政治教师在教学中，要巧用时事政治开展探究活动，以贴近学生生活的

时政案例为线索，组织学生开展探究活动。通过时事范例分析并展示观点，引发学生思考，让学生在价值冲突中深化理解，在比较鉴别中提高认识，在探究活动中拓宽视野。在此基础上，教师要对学生进行价值引领，使其更加坚信社会主义价值观。例如，在"民主决策"一课教学时，笔者通过模拟听证会活动，让学生能更清楚地理解电价听证的过程。在听证发言中，大家对实行阶梯式电价表示理解，同时对适度调价、政府加大财政投入、强化内部管理降低运行成本、加强宣传教育和引导等方面提出了许多合理化建议。通过这样的情景模拟活动，让学生切实感受参与民主生活的意义，从根本上认同国家的政治制度，达到培养学生政治认同的目的。

在教学中，教师要善于利用时政资源激发学生的爱国情怀，利用真人真事、真情实感，讲好履职敬业、追梦筑梦、奋斗圆梦的中国故事，才能真正激发学生的爱国意识。[①] 例如，在讲到"中国共产党执政：历史和人民的选择"这一课时，教师可以"新中国成立70周年"为例，利用视频向同学们展示中华人民共和国成立以来，尤其是改革开放以来的光辉历程和伟大成就，让学生领悟到中国共产党是中国特色社会主义事业的领导核心，让学生知道江河万里总有源，树高千尺总有根，中国特色社会主义能发展到今天，不是从天上掉下来的，而是党和人民历尽千辛万苦，付出巨大代价，用鲜血和汗水取得的根本成就，从而让学生更加认同党的领导，更加拥护我们的国家，更加珍惜我们当前的幸福生活。

四、依据时政开展实践活动，增强学生的政治认同感，引导政治行为

政治认同素养的养成，不能仅依靠课堂教学，还应积极引导学生参加课后实践活动。一方面，通过实践来检验所学的理论知识；另一方面，通过实践学习新的知识、技能，在开展活动中增强学生的政治认同感，使学生树立社会主义核心价值观，坚持中国道路、弘扬中国精神、凝聚中国力量，为实现中华民族伟大复兴的中国梦而奋斗，真正将政治认同内化于心、外化于行。课后实践活动形式多样，例如举办时政知识竞赛、时政专题讲座、时政主题演讲，进行时政调查和研究性学习等。例如，在学习"文化创新的途径"时，教师可以"推动中华优秀传统文化的创造性转化、创新性发展"为主题，让学生调查和研究本土传统文化的创新情况。学生在调查中可对本

---

① 金瑾. 时政资源的教学价值、开发与应用 [J]. 中学政治教学参考，2019（13）：11–13.

土文化的发展历史、保护现状有系统的了解，明确文化创新的主要途径和重要作用，从而更加认同本土文化。学生只有在认同本土文化的基础上，才能更进一步认同我们的民族文化、国家文化，增强对中国特色社会主义文化的认同感和自信心。

第三节　运用时政资源教学常见的误区

高中思想政治课教学不仅要对学生进行理论知识教育，更重要的是对学生进行世界观、价值观、人生观教育，对学生进行革命理想教育，提高学生的素养。时政素材在高中思想政治课教学中具有重要意义，能发挥重要作用。如何运用时政素材？教学当中常见以下误区：

一、只重视知识讲解，不重视价值导向

思想政治课教学不应该只是传播课本知识，还要敢于突破课本的束缚，引进课外知识，让学生了解党的路线、方针、政策更是思想政治课的应有之义。比如，在教学过程中，开展学习宣传贯彻党的十九大精神系列专题辅导讲座，就有助于学生了解党的路线、方针、政策，培养学生的政治认同。培养学生政治认同要发挥时政资源的作用，教师在运用时政资源教学时，要重视价值导向。当前，相当多的教师在教学当中忽视时政的价值导向性，使得政治课的教学未能取得良好的效果。[①] 例如，在讲述"党的执政理念"这一课时，要凸显新时代是将人民的美好幸福生活作为重要价值追求，要重视补齐民生短板，促进社会公平，目的是实现全体人民共同富裕。在此情况下，时政资源的运用就不仅是服务于教学内容，更是对学生进行价值的引领，使学生更加认同中国共产党坚持以人民为中心的发展思想，这种价值导向性是培养学生政治认同的重点，而这恰恰是当前一些教师容易忽略的一点。

二、只求考试分数，忽视核心素养的提高

时政资料是教学的辅助材料，它是为教学服务的，我们要挑选那些与课程知识点紧密相关的时政素材，用时政材料说明教材观点，做到理论联系实

---

① 庄媛. 高中时政教育存在的问题及改进对策 [J]. 教学与管理，2017（15）：113-115.

际。有一些教师只是为了提高学生考试分数，在临考前给学生整理了相关的时政材料，让学生根据整理的材料进行背诵，完全背离了时政素材的育人功能，使得学生对思想政治课丧失学习动力。还有一些教师为了活跃课堂教学氛围，增加课堂的趣味性，把整堂课都变成了纯粹的时政素材讲授课，本末倒置，完全脱离了时政素材应具备的教育作用，使时政素材丧失了应有的作用。

在新课标的指导下，教师要对时事教育进行重新的定位，改变一直以来对时事政治教育的误解和偏见，为时政资源有效融入课堂提供时间与环境方面的保障。部分教师课堂运用时事政治只关注与高考联系紧密的高频考点，不重视对学生素质的培养。在时事政治教学中，只重视记忆，不重视分析和运用，这样的教学既影响学生学习兴趣，也不利于培养政治认同。还有一部分教师在运用时政资源时，只是为了迎合学生的兴趣。在运用时政资源时不进行深入分析，只是让学生死记硬背，这种功利性的应试做法不利于学生学科核心素养的形成，尤其是政治认同素养的培养。

三、只重视教育形式，忽视内容的渗透

重视教育形式，忽视内容的渗透，其表现之一：课堂引入时事新闻只是为了提起学生兴趣，而时事内容与教材内容毫不相关。如一位老师在讲《政治生活》课中"民族区域自治制度"这一框时，课前三分钟让学生观看了"神舟十号"发射成功的视频。

重视教育形式，忽视内容的渗透，其表现之二：部分思想政治课教师习惯采用"课前新闻发布"的形式对学生进行教育。这是对学生进行正确价值引领的重要环节，但是教师在教学中既不结合教材的理论知识对时政做出深入的点评，也不鼓励学生提出质疑、分析和讨论，更没有对学生进行及时的价值引领，导致所谓的"新闻发布"流于形式。由于知识水平有限，学生在交流分享时政资源时，只知道国家和社会发生了哪些事情，但是对于事情发生的前因后果无法做出正确的判断和分析，无法深入挖掘新闻背后所隐藏的大量信息。因此，这种重教育形式而轻内容渗透的时政教学，在增强学生政治敏锐性、提高学生思辨能力方面所能发挥的作用微乎其微。一节热热闹闹、生动活泼的思想政治课倘若失去了思想政治课所应该有的启发性、思辨性，就达不到教学目标。

四、只重视引用时政的数量，不重视实际效果

时事政治运用到课堂既能帮助学生理解教材，又能帮助学生理论联系实际。然而时事政治内容众多，有国内的，有国外的；有近期的，有远期的；有经济的、有政治的，还有文化、军事的等；有全国的，也有地方的。教学中我们要有目的地选择，要选择与教学目的相符的、与学生认识实际相契合的、接地气的、近期的时事，一般不要选择远期的时事。教师不能只顾及时政材料本身的重要性或新鲜度，而忽略了材料与教材内容、教学标准以及教学主题是否相符。在实际的教学过程中，教师不能只是将所获得的资料进行简单堆砌，而不根据新课改的要求、学科的特点和学生的需要对时政资料进行分类、综合再使用，这样往往导致了时政资源的内容零散，意图不明确，缺乏针对性，不能恰到好处地为教学目标服务。正是因为时政资源的选择缺乏针对性，部分政治教师未能抓住时政资源的精髓来培养学生政治认同素养。

五、生硬地灌输，忽视学生主体作用

"生硬地灌输，忽视学生主体作用"的表现之一：只注重记忆，不注重理解。例如，有一个学校时事知识竞赛题是：2019 年 5 月 12 日是我国第（　）个全国防灾减灾日。答案是第十一个。在这个竞赛活动中，老师让学生记住第几个防灾减灾日没有多大意义，关键是要让学生懂得设立防灾减灾日的目的，懂得为什么要设立防灾减灾日。又如，考查中国共产党第十九届中央委员会第四次全体会议时，某学校考查题目是：中国共产党第十九届中央委员会第四次全体会议于（　　）年（　）月（　）日至（　）日在北京举行。答案是：2019 年 10 月 28 日至 31 日。在这个时事考查当中，开会的时间并不是我们教学的重点，重点是这次会议的内容。这次会议通过了《中共中央关于坚持和完善中国特色社会主义制度、推进国家治理体系和治理能力现代化若干重大问题的决定》，这是完善和发展我国国家制度和治理体系的纲领性文件。

"生硬地灌输，忽视学生主体作用"的表现之二：当前思想政治课教学中，一些老师只重视时事灌输，不重视学生的主体作用。一方面，在时政资源的选取上，时政资源都是由教师自己选择，学生不参与课前时政资源的准备环节；另一方面，在时政资源的运用上，主要是通过教师在课堂中直接讲

解时事政治引出教材知识，中间缺少学生自我探索。这样的教学会使学生感觉无趣，老师感觉无味，教学效果不好。

六、材料选择过时，忽视教学效果

时政素材的一大重要特点就在于其时效性，但是，现在高中政治教师由于课业繁重，备课时间不足，在挖掘时政素材方面，有些教师干脆就用一些过时的材料来充当所谓的"时事新闻"。比如，一位老师在讲《政治与法治》中的"严格执法"一课时，引用了"孙志刚事件"来说明"收容制度遣送制度"违背政府严格执法的要求。这位教师引用的时政就不太妥当，因为孙志刚事件发生在 2003 年，此时收容制度早就被废除了。

七、教学方法过简，挫伤学生学习积极性

教学方法过简，挫伤学生学习积极性，主要有三种表现：表现之一是只要求学生背诵，不要求学生理解。表现之二是方法呆板。由于时政素材的内容相当广泛，教师应该采取多种教学方法。但是在现今的思想政治课教学中，部分教师对时政的教学方法往往比较单一，常常在课堂上用传统的讲授法对时政素材进行讲授，教师讲，学生听，师生之间并没有更多的沟通和交流的机会。表现之三是提问过于简单。比如，一位老师在讲新版统编教材选择性必修一第三课第二框"国际关系"时，引用了 2021 年 3 月中美高层战略对话第二场会议，杨洁篪强调，美国没有资格居高临下同中国说话，中国人不吃这一套。据此教师向学生提问：杨洁篪的讲话说明了当前中美关系是怎样的？这种提问过于简单，提不起学生兴趣。如果我们进一步挖掘时政素材，就可以提出下面问题：（1）中国理直气壮的底气来自哪里？（2）中国"理直"表现在哪里？（3）中国"气壮"表现在哪里？这样提问可以加深对问题的理解，启迪学生思维。

八、不重视因材施教，脱离学生实际

思想政治课教学不应该只是传播课本知识，还要敢于突破课本的束缚，要关注党的路线、方针、政策，要联系实际。在运用时政资源教学中，部分教师不仅脱离学生实际，而且脱离当地实际。一方面，部分教师在开发利用时政资源时，没有充分考虑到学生的实际情况，如学生的知识储备、理解能

力、兴趣爱好和专注程度，忽视了学生身心发展的客观状况，使教学未能帮助学生形成正确的价值观念、必备的品格和关键能力。另一方面，教师一味强调国内外重大事件，而相对忽视当地的时政新闻，不注重与地方特色的结合，导致时事与学生生活相距甚远。

第四节　用好时政素材　提高教学质量

时事政治作为思想政治课的重要教学资源，能增强课堂的趣味性，使思想政治课教学坚持理论联系实际。因此将时事政治引入思想政治课教学十分必要。

一、时政教学方式

1. 获取时政素材的途径

由于时政素材具有种类繁多的特点，学校应该组织教师和学生利用各种机会获取时政素材的内容，比如通过开发校本课程、邀请专家学者到校举行时事政策专题演讲、订阅一些体现党和国家意志的报纸杂志，学生在平时也可利用信息技术在网上搜索相关的时政素材。

2. 运用时政素材的策略

（1）运用时政素材导入课堂，活跃课堂气氛

思想政治课中有些理论对于中学生来说是比较陌生和抽象的，在这种情况下，如果利用时事资讯进行新课导入，能发挥良好的效果。比如，一位老师在讲《政治与法治》中"全民守法"一课时，首先播放2021年4月上海车展中"特斯拉车顶维权"视频，然后提问学生：（1）特斯拉"刹车失灵"事件涉事女子在车顶维权是否属于合法行为？为什么？（2）如果遇到类似问题，你会怎么解决？通过哪些途径可以维护自己的权益？这堂课通过时政的导入，活跃了课堂气氛，启迪了学生思维，坚持了理论联系实际。

（2）时政素材穿插材教学之中，控制教学节奏

不同的学生集中注意力持续时间是有差别的，但相当多的学生集中注意力持续时间不会超过30分钟。所以课堂教学中，老师要设法开展不同的活动组织教学，不断转移学生的注意力。在新课讲授开始的前五分钟，进行当天相关时政的梳理，有利于激发学生的兴趣。经过新课前的预热过程，学生

们能够很快地进入课程的学习。而在下课前 5 分钟引入时政素材也能产生好的效果，因为学生集中注意力持续时间很长了，学生的关注程度和学习兴趣有下降的趋势，在这个时候引入时政素材，特别是视频方面的素材，能消除学生的疲惫心理，也起到了巩固课堂知识的作用。

（3）以时政素材为议题，突破教学重难点

中学思想政治课教材内容大多数都是比较抽象，学生生活经验比较欠缺，因此，在理解教材的重点、难点上存在困难。教学中运用时政素材能够帮助学生理解教材中的重点与难点。比如，高一思想政治课教材《政治与法治》中"坚持党的领导、人民当家作主、依法治国有机统一"是教学重点难点，对此学生学习困难较多，如果在教学中我们结合"十四五"规划的制定过程来讲解，问题就迎刃而解了。

二、时政教学的目标

1. 运用时政素材教学，培养政治认同

运用时政素材进行思想政治课教学，能引导学生树立正确的世界观、人生观、价值观，能提升学生明辨是非的能力，提高思想道德修养，培养政治认同。思想政治课教师可开展课前时政述评活动，让学生在课前围绕主题问题收集相关的时政资料，如社会热点、财政新闻、国内的政治要闻、重大国际事件等热点，然后结合教材进行分析。这种教学方式有利于培养学生关心时政的自觉性，创造更加轻松和活跃的课堂氛围，增强思想政治课教学的实效性，通过"润物细无声"的方式培养政治认同。比如，笔者在讲高一思想政治课《政治与法治》中的"坚持共产党的领导"一课时，播放了"习近平总书记在全国脱贫攻坚总结表彰大会上的讲话"（2021 年 2 月 25 日）视频，学生从总书记的讲话中了解我国扶贫所取得的巨大成就，从成就中深深地感受到中国共产党的英明、伟大，从心里认同中国共产党的领导，这样的教学有利于培养学生的政治认同。

2. 运用时政素材教学，激发学生的爱国意识

情感性是思想政治课堂中的灵魂所在，情感的作用在于激励、唤醒、鼓舞学生情感的迸发。思想政治课堂是师生之间情感沟通的场所，因此，在就教学情境的创设上，我们应该要用真挚的情感渲染课堂，善于用生动形象的事例树立榜样，打开学生心灵世界的大门，关注学生内心的情感，陶冶他们的情操，引导他们健康的成长。在教学中，教师要善于利用时政资源激发学

生的爱国情怀①，教师只有利用真人真事、真情实感，讲好履职敬业、追梦筑梦、奋斗圆梦的中国故事，才能真正激发学生的爱国意识。例如，在讲到"中国共产党执政：历史和人民的选择"这一课时，教师可以以"中国共产党成立100周年"为例，通过视频向学生展示中华人民共和国成立以来取得的巨大成就，使学生观看视频后懂得："方向决定道路，道路决定命运。中国特色社会主义不是从天上掉下来的，是党和人民历尽千辛万苦、付出巨大代价取得的根本成就。"（出自习近平在庆祝中国共产党成立95周年大会上的讲话）观看视频让学生更加认同党的领导，更加热爱我们的国家，更加珍惜我们当前的幸福生活。

3. 运用时政素材教学，培育核心价值观

时事教育是社会主义核心价值观培育的重要载体，思想政治课教师在教学中，要利用时事政治素材开展探究活动，在此基础上，对学生进行价值引领，使其更加坚信社会主义价值观。例如，笔者在讲《文化与生活》第九课"坚持社会主义核心价值体系"时，播放视频"中国战疫为什么行？密码就在CHINA"。观看视频，学生懂得中国战疫密码就是：第一，生命至上（CARE）；第二，一方有难，八方支援（HELP）；第三，立即响应（LMME-DIATE ACTION）；第四，科技战疫（NEW TECHNOLOGY）；第五，众志成城（ALTOGETHER）。学生观看视频之后，笔者提问：（1）中国战疫为什么能制胜？我们从中可以得到什么启发？（2）中国人为什么能做到立即响应、众志成城？（3）中国抗疫坚持"生命至上"，这与中国古代"以民为本"的思想有没有联系？通过以上分析学生懂得社会主义制度的优越性，从而树立文化自信；懂得坚持社会主义核心价值体系必须树立中国特色社会主义共同理想；懂得必须不断增强意识形态领域主导权与话语权。

第五节　市场经济条件下的思想政治课教学策略

随着我国社会主义市场经济的确立，人们的思想意识发生了许多变化，在新的形势下，如何认识思想政治课的地位，如何认识它的重要性，弄清它到底承担什么责任，是摆在每一位教师面前的一个重要课题。市场经济的建

---

① 金瑾. 时政资源的教学价值、开发与应用 [J]. 中学政治教学参考，2019（13）：11－13.

立、新事物、新现象、新观念层出不穷。面对形形色色、五花八门的社会现象，很多学生既感到新鲜、刺激，同时又缺乏独立判断正误的标准。他们苦闷、彷徨，迫切希望老师指点迷津，渴望得到正确答案。这就要求我们在新形势下要进一步加强和改进思想政治政治课教学，在教学中紧密联系社会生活，结合学生的思想实际，加强对学生的思想政治教育。

一、要引导学生正确认识市场经济的竞争性

市场经济就是通过价格杠杆和竞争机制的功能，把资源配置到效益较好的环节中去，并给企业以压力和动力，实现优胜劣汰。只有这样才能优化结构，提高效益，加快发展。竞争是市场经济的动力。

随着社会主义市场经济的确立和发展，竞争机制必将渗透到社会生活的各个方面。这样就可能产生矛盾：市场经济实行激烈竞争，而道德原则推崇谦让。由于缺乏正确的思想指导，相当一部分人把竞争片面地理解为"你死我活"，竞争不讲国家、集体利益，竞争不顾他人利益，甚至损害国家、集体和他人利益。据统计：1984 年全国日用陶瓷出口收汇，平均每件 25元，1993 年上述陶瓷出口收汇平均每件下降到 19 元，下降率为 24%，下降的主要原因就是国内厂商竞相压价销售，这种竞争的结果使国家的财富、生产企业创造的一部分价值在压价竞销中，通过国际贸易的再分配乖乖地转移到其他国去了，损害了国家的利益。这种竞争，试图以压价的方式置他人于死地而自己苟活，不仅不能驱动生产的发展，反而破坏正常的竞争秩序，阻碍生产发展。这种不正当的竞争意识诱发了损人利己和不择手段、唯利是图的不道德行为。在不规范、不健全的市场经济条件下，个人主义、利己主义等辐射到中学生群体，部分学生自我意识膨胀，只看到自我竞争力，忽视协同力，片面强调自我权利的维护，不顾他人利益，个人游离于集体之外的不良行为时有发生，他们集体主义观念、纪律观念淡薄，缺乏应有的责任感、使命感。因此，加强思想政治课教学，探索新形势下德育规律迫在眉睫。对社会上的消极现象和学生深层中的困惑，要进行适时、合理的疏导，要让学生结合自己的思想，联系自己的实际，就市场经济条件下出现的消极现象进行思考、讨论，从而明辨是非，增强对市场经济全面科学的认识。

二、要引导学生正确认识市场经济的效益性

市场经济是买卖双方都有自己特殊利益的经济。在发达商品经济中，每

个商品生产者和经营者都是独立的实体，都有自己的物质利益。因此，以利润为目标是市场经济发展的内在动力。这样市场经济与道德又有较大矛盾：市场经济注重经济效益，而道德原则要求"两者不可得兼，舍鱼而取熊掌者也"。由于相当一部分人对这一问题缺乏正确认识，因而把"利""义"完全对立起来。有人认为：我们搞的是市场经济，就是要讲盈利，要赚钱，提倡一部分人先富来，就是要"一切向钱看"，因此拜金主义在一定程度泛滥。在某些人的眼里，"当官"是为了发财，所以一有机会就想捞一把，改革开放、发展社会主义市场经济，被他们看作发财的大好机会，他们把手中的权力商品化，进行"权钱交易"。在这些人的带领下，报刊、电台也出现看钱说话的现象；办案的也出现不交钱不办案的行为；一些企业（国有企业、乡镇企业、三资企业等）变着法偷税、漏税，甚至制造伪劣商品、假药坑害人民，于是，有人为了钱出卖肉体、灵魂；有的人为了钱不顾党纪国法去贪污盗窃，拦路抢劫，拐卖妇女、儿童。"抬头向钱看，低头向钱，只有向钱看，才能向前看"等谬论也公开招摇过市。由于拜金主义泛滥，造成了金融混乱的现象：资金流失到不该去的地方；经济建设急需大批资金，而仅仅偷税漏税一项，就给国家带来巨大损失；任何国家经济发展都必须有个安定的社会环境，而拜金主义的泛滥却使治安混乱，使人们缺乏安全感，不能安心生产；在学校里，相当一部分学生重视物质价值，轻视精神价值，对现实功利的追求大大超过了对远大理想的追求，拜金主义思想严重。这些都严重影响和阻碍了社会主义市场经济发展，因此加强思想政治教育是社会主义市场经济发展的内在要求。

目前流行的炒股显然是一种投机生意，但又是正常的经济活动，我们能否为这种"投机"唱道德赞歌，得出"证券交易所就是最高尚道德殿堂"的结论？或得出相反的"不炒股才是正人君子"的结论呢？显然都不能。正确认识这些问题就要求我们思想政治课宣传新的道德，新的利益观：在新的形势下社会仍要鼓励和支持舍弃个人主义、维护集体利益和国家利益的高尚行为，因为雷锋精神与市场经济并不矛盾。当然社会也要承认在遵守法律、不妨碍他人利益的前提下，谋求个人利益是合乎道德的。从某种意义上来说，道德也是一种利益的价值指向。舍弃了金钱、物欲乃至生命，却获得了内心的平和、幸福和满足，两利相衡取其重，同样也是一种利益的追求。道德的高尚不在于是否看重利益，差别只是价值观念的不同，善的观念不论是先天的还是后天的，关键在于你是把它看作人生至高无上的目标还是一钱不值的说教,这就决定了人是天使还是禽兽。只有这样宣传,才能帮助人们去分清美与丑、是与非、好与坏的界限,正确处理道德与功利、理想与功利的矛盾,从而树立正确的道德观。

三、引导学生正确认识市场经济的交换性、平等性

市场经济是一种交换经济,市场经济是发达的商品经济,商品就是用来交换的劳动产品,不交换就不称其为商品,也就无所谓消费市场。而商品的交换必须遵循价值规律实行等价交换,因为商品是一个"天生的平等派",不管个别生产者耗费的劳动时间有多么不同,在市场上交换只能是同样商品卖同样的价钱,因此市场经济具有平等性。

市场经济讲等价交换,道德则讲奉献,这对矛盾使许多人迷惑不解。由于缺乏独立判断正误的标准,伦理道德中许多优秀的东西已经或正在被抛弃,偏误的东西得以张扬,道德蜕变现象得以滋生,这种状况导致学生对社会伦理原则和道德规范产生错误的评判、认同和接纳。部分中学生认为个人和他人、个人与集体的关系都是等价交换的关系,关心、理解、互助等人际关系中道德价值的精华在一部分学生的灵魂中趋向失落,道德观念和行为的取向发生误差,助人为乐、救人危难被少数学生视为"管闲事",学雷锋、争奉献被认为是"做傻事",一切都有讲交换,连"良心""爱情"之类的情感也成了交换的商品,一切都被作为价值尺度,以致道德沦丧。这就迫切需要加强政治课教学,教育学生处理好个人与社会、奉献与索取、奋斗与幸福等矛盾,使他们树立正确的人生观、价值观。

四、引导学生正确认识市场经济的开放性

市场经济是一种开放型经济,它与封闭型的自然经济形成鲜明的对比。正是由于市场经济的开放性,它能冲破自然经济的封闭性,开辟了统一的国内市场,形成了广泛的国际市场,从而给商品经济的发展提供巨大的刺激力,再加上追求经济利益内在动力和相互竞争的外部压力,就使得商品生产者和经营者"到处落户、到处创业,到处建立联系"①,使市场经济因此成为一种开放的社会主义市场经济。我国经济已经进入世界大循环的行列,因而需要强烈的国际意识、开放意识。受现有生活空间的影响,中学生既存在"世界之大,唯我独尊"的思想,也存在崇洋媚外意识。这就需要对国际社

---

① 马克思,恩格斯. 马克思恩格斯选集(第1卷)[M]. 北京:人民出版社,1995:254.

会进行介绍，使学生了解世界，搞清独立自主与对外开放的关系，引导学生跟上当今经济发展的大潮，使学生胸怀全球、放眼世界，树立开放意识，从而真正培养出能参与国际竞争的开放型人才。

第六节　当代中学生人生价值取向的特点及教育对策

青少年学生是 21 世纪我国现代化建设的主力军，是未来社会发展的中坚力量。只有全面提高他们的思想道德素质、科学文化素质、劳动技能素质、身体心理素质，才能肩负这一历史重任。为了提高他们的思想道德素质，针对当前中学生的思想实际，弄清当前中学生人生价值取向演变趋势并采取相应对策，对于我们培养跨世纪人才，建设中国特色社会主义意义重大。

一、当代中学生人生价值取向的演变

在当前社会变革时期，社会基本价值观从一元趋向多元，当代中学生人生价值取向也发生了重大的演变。

第一，原有的以无私奉献、无条件绝对服从集体、国家利益为核心的集体主义价值取向向以追求个人利益、自我价值实现为核心的个人主义价值取向演变。

如何正确处理个人与群体的关系，是人生价值取向的核心。在改革开放前的价值取向规范下，人们无条件服从集体和国家的要求，大到人生理想、职业选择，小到个人的内心世界甚至恋爱婚姻都向组织集体汇报。个人从物质生活到精神生活都以集体、社会的利益标准为尺度而获得合理性、合法性。

市场经济的发展和利益主体的多元化，使得个人的独立性、自主性地位逐渐得到实现和确立。于是，从事经济活动的人们必须从自身利益需求出发选择自己的行为方式，个人真正凸现出来，越来越多的人正视并积极追求个人价值尊严和利益需求，其自我意识、进取精神明显增强。这种价值观的演变，突出个人追求的思想和行为辐射到中学校园，表现为部分学生竞争意识被扭曲，自我意识膨胀，只看到自我的竞争力，忽视同他人的协同力，片面强调维护自我权利，甚至损害他人利益，个体游离于集体之外的错误倾向时有发生，缺乏应有的社会责任感和使命感，他们感兴趣的是自我设计和个人奋斗，丝毫没有把社会与国家需要放在眼里，这些不切实际的个人主义最终因脱离社会、集体和他人的帮助而落空，也会因脱离党的政策指导和法律的约束而最终滑向极端个人主义泥坑。

第二，理想主义、英雄主义价值取向向注重现实存在和追逐金钱的现实主义、世俗主义价值取向演变。

在计划经济条件下，由于分配上的平均主义，贡献大小一个样，人生追求自然向荣誉、声誉等精神需求上倾斜，"宁可生活清贫，不可精神空虚"，就是这种追求的反映。随着社会主义市场经济的建立和发展，个人收入分配制度的改革，人生追求逐步由功名追求向功利追求发展。不少青年认为理想和名誉太远、太空，个人的现实生活最为实惠。这种演变有利于冲破传统的求名不求实的观念，但同时也会导致重利忘义，不择手段谋取物质利益的恶果。这种突出功利追求的现象在中学生身上也打下了烙印。部分中学生不顾现实条件，信奉"人生在世，吃穿二字"，盲目追求所谓大款、明星生活方式，并加入"追星族"的行列之中，把"三好""优秀"之类的荣誉抛掷九霄云外；在理想信念上，部分学生重物质轻精神，那种"理想、理想，有利就想；前途、前途，有钱就图"的思想正是这部分学生功利思想的折射。

第三，绝对一元价值信仰丧失，多彩纷呈、无主导、无秩序的价值取向形成，艰苦奋斗意识淡化，好逸恶劳、不安本分、投机取巧的浮躁之风蔓延。

长期以来，集体本位价值观在中国居于一元的、主导地位。这种价值取向是以个人服从集体利益的集体意志来衡量个人存在的价值、规范人们的"思、言、行"的。随着对外开放的确立深入和市场经济的发展，这种价值取向的绝对性受到动摇，当今中国社会的价值取向正呈现出相对性、多元性的特点。多元价值取向并存的现象在当代青少年学生身上表现得十分突出。有信奉"理想的追求高于金钱""人生价值在于奉献"的生活观念；也有信奉"金钱至上"的拜金主义价值观；有信奉"人人为我，我为人人"的生活准则；还有"合理的利己主义"人生观等等，他们心中无确定的信仰，甚至根本不信仰什么，谁的金钱多，谁就可以支配他；谁的拳头大，谁就可以掌握他；谁的声调高，谁就可以影响他。

在向市场经济转轨时期，一些人投机意识不断强化，尤其在改革尚未配套，制度尚不规范的情况下，经常出现一些靠投机成功的暴发户，也有一些人靠运气、凭职业、人际关系的优势获得了成功。由于这些"一夜暴富"和平步青云人物的成功来得容易，再加上其奢华生活的示范，使他们成为青年学生羡慕崇拜的对象，以致部分青年学生对自己的前途怀有一种侥幸心理，试图凭借某种"天赐之机"而不是通过自己的艰苦奋斗，妄想时来运转，新的读书无用论产生、好逸恶劳、不安本职、投机取巧的浮躁之风盛行。

以上价值观在中学生中造成了很大影响：（1）淡化事业追求，突出职业追求。择业时以挣钱多少，收入高低评论职业优劣，以追求实惠，安逸工作为奋斗目标，对于将来在工作岗位上如何有所成就，如何做一个对社会有用的人等问题考虑甚少。（2）突出知识追求，淡化人格追求。只注重文化知识的吸收，而忽视良好的道德品质的养成；只注重考试分数的高低，而忽视思想觉悟的提高。一些学习上的佼佼者听不进师长的批评，经受不住挫折、逆境的考验，个别的中学生离家出走，自杀轻生的怪事时有所闻，一些青少年甚至走上了违法犯罪的道路。（3）突出个人追求，淡化社会追求。（4）突出功利追求，淡化理想追求。

这些问题的出现是由于中学生年纪轻，社会经历少，在优越生活环境中成长，缺少逆境之中的磨炼，对中国的历史和现状了解不全面、不深刻，又不能很好地运用辩证的历史唯物主义的观点分析各种错综复杂的社会现象。它对学校德育教育提出了严重的挑战。

二、教育和引导中学生价值取向演变的对策

目前社会转型过程中出现的中学生不健康的心态和价值取向影响中学生正确人生观的形成和发展，不利于青年一代的成长和民族的振兴。对此我们必须高度警觉，切不可以掉以轻心。

为了引导中学生走出迷惘与虚无的阴霾，使他们树立正确的人生价值观，笔者认为必须采取以下相应对策。

首先，要坚持用爱国主义、集体主义、社会主义和党的优良传统教育青少年学生，使他们逐步具有高度的思想觉悟、高尚的道德情操和崇高的精神境界。要引导学生向人民公仆、党的好儿女（如雷锋、焦裕禄）以及当代先锋模范人物学习，让这些英雄人物的人生价值观成为中学生的自觉导向。使广大青少年学生提高自觉性、增强免疫力，在树立正确的世界观、价值观、人生观方面打下坚实的基础。

坚持物质追求与精神追求相统一。物质追求仅仅是人生内容的一部分，不是生命的全部价值所在；人除了物质追求，还需要高尚的精神追求。因为崇高的理想、坚定的信念和强烈的事业心是促进人们热爱生活、创造生活的强大动力。因此必须用高尚的精神追求主导物质追求，只有这样才能保证物质追求的正确方向。否则，便会诱发拜金主义、享乐主义思想的蔓延和膨胀，最终危害社会和现代化事业。

在社会主义市场经济条件下，劳动者个人同国家、集体一样已成为利益关系的主体，但集体利益比之于个人利益更加重要，当个人利益与集体利益发生矛盾时，我们应提倡以集体利益为重，提倡先公后私、顾全大局的精神。因此，在教学中要根据教材内容，结合中学生的思想实际着重进行这些方面的教育，引导中学生以集体主义原则主导个人利益的追求，否则将会诱发其个人主义思想的蔓延和发展。

其次，教育和引导广大青少年学生不但要具备现代社会实践所需求的锐意进取、刻意创新、勇于竞争等现代精神，还要具有鲜明的民族文化的素养与个性。实践证明，现代精神是当代中国青年团所必备品格，否则青少年就难以适应现代社会挑战，历史也已证明，无论是"全盘西化"的民族虚无主义，还是封闭自大的文化保守主义，都将阻碍现代化的实现。因此，作为跨世纪的一代青年一个重要的历史使命，就是要继承中华民族文化的优良传统，弘扬中华民族自强不息、不屈不挠、不卑不亢、浩然刚强之气，同时发扬现代实践精神、竞争精神。

第三，教育和引导当代青年在处理人际关系上，存厚德载物的仁爱之心。具体地说要能推己及人，与人为善；严于律己，宽以待人；刚正不阿，直道而行；诚以立身，恪守信义；见利思义，见危授命，乐于施惠；等等。形成一种互爱、互信、互助、互让的人际关系氛围。

第四，加强传统道德教育，继承传统美德。

社会主义道德规范的建立和发展与其他文化建设一样，不能凭空建设，而必须利用历史遗产，中国是一个具有五千年光辉历史的文明古国，向来以重视传统道德教育而著称于世。在加强传统道德教育中我们要全面、具体地研究传统伦理道德的丰富内容，结合当前中学生的思想感情实际和时代特点，应该大力弘扬励志进取，锲而不舍；爱国图强，精忠报国；"见利思义""舍生取义"等传统美德。传统道德中有的是有关个人道德修养的思想，如孔子的"修己""克己"、曾子的"三省吾身"、明代王阳明的"知行合一"等，能使自我精神境界不断提高，有的是属于社会公德范畴，如爱国家、爱集体、爱家乡等。传统道德中的许多观念，有些可以直接应用，有的则应改造和重新诠释。如"忠"的观念，不是效忠于一家一个小集团，而应效忠于国家和民族。

对青少年学生价值取向的教育应吸取传统道德教育的方法、手段。道德教育不能靠疾言厉色的命令训诫，也不能靠法律和经济手段，而必须依靠长期的正面教育，做到持之以恒，潜移默化，耳濡目染。传统道德教育中采用的通俗易懂、群众喜闻乐见的形式，值得利用，而呆板、生硬说教得不到预期的效果。

总之，对当前青年学生价值取向的教育和引导的内容、对象、形式、手段都是具体的，实实在在的，不能热一阵冷一阵，必须把它作为一项长期的、持久的、常规的基础性工程。要通过扎实、富有成效的教育，使广大青少年成为跨世纪的一代新人。

第二章
精心设计教学　打造高效课堂

第一节　"消费及其类型"教学设计

一、教材分析

"消费及其类型"是人教版高中思想政治必修一《经济生活》第三课的第一框的内容，它与我们的日常生活联系非常紧密。通过学习影响消费水平的因素及消费类型的相关知识，引导学生正确分析经济现象，透过现象看本质。

二、学情分析

学生对于家庭消费的认识有限，对家庭收入及国家经济状况的了解因人而异，运用经济理论去分析经济现象的能力相对较弱。本课内容与生活实际联系紧密，所以教学环节的设计要贴近学生社会实际，在教学过程中充分调动学生的学习积极性和主动性；要结合学生的生活阅历，探究活动要有可操作性。

三、教学目标

1. 知识目标

了解影响消费水平的主要因素、贷款消费和租赁消费的特点、恩格尔系数的概念，理解居民收入对消费水平的影响、恩格尔系数变化与生活水平的关系，知道生存资料消费、发展资料消费和享受资料消费及其内在变化规律。

2. 能力目标

通过自主学习，提升学生的阅读能力和总结归纳能力；通过合作探究，提升学生的团队协作能力和理解分析能力；通过展示成果环节，提高学生的课堂参与和自我表达能力；通过对影响消费的因素及消费类型基础知识的学习，增强理论分析能力和抽象思维能力。

3. 情感、态度、价值观目标

通过对影响消费水平的因素及消费类型相关知识的学习，使学生正确认识经济现象，透过现象看本质，增强参与经济活动的能力与信心。

4. 学科素养目标

（1）政治认同

支持国家的宏观经济政策，坚定道路自信和制度自信。通过对自己家庭生活消费水平迅速提高的感受，激发学生热爱生活、拥护改革开放政策，拥护中国共产党的领导。

（2）科学精神

正确理解影响消费水平的因素及消费类型的基本理论，运用经济生活的基本理论分析经济现象。

（3）法治精神

依法参与经济生活，合法消费。

（4）公共参与

提高参与经济活动的能力。

四、重点难点

影响消费的因素、消费结构；贷款消费。

五、教学过程

新课导入：在中山工作两年的临时工小张和某事业单位员工小王月收入分别是 3000 元和 20000 元，（两人均为单身），扣除五险一金后，他们的收入分别为 2400 元和 17000 元。请为他们制订一个月开支计划。

讲授过程：

活动一：全班同学座位前后四人分成一个小组进行讨论，制订小张和小王月开支计划。小组讨论后，抽一个小组的代表上讲台展示开支计划，见表 2-1。

表2-1 小张和小王月开支计划

小张月开支计划		小王月开支计划	
伙食费用	300元	伙食费用	400元
穿着方面费用	200元	穿着方面费用	600元
房租费用	300元	房贷、物业费	5500元
存款	1600元	存款	10500元

教师组织学生探究分析：上面开支计划是否科学合理？

经过大家讨论分析后，同学们觉得伙食费用太低，小张和小王应该还有其他开支，于是修改了开支计划（见表2-2）。

表2-2 小张和小王月开支计划

小张月开支计划		小王月开支计划	
伙食费用	700元	伙食费用	1200元
穿着方面费用	200元	穿着方面费用	600元
牙膏纸巾水电等	100元	牙膏纸巾水电等	200元
手机、上网等费用	150元	手机、上网等费用	200元
房租费用	300元	房贷、物业费	5500元
其他	150元	汽车开支	1000元
旅游娱乐费用	0	旅游娱乐费用	1800元
其他	0	其他	500元
存款	800元	存款	6000元

活动意图：第一，培养学生参与意识，调动学习积极性，活动体现思想政治课活动型课程特点、议题式教学特点，即教学活动内容化，活动过程内容化，教学内容活动化。第二，俗话说，"不当家不知柴米贵""不养儿不知父母恩"，自己不当家、操持家务，就不知道生活有多艰难，不养育儿女，就无法理解父母的养育之恩有多艰辛。开展上述活动就是要告诫学生：做人要知恩图报，要感恩孝顺。活动的开展有利于加强思想教育。

活动二：比较（表2-2）小张和小王月开支计划，从中我们可以得出哪些结论？（学生探究）

从比较中，学生可以发现，小王的消费水平比小张的消费水平高，小王有汽车、旅游等消费。教师引导学生思考产生这种差异的原因，由此得出：

收入是消费的基础和前提，而提高收入的根本途径是发展生产。

1. 影响消费水平的因素

（1）根本因素——经济发展水平（板书）

措施：大力发展生产力，提高我国经济发展的总体水平（板书）

（2）主要因素——居民的收入（板书）

收入是消费的基础和前提。当前可支配收入多，消费总量越大；收入增长快，消费增长快。

怎样才能提高收入，提高消费水平？措施：保持经济稳定增长，增加居民收入。

（3）未来收入预期

活动三：探究（表 2-2）

①"为什么小王可以办房贷，小张为什么不办房贷？"小王与小张消费有哪些差别？

②小张月收入仅 3000 元，为什么仍然要存款 800 元？

教师组织学生探究后，得出消费水平受未来收入预期影响，小王未来收入预期较好，消费水平高；小张未来收入预期不乐观，消费水平较低。

未来收入预期：预期乐观——预支；预期不乐观——节制。（板书）

怎样才能提高消费预期呢？措施：健全社会保障体系，提高居民收入预期。

（4）收入差距

活动四：如果小张与小王的收入差距继续拉开，他们的总体消费水平会产生什么样的变化？

通过探究，师生得出：小王收入高，生活消费基本满足，再增加收入，用于消费的可能性较少；小张收入较低，基本生活消费还未满足，增加收入，用于消费的可能性较大。因此，收入差距大，意味着如果小王收入增加得多，小张收入增加得少，总体消费水平会低。社会总体消费水平的高低与收入差距的大小有密切的联系。收入差距过大，社会总体消费水平会降低；收入差距缩小，会使社会总体消费水平提高。

结论：收入差距影响社会总体消费水平（板书）

怎样才能缩小收入差距，提高消费水平？措施：完善收入分配制度，维护社会公平，缩小收入差距。

活动五：请根据影响消费水平的因素，分析说明如何提高居民消费水平。

因为收入是消费的基础和前提，所以提高消费水平要大力发展生产力，提高我国经济发展的总体水平，保持经济稳定增长，增加居民收入。

未来收入预期影响消费水平：预期乐观——预支；预期不乐观——节制，从中可以得出：提高消费水平要健全社会保障体系，提高居民收入预期。

收入差距影响社会总体消费水平，由此可见，提高消费水平要完善收入分配制度，维护社会公平，缩小收入差距。

2. 消费结构

活动六：恩格尔系数反映消费水平高低，教师组织学生看教材，了解恩格尔系数概念，请根据恩格尔系数公式计算小张与小王家庭消费的恩格尔系数。

$$恩格尔系数 = \frac{食品支出额}{消费总支出额} \times 100\%$$

$$小张消费恩格尔系数 = \frac{700}{700+200+100+150+300+150} \times 100\% = 43\%$$

$$小王消费恩格尔系数 = \frac{1200}{1200+600+200+200+5500+1500+1800} \times 100\% = 11.1\%$$

思考：为什么小张消费总支出不包括存款 800 元？为什么小王消费总支出不包括存款 1000 元？（因为存款不属于消费开支）

通过探究，师生得出：恩格尔系数是衡量消费水平高低的一个重要指标，恩格尔系数越大，表明消费水平越低；恩格尔系数降低，通常表明人们消费结构优化，生活水平提高。

请同学们根据恩格尔系数知识，分析当前我国城乡居民恩格尔系数变化情况表（见高一思想政治课教材《经济生活》第 13 页），通过分析图表学生懂得我国城乡居民生活水平发生了可喜变化。

活动七：组织学生看教材，思考小张和小王生活消费开支计划中哪些是生存资料消费、发展资料消费、享受资料消费？生活消费分类还有哪些？

（1）消费类型

交易方式：钱货两清的消费、贷款消费、租赁消费（板书）

表 2 - 3　钱货两清的消费、贷款消费、租赁消费三种方式比较

消费类型	钱货两清消费	贷款消费	租赁消费
所有权	交易一旦完成，商品所有权和使用权都发生了转移	还完贷款为止，所有权才会彻底转移到消费者手中	商品的所有权不发生变更转移
使用权	获得该商品的使用权和所有权	获得该商品的使用权	获得该商品在一定期限内的使用权
适用情况	大部分商品	大宗商品和服务使用次数有限，一次性付款超出消费者支付能力	使用次数有限，为暂时使用而购买不划算的商品

辨析题：贷款消费与提倡的量入为出、适度消费、勤俭节约、艰苦奋斗相矛盾，属于超前消费。

贷款消费，即"花明天的钱，圆今天的梦"。在人们购买住房，轿车，电脑等大宗商品或服务的时候，一次性付款可能会超出自己的支付能力，这时可以考虑预支未来收入来进行消费。

（2）量入为出、适度消费的原则

量入为出，适度消费的原则要求在自己的经济承受能力之内进行消费。如贷款消费超出了自己的偿还能力，这是缺乏理性的消费行为，不宜提倡；而对于那些收入稳定，对未来收入持乐观态度又没有太多积蓄的家庭来说，贷款消费不失为一种明智的选择。

可见，贷款消费不一定违背量入为出，适度消费的原则，不能一概反对。

（3）正确认识贷款消费

"花明天的钱圆今天的梦"形容的就是贷款消费。贷款消费主要出现在超出消费者当前的支付能力的情况下，如购买大件耐用消费品和大额服务。

贷款消费的好坏，应具体情况具体分析，应当因时、因人而异。对于那些收入稳定，对未来收入持乐观态度又没有太多积蓄的年轻家庭来说，贷款消费不失为一种明智的选择。在通货紧缩的情况下，鼓励有经济能力的人贷款消费是利国利民之举。

在自己的经济承受能力之内进行的贷款消费，并不是超前消费。我们应

该把贷款的数额控制在自己的还贷能力之内。

按照消费目的划分：生存资料消费；发展资料消费；享受资料消费。（板书）

认识误区：认为生存资料消费就是衣食住行消费。

对于满足衣食住行的消费是否属于生存资料消费，应该具体问题具体分析，不能一概而论。同样是衣食住行，既可以是刚刚满足温饱的较低层次的生存资料消费，也可以是满足较高层次的享受资料消费，比如，服装既有高档服装也有普通服装；食品既有山珍海味也有五谷杂粮；房子既有豪华别墅也有经济适用型住房。

课堂小结：

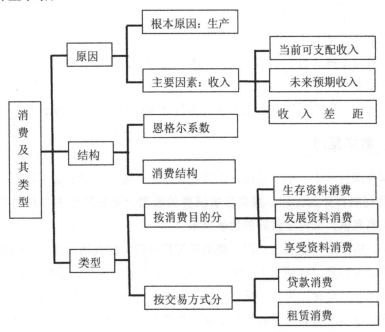

图 2-1　消费类型板书设计

小试牛刀：

党的十八大以来，平均每年 1000 多万人脱贫，相当于一个中等国家的人口脱贫。贫困人口收入水平显著提高，全部实现"两不愁三保障"，脱贫群众不愁吃、不愁穿，义务教育、基本医疗、住房安全有保障，饮水安全也都有了保障。2000 多万贫困患者得到分类救治，曾经被病魔困扰的家庭挺起了生活的脊梁。近 2000 万贫困群众享受低保和特困救助供养，2400 多万困难和重度残疾人拿到了生活和护理补贴。110多万贫困群众当上护林员，守护绿水青山，换来了金山银山。无论是雪域高原、戈壁沙漠，还是悬崖绝壁、大石山区，脱贫攻坚的阳光照耀到了每一个角落，无数人的命运因此而改变，无数人的梦想因此而实现，无数人的幸福因此而成就！

（选自习总书记在全国脱贫攻坚总结表彰大会上的讲话）

结合材料，运用消费的相关知识，分析脱贫攻坚战对提高居民消费水平的意义。

收入是消费的基础和前提。齐心协力打赢脱贫攻坚战，有利于增加居民收入和提高居民的消费水平和生活质量。

居民消费水平受未来收入预期的影响。齐心协力打赢脱贫攻坚战，有利于提高居民未来收入预期。

社会总体消费水平的高低与人们收入差距的大小有密切的联系。齐心协力打赢脱贫攻坚战，有利于缩小收入差距，实现共同富裕，从而提高全社会总体消费水平。

课后练习：请根据家庭收支情况，为自己家里制订一个开支计划。

六、教学反思

在本堂课教学中，笔者采用一例到底教学法，通过教学有如下体会：

1. 根据制订开支计划，探究影响消费的因素，激发了学生参与的积极性和主人翁意识，取得了较好的教学效果

第一，培养学生的参与意识，调动学习积极性。探究活动体现思想政治课活动型课程特点、议题式教学特点，即教学活动内容化，活动过程内容化，教学内容活动化。第二，使学生懂得：做人要知恩图报，要感恩孝顺，体会生活的艰辛。活动的开展有利于加强思想教育。

2. 采用一例到底教学法较好地贯彻了议题式教学法，整个课堂坚持了教学内容活动化，教学内容活动化

采用一例到底教学法，由开支计划得出影响消费的因素，根据影响消费因素得出提高消费水平的措施，保持了教学的连贯性、思维的逻辑性。教学中，学生通过开支计划得出影响消费的因素，通过计算得出恩格尔系数，通过开支的项目得出消费的种类。这样的教学方式使抽象的内容具体化，枯燥的内容生动化。

第二节　"我国的生产资料所有制"教学设计（一）
——"我国的基本经济制度"教学设计

一、教材分析

"我国的基本经济制度"是高一思想政治《经济生活》第四课第二框的教学内容。本课的教学是在第一框的基础上继续引导学生思考：社会主义国家在财富创造上究竟与其他性质的国家有什么根本的不同？显然，社会主义物质财富的创造离不开社会主义基本经济制度，我们是在公有制为主体、多种所有制经济共同发展的基本经济制度下创造社会财富的，这说明社会主义国家与其他性质的国家在财富创造的制度条件上有根本的不同。进一步从社会主义初级阶段基本经济制度方面了解我国生产的制度背景，包括社会主义基本经济制度的内涵、社会主义公有制的具体内容、各种公有制经济形式的作用、准确理解公有制的主体地位，非公有制的各种形式及其各自在社会主义初级阶段所起的积极作用——分析我国实行公有制为主体、多种所有制经济共同发展的必然性。

二、教学目标

1. 知识目标

了解社会主义初级阶段基本经济制度的内容；理解社会主义公有制的地位；了解公有制经济的构成；理解国有经济、集体经济的含义与作用；了解混合所有制经济的含义；理解公有制主体地位的内涵；理解如何增强公有制的主体地位；了解各种非公有制经济的含义及作用；理解公有制经济与非公有制经济的关系，懂得我国基本经济制度的决定因素。

2. 能力目标

辨识不同经济实体所有制性质的能力。

3. 情感态度价值观目标

树立多种所有制平等竞争的观念。树立劳动光荣、劳动伟大、劳动平等的观念以及树立正确的择业就业观念、依法维护劳动权益的观念。

4. 学科素养

（1）政治认同

通过分析坚持我国基本经济制度的必要性、重要性，使学生进一步增强对这一制度的政治认同。

（2）科学精神

正确看待各种所有制经济的作用、地位及相互关系。

（3）法治意识

依法保护各种经济形式的合法地位、依法保护财产所有权、保护知识产权。

（4）公共参与

鼓励多种所有制经济共同发展，积极参与创业、创新。

三、教学重难点

教学重点：公有制主体地位的主要体现。

教学难点：国有经济的主导作用。

四、教学过程

导入新课：播放全国抗击新冠肺炎疫情表彰大会视频。

在全国抗击新冠肺炎疫情表彰大会上，习近平总书记特别提到："我们举全国之力实施规模空前的生命大救援，用 10 多天时间先后建成火神山医院和雷神山医院、大规模改建 16 座方舱医院、迅速开辟 600 多个集中隔离点，19 个省区市对口帮扶除武汉以外的 16 个市州，最优秀的人员、最急需的资源、最先进的设备千里驰援，在最短时间内实现了医疗资源和物资供应从紧缺向动态平衡的跨越式提升。"习近平总书记代表党中央、国务院和中央军委向为这次"抗疫"斗争作出重大贡献的广大工程建设者致以崇高的敬意。

新课讲授：

课前布置同学们查阅参加"火神山"医院、"雷神山"医院建设的单位及它们在建设中发挥的作用。

议题：参加"火神山"医院、"雷神山"医院建设的单位有哪些？课堂上让学生展示查阅资料的成果。

PPT 展示：

表 2 - 4　参加火神山雷神山医院建设的单位及其发挥的作用

单位发挥的作用	参加建设的单位
为"火神"施工	中国建筑、中国中铁、中国铁建、中交集团、国药集团
为"火神"通信	中国电信、中国联通、中国移动、中国电子、中国信科、上海贝尔
为"火神"供电	航天科技、航空工业、国网、中国电力
为"火神"加油	中国石油、中国石化、中化集团
为"火神"提供材料	中国宝武、中国五矿、三峡集团、新兴际华
为"火神"运输	南航、招商局集团
为"火神"配货	中核集团、国投、华润集团、中盐集团
捐赠价值 24857 万元物资（平板电脑）	小米集团
捐赠电视 1100 台、空气净化器 400 台	武汉开沃汽车公司
送上 200 件冲锋衣	华美达服饰
捐赠 20 万元物资保洁鸡蛋	湖北神丹公司
参与援建	华为
为物流提供绿色通道	阿里巴巴

提问：

第一，在表 2 - 4 中，这些单位有哪些是国有的？哪些是民营的？

第二，这些单位在"火神山"医院、"雷神山"医院建设中各自发挥了怎样的作用？

学生探究后，师生共同归纳总结：

（1）我国社会主义初级阶段的基本经济制度

公有制为主体，多种所有制经济共同发展。

（2）公有制经济包括

国有经济、集体经济、混合所有制经济中的国有成分和集体成分。

1. 公有制为主体

分议题 1：在"火神山"医院、"雷神山"医院建设中国有经济发挥了哪些作用？

中国建筑、中国中铁、中国铁建、中交集团、国药集团为"火神"施工；中国电信、中国联通、中国移动、中国电子、中国信科、上海贝尔等为"火神"通信；航天科技、航空工业、国网、中国电建为"火神"供电；中国石油、中国石化、中化集团为"火神"加油；中国宝武、中国五矿、三峡集团、华为"火神"提供材料；南航、招商局集团为"火神"运输。根据以上分析，我们可以得出以下结论：

（1）国有经济

含义：由社会全体劳动者共同占有生产资料（以国家所有的形式存在）的公有制形式。

地位：是我国国民经济的支柱，掌握着国家的经济命脉，在国民经济中起主导作用。

作用：对于发挥社会主义制度的优越性，增强我国的经济实力、保障国家安全、保护生态环境、支持科技进步、发展战略性产业、提供公共服务，具有关键作用。

分议题2：参与"火神山"医院、"雷神山"医院建设的有没有集体经济？列举自己身边的集体所有制企业，说说它们的特点。

学生：分组讨论，畅所欲言。

归纳总结：集体经济是社会主义公有制经济的重要组成部分，体现共同富裕原则。可以广泛吸收社会资金、缓解就业压力、增加公共积累和国家税收。发展集体经济对发挥公有制的优越性，实现共同富裕有重要作用。

（2）集体经济

含义：由部分劳动者共同占有生产资料的一种公有制经济。

地位：它是我国农村的主要经济形式，是公有制经济的重要组成部分。

形式：家庭联产承包责任制、农民专业合作、股份合作。

作用：广泛吸收社会资金，缓解就业压力，增加公共积累和国家税收，对实现共同富裕具有重要作用。

态度：国家支持、鼓励和帮助集体经济的发展。

拓展：正确认识土地三权分置。

在坚持农村土地所有权归集体所有的前提下，承包权归承包农户，经营权流转。

重点是放活经营权。基础和前提是所有权不变，土地归集体所有（基础），农村土地承包关系长期稳定不变（前提）。

土地经营权流转制度改革推动了家庭分散经营向农业规模化经营转变，提高农业劳动生产效率，提高资源利用效率。

农户将土地经营权流转出去获得的收入，属于财产性收入。

分议题3：有人认为，在我国沿海一些地区的民营企业，无论是数量还是产值都超过公有经济。怎么能说公有经济是主体呢？怎样理解公有制主体地位？

第一，公有经济的主体地位是就全国而言。

第二，公有经济主体地位不仅体现在量上也体现在质上。

第三，公有经济不仅包括企业，还包括河流、山川、土地。

第四，国有经济控制国民经济命脉。

分议题4：在"火神山"医院、"雷神山"医院建设中民营经济发挥了哪些作用？

学生探究：在"火神山"医院、"雷神山"医院建设中，小米集团捐赠价值24857万元物资（平板电脑）；武汉开沃汽车公司捐赠电视1100台、空气净化器400台；华美达服饰湖北神丹公司；华为参与援建；阿里巴巴为物流提供绿色通道。

分析上述材料，从中可以感受到非公有制经济的作用。

2. 多种所有制经济共同发展

（1）个体经济

含义：个人或家庭占有生产资料，从事个体劳动和经营的所有制形式。

特点：自己劳动为基础，手工劳动为主，规模小、投资少、经营灵活等。

地位：社会主义市场经济的重要组成部分。

作用：利用分散资源；方便人民生活；增加居民就业。

（2）私营经济

含义：生产资料私有和雇佣劳动为基础，以取得利润为目的的所有制形式。

特点：雇佣劳动为基础、规模较大，设备较先进，劳动生产率比较高。

地位：社会主义市场经济的重要组成部分。

作用：满足人民生产和生活需要；增加劳动者就业和收入；提高国家税收和综合经济实力。

（3）外资经济

含义：指外国投资者和港澳台地区投资者根据我国法律、法规在我国大陆设立的独资企业以及中外合资企业、中外合作经营企业中的外商投资部分。

地位：社会主义市场经济的重要组成部分。

作用：有利于引进国外的技术、资金、经验；扩大就业和出口；增加财政收入。

分议题5：观察高一教材《经济生活》P34页三幅图片（第一幅图：牛耕地，第二幅图：农业机械化生产，第三幅图：现代化温室），谈谈启示。

提问：

第一问：结合图片，谈谈我国生产力发展的现状。（我国和国外相比，国内各地区相比）

第二问：我国生产力状况与我国基本经济制度有什么关系？

学生：阅读教材，认真体会，分组讨论，畅所欲言。

（4）坚持以公有制为主体，多种所有制共同发展

①必然性

第一，适应社会主义初级阶段生产力发展不平衡、不充分的状况。

第二，符合社会主义的本质的要求。社会主义本质的要求是解放生产力，发展生产力，消灭剥削，消除两极分化，最终达到共同富裕。

第三，实践证明，它有利于促进生产力的发展，有利于增强综合国力，有利于提高人民生活水平。所以，我们必须坚持和完善这一基本经济制度。

②如何坚持和完善这一基本经济制度（怎么做？）

第一，毫不动摇地巩固和发展公有制经济，坚持公有制主体地位，发挥国有经济主导作用，不断增强国有经济活力、控制力、影响力。

第二，毫不动摇地鼓励、支持、引导非公有制经济发展，激发非公有制经济活力和创造力。

第三，国家保证各种所有制经济依法平等使用生产要素、公开公平公正参与市场竞争、同等受到法律保护，依法监管各种所有制经济。

【设计意图】

一是通过观察三幅图片，可以看出我国生产力水平差距极大，生产力发展不平衡，引导学生正确认识我国生产力发展水平具有多层次、不平衡、不充分的特点；二是让学生认识到我国现阶段的基本经济制度是符合我国生产力发展状况的，因而有利于促进生产力的发展；三是让学生懂得我国坚持公有制为主体、多种所有制经济共同发展的基本经济制度的客观必然性，从而坚定地拥护党的基本路线。

【作业布置】

完成一份当地经济成分状况的调查报告。

第三节 "我国的生产资料所有制"教学设计（二）
—— "毫不动摇巩固和发展公有制经济" 教学设计

一、教材分析

"毫不动摇巩固和发展公有制经济"是新编高一思想政治课《经济与社会》第一课第二框的教学内容。本节课以国家坚持和发展公有制经济的措施为主线展开，而发展公有制经济又从发展壮大国有经济和集体经济这两个方面展开分析。

二、教学目标

1. 知识目标
理解国家发展壮大国有经济的措施，理解国家发展壮大农村集体经济的措施。

2. 能力目标
区分国家发展不同所有制经济的措施。

3. 情感、态度和价值观目标
理解我国社会主义初级阶段的基本经济制度，坚定社会主义基本经济制度具有无比优越性的信念。

4. 核心素养目标

（1）政治认同

探究如何毫不动摇地巩固和发展公有制经济，坚定社会主义公有制具有无比优越性的信念。

（2）科学精神

客观、全面地看待我国公有制和非公有制共同发展，知道社会主义初级阶段我国各种所有制经济共同发展是必要、必需的。

（3）法治意识

通过查找、理解现阶段我国经济法律法规对各种所有制经济平等使用要素、公平竞争等方面的规定，树立和培养法治意识。

（4）公共参与

学生自行查询、感悟、探讨如何坚持"两个毫不动摇"，逐步培养合作探究精神。

三、教学重点、难点

（1）教学重点

发展壮大国有经济的措施。

（2）教学难点

发展壮大公有制经济的措施。

四、教学过程

导入新课：

播放视频：《中共中央关于制定国民经济和社会发展第十四个五年规划和二〇三五年远景目标的建议》以十九届五中全会引入课题，引导学生关注时政，关心国家大事。

我国的基本经济制度是社会主义市场经济的根基，坚持和完善这一经济制度，需要国家毫不动摇地巩固和发展公有制经济，毫不动摇地鼓励、支持、引导非公有制经济发展。本节课我们将学习国家发展公有制经济的措施。如何坚持两个毫不动摇？

讲授新课：

公有制经济，怎么发展壮大？——毫不动摇巩固和发展公有制经济。

自主学习后，PPT 呈现下列内容：

（1）如何毫不动摇巩固和发展公有制经济？

（2）怎样发展壮大国有经济？

（3）怎样发展壮大农村集体经济？

1. 发展壮大国有经济

探究活动一：观看中国部分国有企业名录，PPT 呈现下面材料：

（1）中国兵器工业集团公司

（2）中国包装总公司

（3）国家电网公司

（4）中国工艺美术（集团）公司

（5）中国国旅集团公司

（6）中国水利水电建设集团公司

（7）中国乐凯胶片集团公司

（8）中国国际技术智力合作公司

（9）中国电信集团公司

（10）中国卫星通信集团公司

（11）中国航天科技集团

（12）长沙卷烟厂

（13）中山市精细化学工业（集团）公司

（14）贵州茅台酒厂有限责任公司

……

阅读上述材料，思考下列问题：

（1）兵工和烟草等能不能私营？为什么？

（2）包装和胶片等可不可以交给民营？为什么？

（3）如果关键行业和非关键行业国企都经营，会产生怎样的影响？

学生通过探究，懂得兵工如果私营，就容易造成枪支泛滥，影响社会治安。包装等可以交给私营。

活动方式：学生合作探究问题，形成答案，自由回答。

教师活动：点评学生的回答，引导学生纠偏和补充，形成较完整的答案。

从投资倾向看：发展壮大国有经济，要推进国有经济布局和结构调整。推动国有资本更多投向关系国家安全、国民经济命脉的重要行业和关键领域，要服务于国家战略目标，重点提供公共服务、发展重要前瞻性战略性产业、保护生态环境、支持科技进步、保障国家安全。

那么哪些行业是关键行业？新兴产业有哪些？

相关链接：

战略性新兴产业是以重大技术突破和重大发展需求为基础，对经济社会发展全局性和长远性具有重大引领带动作用。它是知识技术密集、物质资源消耗少、成长潜力大、综合效益好的产业。

面对全球新一轮科技革命和产业变革重大机遇，我国要进一步发展壮大新一代信息技术产业、高端装备制造产业、新材料产业、生物产业、新能源汽车产业、新能源产业、节能环保产业、数字创意产业及相关服务业。

探究活动二：播放、观看视频《中国改革开放创造了怎样的奇迹？》。然后老师组织学生讨论，通过分析国有企业成功案例得出结论。

从发展原则看：发展壮大国有经济，要以解放和发展社会生产力为标准，以提高国有资本效率、增强国有企业活力为中心，全面推进依法治企，加强和改进党对国有企业的领导，做大、做强、做优国有企业，不断增强国有经济活力、控制力、影响力、抗风险能力。毫不动摇巩固和发展公有制经济，必须发展壮大国有经济。

探究活动三：

联通集团混合所有制改革是首例中央国有企业层面的混改。"混改"后，联通集团对中国联通的持股比例从原来的 63.7% 降到 36.7%，仍是大股东但不再处于绝对控股地位，腾讯、百度等民企成为新的战略投资者；新成立的董事会吸收民营企业代表参与企业经营决策，优化了经营管理机制；中国联通向 7000 余名核心员工授予占总股比 2.7% 的股票，调动了核心要素的积极性；联通与新的战略投资者在云计算、物联网等领域开展战略合作，培育了创新发展新动能。国企民企以"混改联姻"，改出了国有资本、非公有资本融合发展的新优势。

阅读上面材料，思考下列问题：

第一，联通为什么要让员工持股？

通过学生合作探究，可以得出：这样做有助于协调劳资关系，形成资本所有者与劳动者利益共同体。

第二，联通为什么要让腾讯、百度等民企成为新的战略投资？

通过学生合作探究，可以得出：促进国有资本与非国有资本融合，优势互补。

第三，"混改"之后，联通集团持股比例最大，改革后还是国有控股的企业，但企业资本是原来几倍，这说明了什么？

通过学生合作探究，可以得出："混改"能放大国有资本功能，引导社会资金投向实体经济。

第四，联通改革后，完善了股份结构，其好处是什么？

通过学生合作探究，可以得出：有助于国有企业转换经营机制，建立现代企业制度。

从所有制改革方向看：发展壮大国有经济，要探索公有制多种实现形式，发展国有资本、集体资本、非公有资本等交叉持股、相互融合的混合所有制经济，积极稳妥推进国有企业混合所有制改革，规范有序发展混合所有制经济。

相关链接：

股份制公司

形式：有限责任公司和股份有限公司两种形式。

机构：一般由三个部分组成：决策机构、执行机构和监督机构。

优点：权责明确、互相制衡、提高效率、管理科学。

2. 发展壮大农村集体经济

探究活动四：观察两幅图片（现代化养鸡场、农村留守儿童和老人），探究农村经济发展。

上述图片反映当今农村集体经济发展存在哪些现象？你还知道农村存在哪些现象？这对我们有何启示？

观察图片：学生得出，农村存在土地荒芜现象；现代农业生产规模大，专业性强，需要产前、产中、产后服务。

活动方式：小组讨论，共同分析问题，形成一致答案，小组代表发言。

发展壮大农村集体经济措施：

一要巩固农村基本经营制度，深化农村土地制度和集体产权制度改革，保障农民财产权益。

二要发展多种形式适度规模经营，培育新型农业经营主体，健全农业社会化服务体系，建立符合市场经济要求的集体经济运行机制。

名词解释：

农村基本经营制度：在我国，农村基本经营制度是指以家庭承包经营为基础，统分结合的双层经营体制。

农村基本经营制度有三个制度构成条件：

第一，土地归农民集体所有；

第二，集体土地由农户承包经营；

第三，集体为农户提供统一经营服务，我们也将其概括为"统分结合，双层经营"。统分结合是指"宜统则统，宜分则分，通过承包把统和分协调起来，有统有包"；双层经营是指农户和集体两个经营层次。在农村基本经营制度下，从利益分配关系的角度，按照当年小岗村的经验就是"交够国家的，留足集体的，剩下都是自己的。"农村社会化服务体系是为农业生产的经营主体提供各种服务而形成的网络体系，以满足农业生产的需要，主要由供应服务、销售服务、加工服务、信息服务等构成，农业社会化服务体系是否完善是衡量一个国家农业现代化程度的重要指标。

农村专业合作社：是在农村家庭承包经营基础上，同类农产品的生产经营者或同类型农业生产经营服务的提供者、利用者自愿联合，民主管理的互助性经济组织。它以其成员为主要服务对象，提供农业生产资料的购买、农产品的销售、加工、运输、贮藏以及农业生产经营有关的技术、信息等服务。

在学生讲解完毕后，对学生进行评价，补充时政，理解知识。在整个过程中，升华情感，认同中国特色社会主义制度，感受国家的日益强大。

第四节 "我国的生产资料所有制"教学设计（三）

——"毫不动摇鼓励、支持、引导非公有制经济发展"教学设计

一、教材分析

"毫不动摇鼓励、支持、引导非公有制经济发展"是新编高一思想政治课《经济与社会》第一课第二框的教学内容。本课以国家坚持和发展公有制经济和非公有制经济的措施为主线展开，而发展公有制经济又从发展壮大国有经济和集体经济这两个方面展开分析，做好这两点就是坚持和完善了我国基本经济制度。

二、教学目标

1. 知识目标
会分析国家鼓励发展非公有制经济的原因和措施。

2. 能力目标
会区分国家发展不同所有制经济的措施。

3. 情感、态度和价值观目标
理解我国社会主义初级阶段的基本经济制度，坚定社会主义基本经济制

度具有无比优越性的信念。

4. **核心素养目标**

（1）**政治认同**

探究如何毫不动摇鼓励、支持和引导非公有制经济发展，树立社会主义市场经济需要各种所有制经济共同发展的意识，最终坚定坚持"两个毫不动摇"的决心。

（2）**科学精神**

客观、全面地看待我国公有制和非公有制共同发展，懂得社会主义初级阶段我国各种所有制经济共同发展是必要、必需的。

（3）**法治意识**

通过查找、理解现阶段我国经济法律法规对各种所有制经济平等使用要素、公平竞争等方面的规定，树立和培养法治意识。

（4）**公共参与**

学生自行查询、感悟、探讨如何坚持"两个毫不动摇"，逐步培养合作探究精神。

三、教学重难点

1. **教学重点**
发展非公有制经济的原因和措施。

2. **教学难点**
鼓励支持引导非公有制经济发展的措施。

四、教学过程

导入新课：
观看"2018 年习近平总书记在民营经济座谈会上讲话"的视频。
讲授新课：
课题：毫不动摇鼓励、支持、引导非公有制经济发展
自主学习后，PPT 呈现下列内容：
（1）为什么支持非公有制经济的健康发展？（P12－13）
（2）国家应如何支持非公有制经济的健康发展？（P12－13）

1. 为什么要鼓励支持引导非公有制经济发展

探究活动一：

材料：2018 年 11 月 1 日，中共中央召开了民营企业座谈会，习近平总书记将我国民营经济的特征概括为"五六七八九"，即：我国民营经济贡献了 50% 以上的税收，60% 以上的国内生产总值，70% 以上的技术创新成果，80% 以上的城镇劳动就业，90% 以上的企业数量。①

阅读上述教材，思考：为什么要鼓励支持引导非公有制经济发展。

学生探究得出：非公有制经济不断发展壮大，成为稳定经济增长和改善民生的重要力量、创业就业的主要领域、技术创新的重要主体、国家税收的重要来源，为我国社会主义市场经济发展、政府职能转变、农村富余劳动力转移、国际市场开拓等发挥了重要作用。

小试牛刀：

（2015 年全国卷Ⅱ）材料：2014 年 10 月《国务院关于扶持小型微型企业健康发展的意见》提出要"认真落实已经出台的支持小型微型企业税收等优惠政策"。2015 年 3 月，国家税务总局出台十大措施确保小微企业税收优惠政策落实。

数据显示，2015 年一季度，全国享受企业所得税减半征收政策的小微企业有 216 万户，受惠面在 90% 以上，减税 51 亿元；享受暂免征收增值税和营业税政策的小微企业和个体工商户共有 2700 万户，减税 189 亿元。

结合材料和所学知识，探究当前为什么要对小微企业实施税收优惠。

学生分组讨论后，师生共同总结归纳：

第一，小微企业是社会主义市场经济重要组成部分，是国民经济发展重要力量；

第二，实施税收优惠有利于激发创业热情，为社会提供更多的就业机会；

第三，有利于拉动内需发展，促进国民经济的平稳运行；

第四，有利于国家更好地实施创新驱动战略，转变经济发展方式；

第五，小微企业负担很重，税收优惠可降低企业生产发展成本，给小微企业发展营造良好的发展环境。

2. 毫不动摇鼓励、支持、引导非公有制经济发展的措施

非公有制经济发展面临的困难：非公有制企业在发展中，遇到不少困难

---

① 王拓彬. 中国共产党对非公有制经济的认识历程论析［J］. 长江论坛，2019（8）.

和问题，有的民营企业家将这些困难称为"三座大山"：市场的"冰山"，融资的"高山"，转型的"火山"。① 非公有制经济在市场中遇到的困难来自方方面面，有某些地区和行业，非公有制经济所享受的资源受限的问题；有非公有制经济的政策落实不到位的问题；有非公有制经济自身技术不先进，管理体制落后、研发能力低下的问题；还有一些非公有制经济主体存在售假卖假等行为的问题。

如何破解非公有制经济发展道路上的难题？师生一起开始进行下面探究活动。

探究活动二：

（2019年浙江省高考试卷）2018年，我国经济运行总体上保持在合理区间，经济结构不断优化，发展新动能持续壮大。但一些民营和小微企业仍然面临不少困难，主要原因有：世界经济的不稳定不确定因素明显增加；国内经济下行压力加大，消费增速减慢和消费升级导致的市场竞争越来越激烈；企业劳动力成本上升、融资难、融资贵和创新能力不强等问题尚未有效缓解。此外，营商环境与市场主体的期待还有差距，如一些地方政府懒政怠政，有些领域投资准入门槛过高、审批繁琐，涉企规章缺乏规范性稳定性、竞争监管和执行力度不统一，以及督查、检查考核过多、收费较多等。

根据材料提供的信息，探究政府如何优化营商环境。

学生探究后，师生共同总结归纳：

政策角度：要保证各种所有制经济依法平等使用生产要素、公开公平公正参与市场竞争、同等受到法律保护和依法监管；要贯彻落实包括市场准入、企业融资等在内的促进非公有制经济健康发展的各项政策措施，形成促进非公有制经济发展的良好环境和社会氛围。

探究活动三：

材料：我国某著名电子工业"专业镇"拥有一百多家电子企业。这些企业普遍存在规模小、缺乏研发资金与人才等问题。为了助推它们持续发展，镇政府除了引导企业进行兼并、合并，还牵头组建了公共研发平台，并提供帮助，研发成果由企业免费或付费使用。在镇政府支持下，该镇的电子工业焕发出勃勃生机，成为该镇的支柱产业。

结合材料，合作探究：

---

① 庄聪生. 破除各种障碍壁垒，营造民营经济发展良好环境［J］. 领导科学论坛，2019（8）.

第一，非公有制企业在发展过程中会面临哪些困难？

第二，政府该怎样支持和引导非公有制企业克服这些困难？

学生探究后，师生共同总结归纳：

企业管理角度：第一，要支持和帮助非公有制企业提高企业管理水平，完善管理体制机制；第二，提高生产技术水平和研发能力，从而不断提高企业的效率和市场竞争力。

探究活动四：

材料：2018 年 11 月 1 日习近平总书记在民营企业座谈会上讲话中指出："非公有制经济要健康发展，前提是非公有制经济人士要健康成长。希望广大民营经济人士加强自我学习、自我教育、自我提升。民营企业家要珍视自身的社会形象，热爱祖国、热爱人民、热爱中国共产党，践行社会主义核心价值观，弘扬企业家精神，做爱国敬业、守法经营、创业创新、回报社会的典范。民营企业家要讲正气、走正道，做到聚精会神办企业、遵纪守法搞经营，在合法合规中提高企业竞争能力。守法经营，这是任何企业都必须遵守的原则，也是长远发展之道。要练好企业内功，特别是要提高经营能力、管理水平，完善法人治理结构，鼓励有条件的民营企业建立现代企业制度。新一代民营企业家要继承和发扬老一辈人艰苦奋斗、敢闯敢干、聚焦实业、做精主业的精神，努力把企业做强做优。民营企业还要拓展国际视野，增强创新能力和核心竞争力，形成更多具有全球竞争力的世界一流企业。"

结合上述材料，分析说明我国应如何发展非公有制经济？

学生探究后，师生共同总结归纳：

国家：要推动非公有制经济界人士做合格的中国特色社会主义事业建设者。

个人：非公有制经济界人士要坚持爱国敬业，坚持守法经营、诚信经营，坚持回报社会、积极承担社会责任，树立企业的良好社会形象。

3. 企业的经营

探究活动五：企业应如何搞好经营？

(2019 年·浙江高考卷) 2018 年，我国经济运行总体上保持在合理区间，经济结构不断优化，发展新动能持续壮大。但一些民营和小微企业仍然面临不少困难，主要原因有：世界经济的不稳定不确定性因素明显增加；国内经济下行压力加大，消费增速减慢和消费升级导致的市场竞争越来越激烈；企业劳动力成本上升、融资难融资贵和创新能力不强等问题尚未有效缓解。此外，营商环境与市场主体的期待还有差距，如一些地方政府懒政怠政，有些领域投资准入门槛过高、审批繁琐，涉企规章缺乏规范性稳定性、竞争监管和执行力度不统一，以及督查检考核过多、收费较多等。

探究：企业应如何应对宏观经济形势的新变化，走出企业发展的困境？

学生探究后，师生共同总结归纳：

第一，要制定正确的经营战略。

第二，要提高自主创新能力，依靠科技进步、科学管理，形成自己的竞争优势。

第三，要诚信经营，树立良好的信誉和企业形象。

第四，要积极承担社会责任，把经济效益和社会效益有机结合起来。

总结升华：

新时代坚持和发展中国特色社会主义，必须抓住初级阶段这个基本国情，坚持和完善我国社会主义基本经济制度，毫不动摇巩固和发展公有制经济，毫不动摇鼓励、支持、引导非公有制经济发展。公有制经济和非公有制经济两手都要抓，两手都要硬。

第五节 "按劳分配为主体、多种分配方式并存"教学设计

一、教材分析

"按劳分配为主体、多种分配方式并存"是人教版高中思想政治课《经济生活》第七课的第一框教学内容，是第三单元"收入与分配"教学的开始。根据《课程标准》的要求，本课主要是让学生了解我国现阶段的分配制度，使学生初步认识我国现阶段的基本经济制度的性质和特点，明确这是建设中国特色社会主义的主要内容之一，同时也为社会主义市场经济体制以及全书内容的学习奠定理论基础。[1] 从现实生活来看，实行什么样的分配制度，能否理顺分配关系，是事关广大群众的切身利益和积极性能否充分发挥的大问题，也是我们党和政府高度重视的大问题。

---

① 高娟娟.《按劳分配为主体 多种分配方式并存》教学设计 [J]. 新课程（中学），2015（4）.

二、学情分析

学生对于我国收入分配制度有一定了解，对于生活中的分配现象有一定的认识。本课内容与生活实际联系紧密，所以教学环节的设计要贴近社会生活实际，在教学过程中要充分调动学生的学习积极性和主动性，既要根据学生的生活实际，又要结合时政内容进行教学，探究活动要有可操作性。

三、教学目标

知识目标：识记按劳分配的基本内容及要求，理解我国实现按劳分配的必然性及意义；区分按劳分配和按生产要素分配；理解我国健全生产要素由市场评价贡献、按贡献决定报酬的机制的意义。

能力目标：通过自主学习，提升学生的学习能力和总结归纳能力；通过合作探究，提升学生的团队协作能力和理解分析能力；通过展示成果环节，提高学生的课堂参与和自我表达能力。

情感、态度、价值观目标：通过对本节课知识的学习，使学生正确分析生活中与个人收入分配有关的经济现象，感悟社会主义个人收入分配制度确立的必要性，了解生产要素在当今时代的重要性，自觉提升个人综合素质以适应社会发展需要，能够透过现象看本质，增强参与经济生活的能力与信心。

四、学科素养

政治认同：加强对社会主义制度优越性的理解，认同党的路线、方针、政策。

科学精神：增强对我国按劳分配内涵和必然性的理解。

五、教学重点

理解按劳分配的内容、必要性，健全生产要素由市场评价贡献、按贡献决定报酬的机制的意义。

六、教学难点

区分我国分配制度中不同的分配方式。

七、教学方式

自主学习法、合作探究法、讲授法等。

八、教学过程

导入新课：

某私营企业员工有11人，某年该企业生产利润500万元，年底企业准备给员工发奖金，你觉得应怎样合理分配奖金？

讲授新课：

首先老师组织学生分组讨论该企业奖金分配方案，然后选择其中一个方案展示：500万元÷11＝45.5万元。

老师组织学生讨论上述分配方案。经过师生分析，大家觉得这种分配方案不合理：第一，企业利润应上缴企业所得税，不能把500万元都分配给员工；第二，企业需要预留一部分资金用于明年进行再生产；第三，上面方案是平均分配，不利于调动积极性。于是老师组织学生修改分配方案。经讨论修改的分配方案如下：

表2-5　某私营企业资金分配方案

缴税	企业发展基金	员工工资	企业主所得
100万元	80万元	保安3万元、技术员20万元、经理30万元	180万元

活动设计意图：通过该活动培养学生纳税意识，培养学生经营管理能力。

修订分配方案后，老师引导学生进一步思考：如果该企业是国有企业，那么分配方案是否一样呢？经过分析，学生懂得国企分配与私企分配应该不同，分配方案如下：

表2-6　某国有企业资金分配方案表

缴税	企业发展基金	员工工资	上缴国家利润
100万元	80万元	保安3万元、技术员20万元、经理30万元	180万元

教师结合表2-5和表2-6，设置五个探究活动。

探究活动一：在私营企业里，企业利润中的180万元要分配给私营企业主，在国有企业里，企业利润中的180万元要上缴国家，这是为什么？由此我们可以得出什么样的结论？

因为以上两个企业生产资料所有制不同，所以分配方式不一样，由此我们可以得出以下两个结论：

生产资料所有制决定分配方式，我国生产资料所有制有多种，所以分配方式也有多种。以按劳分配为主体、多种分配方式并存的分配制度是由我国以公有制为主体、多种所有制共同发展的基本经济制度决定的。

探究活动二：在表2-5中，保安分配3万元，技术员分配20万元，经理分配30万元，这些收入是不是按劳分配？表2-6中，"保安3万元、技术员20万元、经理30万元"与表2-5中的"保安3万元、技术员20万元、经理30万元"收入分配有何不同？

在私营企业中，保安分配3万元，技术员分配20万元，经理分配30万元，这些收入不属于按劳分配；在国有企业中，保安分配3万元，技术员分配20万元，经理分配30万元，这些收入属于按劳分配。由此可以归纳按劳分配的特点：

第一，按劳分配只存在于公有制经济之中；

第二，按劳分配需要对分配对象作必要扣除，这个扣除与私有制企业里扣除并不相同；

第三，按劳分配实行的是多劳多得，少劳少得，分配的标准是根据劳动数量和劳动质量。

结论：按劳分配就是在公有制经济中，在对社会总产品作了必要扣除之后，以劳动者向社会提供的劳动（包括劳动数量和质量）为尺度分配个人消费品，多劳多得，少劳少得。

探究活动三：结合表2-5和表2-6，分析公有制经济中实行按劳分配的原因。

对比表2-5和表2-6，我们可以得出结论：生产资料公有制是实行按劳分配的前提；在国有企业里，分配方案中如果给每个员工奖金增加一倍，可以普遍提高员工的生活水平，为什么企业不给每个员工增加奖金一倍呢？因为企业收入没有那么多，由此可见，社会主义公有制条件下生产力的发展水平，是实行按劳分配的物质基础；从保安、技术员和经理奖金数量的差异，可以得出：社会主义条件下人们劳动的性质和特点，是实行按劳分配的直接原因。

探究活动四：结合表2-5和表2-6，分析在奖金分配方案中如果实行平均分配会出现什么样的结果。

如果实行平均分配会挫伤劳动者的积极性，所以按劳分配有利于充分调动劳动者的积极性和创造性，激励劳动者努力学习科学技术，提高劳动技能，从而促进社会生产的发展；按劳分配体现了劳动者共同劳动、平等分配的社会地位。

表 2 – 7 按劳分配的特点

性质	按劳分配是社会主义公有制经济中个人消费品分配的基本原则。
地位	按劳分配在所有分配方式中占主体地位。
内容要求	在公有制经济中，在对社会总产品作了各项必要扣除之后，以劳动者向社会提供的劳动（包括劳动数量和质量）为尺度分配个人消费品，多劳多得，少劳少得。
客观必然性	①生产资料公有制是实行按劳分配的前提。②社会主义公有制条件下生产力的发展水平，是实行按劳分配的物质基础。③社会主义条件下人们劳动的性质和特点，是实行按劳分配的直接原因。
作用和意义	它有利于充分调动劳动者的积极性和创造性，激励劳动者努力学习科学技术，提高劳动技能，从而促进社会生产的发展；体现了劳动者共同劳动、平等分配的社会地位。①

点拨提示：

①按劳分配≠公有制中的分配方式。按劳分配只存在于公有制经济中，但公有制经济中还存在按要素分配、福利性分配、社会保障收入。

②按劳分配≠按劳动要素分配。虽然两者都属于劳动收入，但按劳分配存在于公有制经济中，是社会主义性质的分配；按劳动要素分配主要存在于非公有制经济中，是非社会主义性质的分配。

探究活动五：结合表 2 – 5 和表 2 – 6，分析我国个人收入分配方式除按劳分配之外，还存在哪些分配方式。

表 2 – 8 收入与分配方式对应情况

分配对象	分配方式
表 2 – 5 中私营企业中投资者分配 180 万元	按资本要素分配
表 2 – 5 中保安分配 2 万元	按劳动要素分配
表 2 – 5 中经理分配 30 万元	按管理要素分配

按生产要素分配：

①参与分配的生产要素：主要有劳动、资本、技术、管理等。

②意义：生产要素参与分配，是对市场经济条件下各种生产要素所有权存在的合理性、合法性的确认，体现了国家对公民权利的尊重，对劳动、知识、人才、创造的尊重。这有利于完善按要素分配的体制机制，让一切创造

① 黄垠昌.《经济生活》第三、四单元专题复习 [J]. 中学生政史地（高中文综），2010（9）.

社会财富的源泉充分涌流；有利于增加居民收入、推动经济发展。

点拨提示：

财产性收入：也称资产性收入，指通过资本、技术和管理等要素参与社会生产和生活活动所产生的收入。即家庭拥有的动产（如银行存款、有价证券）和不动产（如房屋、车辆、收藏品等）所获得的收入。包括出让财产使用权所获得的利息、租金、专利收入；财产营运所获得的红利收入、财产增值收益等。

表2-9　按劳分配和生产要素参与分配的区别与联系

名称 比较		按劳分配	生产要素参与分配
区别	适用	公有制经济，包括国有经济和集体经济。	包括公有制经济在内的多种所有制经济。
	形式	公有制经济中劳动者的工资、奖金、津贴。	按劳动、资本、技术、管理等生产要素分配。
区别	体现	体现了劳动者共同劳动、平等分配的社会地位。	体现了国家对公民权利的尊重，对劳动、知识、人才、创造的尊重。
	地位	在我国所有分配方式中居于主体地位。	是我国分配制度的重要组成部分。
联系		①都是我国社会主义初级阶段的分配方式。 ②都是由我国现阶段的国情和客观经济条件决定的。 ③都是发展社会主义市场经济的客观要求。	

表2-10　生产要素参与分配的几种形式

主要形式	含义（表现）
按资本要素分配	私营企业主的税后利润、储蓄所得利息、股票所得股息分红、债券利息等
按劳动要素分配	私营企业和外资企业中的职工的工资、奖金、津贴等
按管理要素分配	管理人才凭借其管理才能在生产经营中的贡献参与分配的方式
按技术要素分配	科技工作者的技术入股、专利使用、技术转让等的收入
按信息要素分配	信息工作者提供信息资料、管理方案（点子）等的收入
按土地要素分配	凭借土地取得的收入。如土地、房屋的租金和转让金等

根据所属范围区分收入分配方式：

①按劳分配存在于公有制经济中，如国有企业和集体企业的工资、奖金、津贴收入，农村家庭联产承包收入都属于按劳分配所得。

②生产要素参与分配存在于股份制企业、私营经济、外资经济和个人投资活动中，如股息、利息、科技入股、出租、私营企业工资、土地流转等收入都属于按生产要素分配。

③按劳分配收入 ≠ 劳动收入

劳动收入即劳动所得，是相对于剥削收入和财产性收入而言的。按劳分配收入一定是劳动收入，而劳动收入不一定是按劳分配收入。如个体劳动者的收入、私营企业和外资企业中劳动者的收入都是劳动收入，但不是按劳分配收入。

④工资、奖金、津贴不一定都属于按劳分配

国有经济和集体经济中劳动者的工资、奖金、津贴属于按劳分配；私营企业和外资企业中劳动者的工资、奖金、津贴属于生产要素参与分配中的按劳动要素分配。

⑤区分合法的劳动收入与合法的非劳动收入

合法的劳动收入包括按劳分配、按劳动要素分配取得的收入。合法的非劳动收入包括按土地要素分配、按资本要素分配、按技术要素分配、按管理要素分配、按信息要素分配等取得的收入。并不是所有的劳动收入都是合法收入，也并不是所有的非劳动收入都是非法收入。国家保护一切合法的劳动收入和合法的非劳动收入。

⑥财产性收入、经营性收入与转移性收入

财产性收入是指通过自己所拥有的各类财产获得的收入，包括银行存款所得的利息、房屋出租所得的租金等。通俗地说，财产性收入就是人们投资理财所获得的收益。

经营性收入是指通过生产经营活动所获得的收入。即企业在销售货物、提供劳务以及让渡资产使用权等日常活动中所产生的收入，通常表现为现金流入、其他资产的增加或负债的减少。

转移性收入指国家、单位、社会团体对家庭或个人的各种转移支付和居民家庭间的转移支付所获得的收入，包括养老金、社会救济和补助、政策性生产补贴、政策性生活补贴、救灾款等。①

---

① 张立承. 涉农收入分配：农民收入增长与权益保障 [J]. 经济研究参考, 2017 (12).

第六节　"征税和纳税"教学设计

一、教材内容分析与学情分析

1. 教学内容分析

"征税和纳税"是高中思想政治必修一《经济生活》第八课"财政与税收"的第二框教学内容。这一框设置了两目：

第一目："税收及其种类"，包括税收的原因、含义、特征及其关系、类型，其中重点为税收的特征、增值税、个人所得税。

第二目："依法纳税是公民的基本义务"，现实生活中存在违反税法的现象，教材通过理论分析、相关链接，图文并茂地分析了偷税、欠税、骗税、抗税的四种行为，指出我国税收取之于民，用之于民，国家利益、集体利益、个人利益在根本上是一致的，依法纳税是公民的基本义务。

征税和纳税是国家分配的重要环节，是财政收入的重要内容。了解税收和税法，认识依法纳税的必要性，有助于我们增强权利义务观念，增强社会责任感和主人翁意识。本课教材主要介绍了有关税收方面的知识，分析了个人所得税、增值税等重要税种，让学生知道征收个人所得税对调节个人收入具有重要作用，进而理解依法纳税是公民的基本义务，偷税、欠税、骗税、抗税是违法行为。

2. 学情分析

（1）学生的心智特征

高一学生经过一段时间的学习，已经初步具备分析具体经济社会现象的能力，能够形成对社会经济现象的评价和理解，但受生活经验和知识储备的限制，本节内容对学生来说比较抽象。学生对增值税和个人所得税的知识点不太了解，对其对象、优缺点把握较难，所以教学中要通过案例来突破难点。

（2）学生已有经验

征税和纳税与生产生活息息相关，学生具备一定知识基础和经验，通过对"税收及其种类"和"依法纳税是公民的基本义务"两目的学习，学生具备继续深入学习的可能性。

二、教学目标

1. 知识与技能目标

识记税收的含义；理解公民主动纳税的原因；理解税收的本质、基本特征及其相互关系；理解增值税和个人所得税的内容及其作用；懂得依法纳税是公民的基本义务；了解违反税法的表现；运用税收和税法的相关知识，分析现实生活中的偷税漏税行为。

2. 过程与方法目标

通过情境创设，准确把握税收的基本特征和税收的作用，提高知识迁移能力及逻辑思维能力；通过案例分析与讨论，区分各种违反税法的行为及其处罚措施，提高实践参与能力。

3. 情感、态度与价值观目标

认同我国税收的性质，拥护社会主义国家关于税收的法律和政策；牢固树立纳税光荣的信念，自觉遵守税法，依法诚信纳税；以主人翁的态度监督国家对税收的征管和使用，同各种违反税法的行为作斗争。

4. 学科素养目标

（1）政治认同

通过掌握税收的含义、了解税收的种类，认同我国税收的性质，拥护社会主义国家关于税收的法律和政策。

（2）科学精神

了解违反税法的四种现象，提高辨别能力。

（3）法治意识

认识税收的作用，懂得依法纳税是公民的基本义务。

（4）公共参与

自觉遵守税法、依法诚信纳税，以主人翁的态度监督国家税收的征管和使用，同偷税、欠税、骗税、抗税等违反税法的行为作斗争。

三、设计思路

1. 设计理念

教学设计以核心素养为目标指向，将主导性和主体性相统一的教学理念贯穿于教学设计的全过程：通过播放时政热点视频导入新课，激发学生主体意识；通过深度提问引导主体思维；通过探究活动的设置强化主体地位；通过师生互评增强主体体验；通过教师及时答疑解惑，引导主体深度学习。

2. 教学方法

（1）议题式教学法

将教学内容以问题的形式呈现，通过深入提问，引导学生进行思维探究，注重知识的生成。

（2）情景式教学

创设贴近学生、贴近实际、贴近生活的情景，充分调动学生的积极性，引导学生在情景中感悟并提升素养。

四、教学重难点

1. 教学重点

税收的基本特征及其联系。

2. 教学难点

依法纳税是公民的基本义务，增值税的特点及计算，个人所得税的计算。

五、教学过程

导入新课：播放第十三届全国人民代表大会常务委员会第五次会议《关于修改〈中华人民共和国个人所得税法〉的决定》的视频。

2018年8月31日，第十三届全国人民代表大会常务委员会第五次会议通过了《关于修改〈中华人民共和国个人所得税法〉的决定》（第七次修正）。《中华人民共和国个人所得税法》综合考虑人民群众消费支出水平增长等各方面因素，将基本减除费用标准提高到5000元/月。这是继2016年"营改增"后，我国税收制度的又一次重大改革。那么什么是税收？国家为什么要征税？

新课讲授：

1. 税收的含义

表2-11　个人所得税征税税率表

级数	全月收入大于5000元的部分	税率
1	不超过3000元的部分	3%
2	超过3000元至12000元的部分	10%
3	超过12000元至25000元的部分	20%

（续表）

级数	全月收入大于5000元的部分	税率
4	超过25000元至35000元的部分	25%
5	超过35000元至55000元的部分	30%
6	超过55000元至80000元的部分	35%
7	超过80000元的部分	45%

阅读表2-11，思考下列问题：

（1）国家为什么要征个人所得税？（国家职能）

（2）国家为什么要颁布税法？（税收特征）

（3）国家收税来的钱去哪里了？（财政收入）

（4）征税中如果不颁布法律，那会出现怎样的情况？（使学生懂得税收的三个特征之间的关系）

（5）税法中如果不规定税率，会出现什么样的情况？（使学生懂得税收的三个特征之间的关系）

（6）如果某人的月工资为9000元，那么他应缴纳的个人所得税款是多少？（使学生懂得个人所得税含义、作用、特征）

设计意图：税收概念比较抽象，学生理解起来会有困难，本环节对税收含义的讲授不是照本宣科，而是通过不断深入提问引导学生得出税收的含义，理解税收的特征。

2. 税收的种类

教师活动：播放"十二项税收优惠政策全力保障疫情"的视频。

设计意图：新冠肺炎疫情是时政热点，以"十二项税收优惠政策全力保险疫情防控"视频切入，不仅能有效激发学生对本节课的学习兴趣，而且可以增强政治认同。

PPT展示十二项税收优惠具体政策，请同学们以小组为单位找出十二项税收优惠政策当中涉及的税种，并结合高一《经济生活》教材第70页的名词点击对涉及的税收进行归类。

学生活动：

找出十二项税收优惠中涉及的税种：个人所得税、增值税、企业所得税、关税、消费税、城市维护建设税、教育费附加、地方教育附加，其中个人所得税、企业所得税属于所得税，增值税、关税、消费税属于流转税，城市维护建设税、教育费附加、地方教育附加属于附加税。

然后教师总结补充：（1）个人所得税和增值税的相关内容；（2）什么是"营改增"？

学生小组相互进行思考探究。

教师总结：

所谓的营改增即营业税改征增值税。增值税，就是对商品价值增加的部分进行征税，其计算公式：增值税额＝销售收入×使用税率－购进商品已纳税金。

例如：某家具厂从某林场购进一批木材，家具厂应付的款项共计89450元，其中，木材的销售价为75000元。林场销售这批木材应缴纳的增值税为14450元，这笔增值税由家具厂上缴国家，并在开具给林场的发票上明示。家具厂将这批木材加工成家具出售给家具店，家具的销售价为300000元。家具厂应交纳的增值税是多少？

家具厂应缴纳的增值税：300000元×17%－14450＝36550元。

通过对上述案例分析，学生可以懂得增值税的优点：

（1）有利于贯彻公平税负的原则，避免重复征税、防止偷漏税行为；（2）有利于促进生产专业化，促进生产经营结构的合理化；（3）有利于增加国家的财政收入。

设计意图：

这一教学环节的教学任务有三项：一是让学生了解国家有多少税种；二是学会增值税和个人所得税的计算；三是让学生突破难点：为什么增值税可以避免对一个经营额重复征税，可以防止前一生产经营环节偷税漏税？让学生对十二项优惠政策进行分类，以此加深学生对不同税种的理解。

3. 税收的特点

教师先组织学生看教材，然后讲述税收的特征。税收具有强制性、无偿性、固定性三个特点，税收的无偿性要求税收具有强制性，税收的强制性保障税收的无偿性，税收的强制性和无偿性又决定了税收具有固定性。税收的三个基本特征是紧密联系、不可分割的。

教师提问：疫情防控期间出台十二项税收优惠政策是不是否定了税收的固定性呢？

国家在征税之前预先规定了征税对象，税率不经国家有关部门批准不能随意改变，但是不能随意改变不代表不能改变，也不代表一成不变，国家对有关行业、有关项目实行税收优惠是因为新型冠状肺炎防控的需要，是根据具体的情况进行调整，并不影响税收的固定性。

关于税收的固定性，要把握以下三层意思：（1）是指在征税之前，就以法律的形式，预先规定了征税的对象和征收税额，不经过国家批准不能随意改变。（2）意义：一是国家不能无限度地征税；二是纳税人必须按规定纳税，不得自行减免或降低标准。（3）税收的固定性是相对的，随着社会经济条件变化可以改变具体税收标准。

设计意图：这一教学环节打破教材的内容顺序，先讲种类、再讲特点，这样可保持思维的连贯性。税收的基本特征是学生通过对议题分析探究总结出来的，在弄清税收的基本特征之后，教师结合疫情防控的时事热点引导学生理解税收的固定性，从而培育学生的辩证思维，促进学生深度学习。

4. 依法纳税

有国就有税。在我国，税收取之于民，用之于民，国家利益、集体利益、个人利益在根本上是一致的。依法纳税是公民的基本义务。如何认识依法纳税是公民的基本义务？

学生探究议题：有人认为纳税只是企业的事，与个人无关，这种观点正确吗？

设计意图：一是体现生活逻辑，突出情感、态度与价值观；二是利用纳税标兵的感人事迹，说明依法纳税是公民的基本义务。

学生活动：

阅读《经济生活》教材，思考教材第71页的案例，谈谈启示。

思考讨论，回答问题。

教师明确：为国家纳税，说明纳税光荣、依法纳税是公民的基本义务。我国社会主义税收的性质是取之于民、用之于民。权利与义务相统一。

思考：纳税人就是向税务机关缴纳税款的人，对吗？

点拨：对"纳税人"的正确认识。

纳税人又称为纳税义务人，是指税法规定的直接负有纳税义务的单位或个人。纳税人分为自然人和法人。一个单位或个人是否成为纳税人，是由税法和法人或个人所处的经济地位决定的。纳税人和负税人不是一回事。

过渡：生活中是否人人都愿意把自己的收入拿出一部分上缴给国家？

合作探究：

目前，我国的一些企业和个人存在着偷税、欠税、骗税、抗税等行为，国家将加大打击力度，坚决惩治违反税法的行为。

（1）四种违反税法的行为有什么相同点和不同点？

（2）请谈谈国家为什么要坚决惩治违反税法的行为。

（3）针对上述现象，你该怎样去做？

总结：国家的兴旺发达与我们的生活息息相关，国家各项职能的实现必须以社会各界缴纳的各种税收作为物质基础，因此每个公民在享受国家提供的各种服务的同时，必须承担义务，自觉诚信纳税。但是现实生活中仍然存在违反税法的现象。

学以致用：请同学们写一则税收宣传语。

设计意图：经过前几个教学环节的学习，学生形成了关于税收的认识，本环节坚持教师主导和学生主体相结合的原则，引导学生自主思考得出依法纳税是公民的基本义务，准确区分违反税法的四种现象。引导学生在自主建构的基础上实现价值升华，使学生认同我国税收的性质，拥护社会主义国家关于税收的法律和政策，了解违反税法的四种现象，提高辨别能力，自觉遵守税法、依法诚信纳税，以主人翁的态度监督国家税收的征管和使用，同偷税、欠税、骗税、抗税等违反税法的行为作斗争。"创作宣传语"的设置充分发挥学生的创造性，培养学生的创造性思维，让学生互评作品，能使学生在互评当中增强学习体验。

第七节 "市场配置资源"教学设计

一、教材分析

本课作为高一思想政治课《经济生活》第四单元的起始课，是后面各课学习的基础。本课内容包括合理配置资源的依据、资源配置的两种手段，市场经济的一般规律、市场调节的局限性和市场秩序以及市场规则，旨在分析我国资源配置的特征，引领学生了解市场经济体制，树立正确的市场观念。

二、教学目标

1. 知识目标

（1）识记市场经济的基本含义、市场规则的表现形式、社会信用制度的基本内涵；

（2）理解合理配置资源的必要性、市场配置资源的方式和优点、市场调节存在的弊端、规范市场秩序和建立社会信用制度的必要性及方式。

2. 能力目标

（1）结合经济生活中的实际事例，能够初步认识市场配置资源的优缺点，从而做到准确理解市场调节的功能，培养理论联系实际的能力；

（2）通过资源配置的两种手段——计划与市场的比较，培养用辩证的观点看问题的能力。

3. 情感、态度与价值观目标

（1）树立合理利用资源、不浪费资源的观念；

（2）形成自觉维护市场秩序、遵守市场规则的观念，以公平、公正的态度参与市场，学法、守法、懂法、用法，能自觉抵制一切扰乱市场秩序的行为，在日常生活中，养成以诚信为本、操守为重的良好个人品德。

4. 核心素养目标

（1）政治认同

比较计划与市场两种手段，认识资源配置的必要性和意义；感知市场配置资源的过程，理解市场配置资源的机制和优点；树立合理配置资源与节约资源的意识以及公平公正的市场观念，自觉支持国家的经济政策。

（2）科学精神

经济发展的实践表明，市场经济是一种有效的资源配置方式。但是，市场调节并不是万能的，市场经济的有效运行，必须发挥政府的宏观调控作用。以此培养学生辩证地看问题的能力。

（3）法治意识

分析市场配置资源的局限性，进而探究规范市场秩序和建立社会信用制度的必要性以及其主要内容。通过讨论反思现实生活中的问题，引导学生进一步树立学法守法意识，自觉遵守、维护市场秩序与规则，养成良好的品质。

（4）公共参与

通过对资源有限性认识，引导学生树立合理利用资源、节约资源的观念，养成勤俭节约的习惯，积极参与经济生活。

三、教学重难点

教学重点：市场配置资源的机制和优点；规范市场秩序的意义。

教学难点：市场调节的局限性；规范市场秩序的措施办法。

四、教学过程

导入新课：

播放央视《新闻 1 + 1》：新冠肺炎期间各个药店"一罩难求"的视频。

设计意图：利用热点新闻激发学生兴趣，活跃课堂气氛。

新课教学：

活动：探究如何解决"一罩难求"的矛盾。

课堂探究活动 1：分析口罩价格上涨的原因。

1. 合理配置资源的必要性

资源的有限性和人类需求的无限性这对矛盾要求社会对资源进行合理配置，以更好地满足人类多方面需要，提高利用效率，获得尽可能大的收益。

2. 配置资源的手段

计划和市场是配置资源的两种基本手段。

3. 市场调节的机制

PPT 展示材料一：

随着新冠肺炎的蔓延，许多企业开始纷纷加大马力生产口罩，A 股上市公司中，有汽车、鞋服、纸尿裤等许多家上市公司宣布"跨界"生产口罩，广东中顺洁柔、阳普医疗等多家上市公司加入口罩生产大军，开足马力改造生产线造口罩。生产尿布的、生产服装的、生产车的企业都改造口罩了。

组织学生探究：为什么多家企业要纷纷跨界生产口罩？

因为口罩是紧缺物资，N95 被炒到天价。很多人买不到口罩——药房、电商网站买不到，甚至连口罩厂商也没有。

设计意图：引导学生懂得企业跨界是因为价格上涨、供不应求。市场配置资源是通过价格的涨落、供求的变化来调节。

探究活动 2：结合材料和教材知识，以"一罩难求"为例，说明商品价格与供给、需求之间的关系，并用曲线图表示这种关系。结合材料和教材知识，分析商品价格的变化如何影响资源配置，并用曲线图表示出来。

活动方式：学生合作探究问题，相互补充，形成答案。教师点评，形成较完整答案。

PPT 展示材料二：

在国家政府和相关企业的积极配合下，短期内恢复了口罩生产，并且大幅度提高了口罩的生产能力，国内"一罩难求"得到缓解。随着口罩行业的扩张，口罩行业竞争激烈，口罩的贴合度、过滤效果、舒适度、便捷性也得到大幅提升。N95 标准的口罩，过滤物的等级都在 95% 以上。还出现了一些可水洗重复使用的纳米口罩。

讨论活动 1：同学们回忆一下，20 世纪七八十年代我们国家的生产是如何进行的？

讨论活动 2：如果都用计划手段来调节，生产会出现什么样的情况？

讨论活动 3：上述变化体现了市场调节有哪些优点？

活动小结：市场可以实现资源的优化配置，市场在资源配置中起决定性作用的经济叫做市场经济。

设计意图：引导学生理解市场调节具有比较准确、及时的优点，市场使我们很快解决"一罩难求"的问题，而且使口罩质量提升。纳米口罩的出现也说明了市场可以促进生产力的发展，推动科学技术的进步。

4. 市场配置资源的优点

（1）市场价格及其波动，能够反映供求状况及其变化，市场供求的变化也会影响市场价格。

（2）市场竞争能够引导资源流向效率高的领域和企业，推动科学技术和经营管理进步，实现优胜劣汰。

5. 市场调节的缺陷

PPT 展示材料三：

受疫情影响，市场上出现了口罩等物资短缺现象，一些假冒伪劣产品趁机进入市场。多地陆续出现制售假冒伪劣防护物资的团伙，这些三无口罩、冒牌口罩生产者，采用极劣质、廉价的原材料，竭尽所能的压缩成本，转手就能获得近 10 倍的暴利。

上述现象发生说明了什么？

学生阅读课本，围绕上述问题讨论，由代表发言，其他同学补充，共同分析问题，探究结果。

（1）市场调节有其固有的缺陷

市场调节具有自发性、盲目性和滞后性等弊端。有时候仅由市场调节会带来资源配置效率低下，经济不稳定，分配不公、收入差距拉大等问题。

自发性——在利益驱动下会产生一些违反市场原则的行为。

盲目性——人们不能完全掌握生产各方面信息及其变化趋势，致使决策带有一定的盲目性。

滞后性——价格的形成、信号传递到生成调整具有一定的时间差。

得出结论：市场调节的弊端有自发性、盲目性、滞后性。

（2）市场调节不是万能的

国防、治安、消防等公共物品的供给和枪支弹药及危险品、麻醉品等特殊物品的制造和流通都不能由市场来调节，教育、医疗等民生息息相关的重要服务也不能完全由市场调节。

（3）单靠市场调节的危害

市场调节的缺陷会影响资源配置效率，导致资源浪费；会导致经济运行大起大落，社会经济不稳定；会产生不正当竞争、垄断，损害社会公平；会导致收入差距拉大。

讨论：怎么样才能避免"假冒伪劣"情况的发生？

师生共同归纳：为了避免上述情况的发生，要完善市场准入制度，建立良好的市场秩序。

只有具备公平、公正的市场秩序，形成统一开放竞争有序的现代市场体系，市场才能合理配置资源。

国家：形成以道德为支撑、法律为保障的社会信用制度，是规范市场秩序的治本之策。我国要切实加强社会诚信建设，建立健全社会征信体系。

企业：要树立质量第一、信誉至上的观念；加强企业内部信用管理，提高经营者素质；注重产品质量，创建自身品牌，为构筑企业良好信誉奠定基础；在商品交易活动中，遵纪守法，公平竞争，诚实守信。

个人：学法、懂法、守法、用法树立诚信的道德观念，不断提高自身素质。每个经济活动参与者都必须学法、遵法、守法、用法；树立诚信观念，遵守市场道德，逐步在全社会形成诚信为本、操守为重的良好风尚。

设计意图：引导学生从假冒伪劣这一现象明白建立良好市场秩序的重要性，以及如何建立良好市场秩序。

课堂小结：

本节课主要学习了市场配置资源的机制及其发挥作用的过程，市场配置资源的优点和局限性，要辩证地看待市场配置资源的优点和弊端，明确市场配置资源的优点是主要方面，弊端是次要方面。计划和市场都是经济手段。

通过学习建设现代市场体系的措施，深刻认识到市场经济是法治经济，市场参与主体要遵守法律，树立诚信观念。

第八节　"中国共产党的领导"教学设计（一）
——"始终坚持以人民为中心"教学设计

一、教材分析

本课内容是高中思想政治课新编教材必修 3《政治与法治》第一单元"中国共产党的领导"中的第二课第一框的内容。本课内容主要有：

第一目"党的性质和宗旨"。教材通过相关链接、探究与分享等内容，介绍了中国共产党的性质，深刻揭示了中国共产党的阶级性和先进性，阐明了中国共产党全心全意为人民服务的宗旨。

第二目"党的执政理念"。教材通过相关链接、探究与分享等内容，介绍了中国共产党立党为公、执政为民的执政理念，并阐述如何做到立党为公、执政为民。

二、教学目标

1. 学习目标

知道中国共产党的性质和宗旨，了解中国共产党的执政理念；懂得中国共产党坚持以人民为中心，始终把人民立场作为根本立场。

能够结合实际阐述中国共产党除了工人阶级和最广大人民的根本利益，没有自己的特殊利益。

通过对本课内容的学习，深刻领会中国共产党之所以能成为百年大党，能领导中国人民不断创造奇迹，就是因为始终未改变自己的性质，始终坚持自己的宗旨，始终做到立党为公、执政为民。

2. 核心素养目标

（1）政治认同

认同共产党以人民为中心的根本立场，加深对中国共产党以人民为中心和保持先进性的理解。

（2）科学精神

证明共产党始终坚持以人民为中心，始终坚持立党为公执政为民的执政理念，培养科学精神。

（3）公共参与

通过学习本课知识，升华对党的先进性认识，努力学习党的基本理论，做有时代担当的青年。

三、教学重难点

教学重点：党的性质和宗旨；党的执政理念。

教学难点：如何做到立党为公、执政为民。

四、教学过程

课程导入：

赣州地区扶贫事迹：赣州地区赣县韩坊镇黄坪村"山高路远沟深"，国家电网赣州市赣县区供电公司有关人员调查发现：贫困户袁多发夫妻打算孵鸭苗、养鸭子来脱贫致富，但黄坪村葛藤坳组地处偏僻，位于供电末端，电能质量难以满足养鸭所需要的通风、照明以及孵化等用电需求。得知这一情况后，国家电网供电公司要求特事特办，次日就安排供电所、设计单位和施工单位的人员到现场进行勘测并确定了供电方案。然后，组织施工队重新架设近 4 公里低压线路，投资 30 万解决了通电问题，当地农民感激不尽。

探究活动一：阅读上述材料，思考问题：国家花巨资为一家一户通电这说明了什么？

这说明，中国共产党始终坚持以人民为中心，把人民的根本利益作为工作的出发点和落脚点，这是由中国共产党的性质和宗旨决定的。

1. 党的性质和宗旨

中国共产党的性质：中国工人阶级的先锋队、中国人民和中华民族的先锋队。

党的十九大通过的《党章》在总纲里第一句话就指明：中国共产党是中国工人阶级的先锋队，同时是中国人民和中华民族的先锋队，是中国特色社会主义事业的领导核心，代表中国先进生产力的发展要求，代表中国先进文化的前进方向，代表中国最广大人民的根本利益。党的最高理想和最终目标是实现共产主义。

（1）中国共产党是中国工人阶级的先锋队

政党的性质，是一个政党本身所固有的规定性，是一个政党区别于其他政党的根本标志。任何政党都以一定的阶级为基础，具有鲜明的阶级性。党的阶级性和先进性是党的本质和生命，它关系到党的指导思想、宗旨的确立和贯彻，关系到党的纲领、路线的制定和实现，关系到党的组织建设和作风建设的方向，关系到党的领导地位，领导作用的确定和坚持。中国共产党是工人阶级的先锋队，深刻揭示了中国共产党的阶级性和先进性。中国共产党从成立之日起，就是中国工人阶级的政党，是由中国工人阶级中有共产主义觉悟的先进分子所组成的，集中代表了中国工人阶级的优秀品质和特点。

（2）中国共产党同时也是中国人民和中华民族的先锋队

中国共产党从诞生起就肩负着中国工人阶级和中华民族的双重使命。我们党从一开始就是为了挽救民族危亡而诞生的，在爱国救亡运动和人民解放运动如火如荼的形势下登上历史舞台。它以"工人阶级只有解放全人类，才能最后解放自己"为己任，把工人阶级的历史命运和整个中华民族的历史命运紧密联系在一起。中国共产党的一切奋斗，不仅代表中国工人阶级的利益，而且代表中国人民和中华民族的根本利益。

中国共产党是中国人民和中华民族的先锋队，中国工人阶级的先锋队与中国人民和中华民族的先锋队是完全一致、高度统一的。我们党从一开始就肩负着阶级和民族的双重使命，不仅代表中国工人阶级的利益，同时代表中国人民和整个中华民族的利益；不仅要为实现工人阶级的利益而奋斗，同时也要为中国人民和中华民族的利益而奋斗。

中国共产党是中国特色社会主义事业的领导核心。中国共产党是用马克思列宁主义、毛泽东思想和中国特色社会主义理论体系武装起来，富有改革创新精神的党；是密切联系群众，具有严格纪律和优良作风，为中国各族人民的根本利益不懈奋斗并做出最大牺牲的党；是坚持真理、修正错误，经得起胜利和挫折、高潮和低潮、顺境和逆境的考验，任何敌人和困难都压不倒、摧不垮的党；是与时俱进，始终走在时代前列，肩负着人民希望的党。[①] 这样一个久经考验、坚强成熟的马克思主义政党，深得广大人民群众的信任和拥护，是中国特色社会主义事业的坚强领导核心。

（3）中国共产党的宗旨

中国共产党代表中国最广大人民的根本利益，其根本宗旨是全心全意为人民服务。党除了工人阶级和最广大人民群众的利益，没有自己特殊的利益。这是中国共产党最本质的特征，是中国共产党同其他政党相区别的根本

---

① 矢志不渝自觉接受党的领导，奋发有为推动中国工运事业胜利前进［N］.工人日报，2012 - 04 - 17（06）.

标志，是中国共产党一切工作的出发点和落脚点，也是检验和评判党的工作成败得失的根本价值标准。坚持全心全意为人民服务的宗旨，是我们党的最大政治优势，是坚持党的性质的本质要求，是党的各项事业取得胜利的重要保证，是巩固党的执政地位的现实需要。党成立百年的历史表明，我们党之所以能够经受无数艰难曲折的考验，领导革命、建设、改革不断取得胜利，成为长期执政的大党，成为中国人民和中华民族的主心骨，就是因为我们党始终坚持把党的性质宗旨体现在为中国人民谋幸福、为中华民族谋复兴的奋斗之中。①

党的十九大报告深刻总结党的历史经验，明确提出：中国共产党人的初心和使命，就是为中国人民谋幸福，为中华民族谋复兴。习近平同志强调：党的初心使命是党的性质宗旨、理想信念、奋斗目标的集中体现。党的十九大报告指出：全党同志一定要永远与人民同呼吸、共命运、心连心，永远把人民对美好生活的向往作为奋斗目标，朝着实现中华民族伟大复兴的宏伟目标奋勇前进。这些重要论述，明确把党的性质宗旨体现在守初心、担使命的奋斗之中，既不离开发展中国特色社会主义事业、实现民族复兴的现实需要而空谈远大理想，也不因为实现共产主义是一个漫长的历史过程就讳言甚至丢掉远大理想。这些重要论述极大深化了我们对共产主义远大理想和中国特色社会主义共同理想的辩证关系的认识，为在新的历史条件下坚守党的性质宗旨指明了方向。

总结：党的性质和宗旨决定了党除了工人阶级和最广大人民的根本利益，没有自己特殊的利益。在任何时候，党都应把人民利益放在第一位，保持同人民群众的血肉联系，与人民同甘共苦，坚持权为民所用、情为民所系、利为民所谋，不允许任何党员脱离群众，更不允许任何党员凌驾于群众之上。

探究活动二：结合赣州地区扶贫工作，分析中国共产党为什么要把人民利益放在第一位，中国共产党为什么要坚持以人民为中心。

提示：第一，人民立场是党的根本立场。全心全意为人民服务是中国共产党的根本宗旨。第二，党的性质和宗旨决定了党除了工人阶级和最广大人民的根本利益，没有自己特殊的利益。在任何时候，党都应把人民利益放在第一位，保持同人民群众的血肉联系，与人民同甘共苦，坚持权为民所用、

---

① 孙业礼. 坚守党的性质宗旨，永葆党的青春活力 [J]. 党建研究，2019（8）.

情为民所系、利为民所谋，不允许任何党员脱离群众，更不允许任何党员凌驾于群众之上。第三，人民是历史的创造者，是决定党和国家前途命运的根本力量。因此，中国共产党始终坚持人民主体地位，坚持以人民为中心。

梳理归纳教材：

中国共产党性质：中国共产党是中国工人阶级的先锋队，同时是中国人民和中华民族的先锋队。中国共产党根本立场：人民立场是中国共产党的根本立场。

难点突破：始终坚持人民立场的原因。

第一，我们党是一个马克思主义政党，人民性是我们党最鲜明的品格。只有坚持人民立场，才能使我们党保持先进性和纯洁性，进一步巩固我们党的执政基础。

第二，人民立场始终是我们党坚守的根本立场。我们党成立以来，始终把人民作为革命、建设和改革的主体，团结带领人民取得了一个个伟大成就。

第三，历史充分证明，坚持人民立场、始终保持党同人民群众的血肉联系，是我们党战胜一切艰难险阻、不断取得胜利的根本保证。

2. 党的执政理念

探究活动三：结合赣州地区扶贫工作，分析当地农民为什么感激不尽。

赣州电网公司投资 30 万为贫困地区一家一户解决了通电问题，为扶贫创造了条件。这说明"立党为公、执政为民"是中国共产党的执政理念。①

（1）立党为公、执政为民的原因

人心向背历来是决定一个政党、一个政权兴衰存亡的根本性因素。水能载舟，亦能覆舟。古今中外，概莫能外。任何一个政党或政权，无论它曾经有过多么辉煌的历史，一旦失去广大人民群众的拥护和支持，就必然垮台。人民群众是历史的主体，是社会历史的创造者，是推动社会进步的决定性力量，人民群众是我们党最坚实的执政基础。只有树立立党为公、执政为民的执政理念，才能不断夯实这一基础，不断巩固党的执政地位，跳出"其兴也勃、其亡也忽"的历史周期律。

（2）立党为公、执政为民的内容

"立党为公"是指中国共产党除了最广大人民群众的根本利益外，没有任何的私利私求可言。就是党的理论路线和方针政策以及全部工作都要反映

---

① 袁振国. 教育公平的中国之路［N］. 中国教育报，2019－09－20（01）.

中国先进生产力的发展要求、中国先进文化的前进方向，体现国家和民族的共同利益、全体人民的共同理想。"执政为民"是指党的理论路线和方针政策以及全部工作，必须以最广大人民的利益为根本出发点和归宿点。①"立党为公、执政为民"归根结底就是实现好、维护好和发展好最广大人民的根本利益。

在发展中保障和改善民生，这是回应新时代人民对美好生活的向往和期盼，体现新时代真挚人民情怀的重要标识，要把增进民生福祉作为发展的根本目的，紧紧抓住人民最关心最直接最现实的利益问题。

探究活动四：结合赣州地区扶贫工作，分析赣州电网公司是怎样做到坚持以人民为中心的。

国家电网赣州市赣县区供电公司有关人员重视调查研究，得知这一情况后，国家电网供电公司要求特事特办，次日就安排供电所、设计单位和施工单位的人员到现场进行勘测并确定了供电方案。组织施工队重新架设近4公里低压线路，投资30万解决了通电问题。

（3）立党为公、执政为民的要求

①立党为公、执政为民就是要践行全心全意为人民服务的根本宗旨

观看视频《焦裕禄》，然后总结：焦裕禄精神感召、鼓舞了一代又一代党员干部和普通群众，焦裕禄精神成为了我国为官参政者最基本的道德坚守。

焦裕禄同志是县委书记的榜样，也是全党的榜样。无论过去、现在还是将来，都永远是亿万人们心中一座永不磨灭的丰碑，永远是鼓舞我们艰苦奋斗、执政为民的强大思想动力，永远是激励我们求真务实、开拓进取的宝贵精神财富，永远不会过时。

②立党为公、执政为民必须坚持党在社会主义初级阶段的基本路线

消除贫困、改善民生、实现共同富裕，是社会主义的本质要求，是中国共产党的重要使命。贫困地区和贫困群众，始终是习近平总书记深深的牵挂；摆脱贫困，一直是他思考的重大问题。

贫困地区的存在，也正说明中国社会的生产力还不够发达。正像党的十九大重申的那样，我国仍处于并将长期处于社会主义初级阶段的基本国情没有变，社会主要矛盾已经转化为人民日益增长的美好生活需要和不平衡不充

---

① 韩强. 论新时代党长期执政意识理念的建构［J］. 观察与思考, 2019 (8).

分的发展之间的矛盾。这种不平衡不充分，不仅体现在落后地区、农村的发展不平衡不充分，甚至东部发达地区包括一些大城市依然有发展不平衡不充分的现象。例如，高质量的医疗机构、教育机构依然是稀缺资源，高等级的城市地下管网建设刚刚起步、有的尚未起步，有的城市还存在城中村，等等。① 因此，在经济建设、政治建设、文化建设、社会建设、生态文明建设中，都要始终立足初级阶段，坚持党在社会主义初级阶段的基本路线，领导和团结全国各族人民，以经济建设为中心，坚持四项基本原则，坚持改革开放、自力更生、艰苦创业，为把我国建设成为富强、民主、文明、和谐、美丽的社会主义现代化强国而奋斗。

③立党为公、执政为民的意义

学生观察我国社会主义现代化建设时间表和线路图，归纳总结：1978年实行改革开放以来，我国社会主义现代化建设完成的任务。（让学生明白建国百年的目标，坚信在中国共产党的领导下，中华民族必将以更加昂扬的姿态屹立于世界民族之林）

到 21 世纪中叶，我国物质文明、政治文明、精神文明、社会文明、生态文明将全面提升；全面实现国家治理体系和治理能力现代化；中国特色社会主义制度更加巩固、优越性充分展现，成为综合国力和国际影响力领先的国家；全体人民共同富裕基本实现；我国人民将享有更加幸福安康的生活，中华民族将以更加昂扬的姿态屹立于世界民族之林。

第九节　"中国共产党的领导"教学设计（二）
——"坚持党的领导"教学设计

一、教材分析

"坚持党的领导"是新编教材高一思想政治《政治与法治》第一单元第三课第一框的内容。本单元以"中国共产党的领导"为核心，结合历史与现实，探究中国共产党领导和执政地位的形成、党的先进性，坚持和加强党

---

① 辛鸣．深刻认识主要矛盾变化带来的新特征新要求 [J]．山东经济战略研究，2020（8）.

的领导的必要性。本单元围绕"中国共产党的领导"，分三课进行阐述。

第三课"坚持和加强党的全面领导"，从中国共产党的领导是中国特色社会主义最本质的特征入手，认识中国特色社会主义制度的最大优势，并且把握进入中国特色社会主义新时代，必须坚持和加强党的领导，必须坚持科学执政、民主执政、依法执政，进一步巩固党的执政地位。

第一框"坚持党的领导"，介绍了党的领导方式为政治领导、思想领导、组织领导，分析了坚持和加强党的全面领导的必要性和意义。通过学习本课知识，使学生明确中国共产党是我国最高政治领导力量，理解坚持和加强党的全面领导的重要性和必要性，强化"党领导一切"的思想。

二、学习目标

1. 教学目标

知道党的各种领导方式的内涵、要求；掌握新时代坚持和加强党的全面领导的内涵和意义。能够结合具体事例，阐述中国共产党的领导方式的内涵及要求，新时代坚持和加强党的全面领导的内涵和意义。强化"党领导一切"的思想。

2. 核心素养目标

（1）政治认同

相信办好中国的事情，关键在党。中国共产党的领导是中国特色社会主义最本质的特征，是中国特色社会主义制度的最大优势。树立"一心一意跟党走"的意识。

（2）科学精神

通过学习，知道党的领导方式是系统的、科学的，不是单一的、孤立的。在新时代，必须坚持和加强党的全面领导，必须坚持科学执政、民主执政、依法执政，进一步巩固党的执政地位。

（3）共同参与

通过合作探究，结合相关资料，了解中国共产党是中国革命、建设和改革事业不断取得胜利的根本政治保证，具有重要意义。

三、教学重难点

教学重点：党的领导方式的内涵、要求；新时代加强党的领导的意义。

教学难点：理解党对一切工作的领导。

四、教学过程

导入新课：

播放视频"党旗在'抗疫'一线高高飘扬"。

讲授新课：

1. 党的政治领导、思想领导、组织领导

展示视频内容：

在"疫情"发生之初，党中央把严防严控作为头等大事来抓，中央政治局召开21次会议，及时制定了疫情防控策略。领导组织党政军民学、东西南北中大会战，统筹调度全国人力、物力、财力抗击疫情，统一领导，统一指挥。在抗击疫情斗争中充分彰显思想引领力，各级党组织认真开展党中央重大决策部署的宣传工作，广泛宣传各地区各部门联防联控的措施成效、"抗疫"一线的感人事迹，凝聚众志成城"抗疫"的强大力量。积极做好舆论引导工作，及时发布权威信息，回应群众关切。加大对健康理念、传染病防控知识的宣传，教育引导人民群众提高科学防护能力。加强网络媒体管理，让网络空间充满正能量。广大党员、干部以身作则，勇挑重任，承担各种艰难险重任务，成为一种无形的榜样力量。

政府出钱检测、隔离、治疗，这在国人看来天经地义，但在国外并非理所当然。美国政府未能够履行统一购买、调度物资，各州无奈之下自行抢购中国的医疗物资，竞争购买、互相抬价，一个州出价比一个州高。中国10万医护人员参与救治，美国医院大多是私立的，不能全力参与救治。美国政府向80万退役军人致函召回"抗疫"，却只有9000人回应。中美两国"抗疫"表现可谓是天壤之别。

探究活动一：

结合视频内容，分析中美两国"抗疫"表现为什么会有天壤之别。

中国共产党领导是中国特色社会主义最本质的特征，是中国特色社会主义制度的最大优势。坚持党的领导是中国革命建设和改革事业不断取得胜利的根本政治保证。

我国宪法规定，社会主义制度是中华人民共和国的根本制度，中国共产党领导是中国特色社会主义最本质的特征。坚持党的领导是中国革命建设和改革事业不断取得胜利的根本政治保证，具有重要意义。党的领导是全面

的、系统的、整体的，主要包括政治领导、思想领导、组织领导等。

探究活动二：

结合"党旗在'抗疫'一线高高飘扬"视频内容，分析中国共产党是怎样领导"抗疫"的？这些"抗疫"措施分别体现了党的哪种领导方式？

在疫情发生之初，党中央把严防严控作为头等大事来抓，中央政治局召开21次会议，及时制定了疫情防控策略。领导组织党政军民学、东西南北中大会战，统筹调度全国人力、物力、财力抗击疫情，统一领导，统一指挥。这些措施体现了哪种领导方式？

这些措施体现了党的政治领导，党的政治领导就是党在政治立场、政治方向、政治道路、政治原则方面的领导，主要体现为党的路线、方针、政策的领导。①

党政治领导要求：在中国特色社会主义新时代，坚持党的政治领导，就是要确保党和国家的事业沿着正确方向前进，最重要的是必须增强政治意识、大局意识、核心意识、看齐意识，自觉维护党中央权威和集中统一领导，确保党在世界形势深刻变化的历史进程中，始终走在时代前列；在应对国内外各种风险和考验的历史进程中，始终成为全国人民的主心骨；在坚持和发展中国特色社会主义的历史进程中，始终成为坚强领导核心。

理解四个意识：

政治意识，就是要把好政治方向、站稳政治立场，对党和人民绝对忠诚。②

大局意识，就是要自觉贯彻落实党中央的决策部署。大局意识主要是指心中有全局，在大局下行动。党员干部必须自觉站在党和国家的全局想问题、办事情，自觉把本地区、本部门的工作放到全党、全国改革发展的大局中考量和谋划，不能片面强调本地区、本部门的利益，不能只顾眼前利益而不顾长远利益。

核心意识，就是要加强党的领导、维护党中央权威。核心意识有两层含义：一是中国人民和中国特色社会主义事业的领导核心是中国共产党，必须充分发挥党总揽全局、协调各方的领导核心作用；二是党中央是全党的核心，必须加强党的团结、维护党的集中统一。

看齐意识，就是要在思想上政治上行动上同党中央保持高度一致。

① 齐玉. "三个代表"的致思趋向 [J]. 求是，2002 (3).
② 黄选平. 学六中全会精神，做合格共产党员 [J]. 党的建设，2016 (12).

相关链接：

1945 年 4 月，在党的七大预备会议上，毛泽东指出："要知道，一个队伍经常是不大整齐的，所以就要常常喊看齐，向左看齐，向右看齐，向中看齐。我们要向中央基准看齐，向大会基准看齐。看齐是原则，有偏差是实际生活，有了偏差，就喊看齐。"

2015 年 12 月，在中共中央政治局专题民主生活会上，习近平提出必须有很强的看齐意识，经常、主动向党中央看齐，向党的理论和路线方针政策看齐。

教师组织学生小组讨论：如何理解看齐？为什么需要看齐？理解看齐的要求。

教师讲解：向党中央看齐，向党的理论和路线方针政策看齐。中国共产党是高度集中统一的马克思主义政党，思想上的统一、政治上的团结、行动上的一致，是党的事业不断发展壮大的根本所在，我们党为什么具有强大的凝聚力和战斗力？除了铁一般的信仰，铁一般的纪律外，还离不开广大党员的看齐意识。习近平总书记在全国党校工作会议上指出："毛主席说，看齐是原则，有偏差是实际生活。这是很深刻的道理。就像军队一样，再训练有素的部队也经常要喊看齐，而且要天天喊、时时喊。当然，整队形看齐比较容易，因为那是形体上的，思想上政治上行动上看齐就不那么容易了，经常喊看齐是我们党加强自身建设的规律和经验。只有经常喊看齐，只有各级党组织都经常喊看齐，才能时刻警醒、及时纠偏，使全党始终保持整齐昂扬的奋进状态。"正如习近平总书记在中央政治局召开的专题民主生活会上指出的，"经常主动向党中央看齐，向党的理论和路线方针政策看齐"，就可以使党员政治上站稳立场，思想上辨明方向，行动上令行禁止。

探究活动三：

在"党旗在'抗疫'一线高高飘扬"视频里我们可以看到：在抗击疫情斗争中充分彰显思想引领力，各级党组织认真开展党中央重大决策部署的宣传工作，广泛宣传各地区各部门联防联控的措施成效、"抗疫"一线的感人事迹，凝聚众志成城"抗疫"的强大力量。积极做好舆论引导工作，及时发布权威信息，回应群众关切。加大对健康理念、传染病防控知识的宣传，教育引导人民群众提高科学防护能力。加强网络媒体管理，让网络空间充满正能量。

上述措施体现了党的哪种领导方式？

这些措施体现了党的思想领导，党的思想领导就是党在思想、理论和意识形态上的领导，主要体现为坚持马克思主义在意识形态领域中的指导地位，用马克思列宁主义、毛泽东思想、邓小平理论、"三个代表"重要思想、科学发展观、习近平新时代中国特色社会主义思想武装全党，教育人民，巩固全党全国各族人民团结奋进的共同思想基础。

党的思想领导要求：在中国特色社会主义新时代，坚持党的思想领导，就是要统一思想、集中智慧、凝聚力量，最重要的就是以习近平新时代中国特色社会主义思想为行动指南，培育和践行社会主义核心价值观，培养社会主义现代化强国建设者，培养担当中华民族伟大复兴大任的时代新人。

党的十八大提出："倡导富强、民主、文明、和谐，倡导自由、平等、公正、法治，倡导爱国、敬业、诚信、友善，积极培育和践行社会主义核心价值观。"

2018 年 3 月 11 日，十三届全国人大一次会议通过的《中华人民共和国宪法修正案》，将宪法第二十四条第二款中的"国家提倡爱祖国、爱人民、爱劳动、爱科学、爱社会主义的公德"，修改为"国家倡导社会主义核心价值观，倡导爱祖国、爱人民、爱劳动、爱科学、爱社会主义的公德"。

问题：在中国特色社会主义新时代，加强党的思想领导，为什么要积极培育和践行社会主义核心价值观？

人类社会发展的历史表明：对一个民族一个国家来说，最持久最深层的力量是全社会共同认可的核心价值观。中共中央办公厅印发的《关于培育和践行社会主义核心价值观的意见》提出，要把社会主义核心价值观贯彻到依法治国、依法执政、依法行政的实践中，落实到立法、执法、司法、普法和依法治理的各个方面。党的十九大报告将坚持社会主义核心价值体系，作为新时代坚持和发展中国特色社会主义的 14 条基本方略之一。

人民有信仰，国家有力量，民族有希望。党的十八大创造性地提出积极培育和践行社会主义核心价值观，把国家、社会、公民三个层次的价值要求融为一体，彰显了中华民族最深沉的精神追求。在宪法中写入国家倡导的社会主义核心价值观，可以更好地发挥宪法的规范、引领、推动、保障作用，更好地为培育和践行社会主义核心价值观创造良好的法治环境，体现了依法治国和以德治国的有机结合，有利于发挥社会主义核心价值观的教育引导、舆论宣传、文化熏陶、行为实践、制度保障等作用，使社会主义核心价值观内化于心、外化于行。

加强社会主义核心价值观宣传教育，有利于冲破思想迷雾、廓清模糊认识；有利于引领社会思潮，凝聚社会共识；有利于团结广大人民群众，巩固全党全国各族人民团结奋进的共同思想道德基础，为新时代中国特色社会主义伟大事业提供源源不断的精神动力。

探究活动四：

在"党旗在'抗疫'一线高高飘扬"视频里，广大党员、干部以身作则，勇挑重任，承担各种艰难险重任务，这成为一种无形的榜样力量。这体现了党的哪种领导方式？

党的组织领导的内涵：党在组织体系和组织工作方面的领导。主要体现为党的各级组织、党的干部、广大党员组织和带领人民群众为实现党的任务和主张而奋斗。

党的组织领导要求：在中国特色社会主义新时代，坚持党的组织领导，就是要保证党的路线方针政策和重大工作部署得到贯彻执行，最重要的就是坚持党管干部原则，以组织体系建设为重点，着力培养忠诚、干净、担当的高素质干部，着力聚集爱国奉献的各方面优秀人才，坚持德才兼备、以德为先、任人唯贤，为坚持和加强党的全面领导，坚持和发展中国特色社会主义提供坚强组织保证。

2. 新时代坚持和加强党的全面领导

新时代坚持和加强党的全面领导的内涵：在中国特色社会主义新时代，坚持和加强党的全面领导，就是要确保党始终处于领导核心地位，健全总揽全局、协调各方的党的领导制度体系，建立不忘初心、牢记使命的制度，完善坚定维护党中央权威和集中统一领导的各项制度，健全党的全面领导制度，健全为人民执政、靠人民执政各项制度，健全提高党的执政能力和领导水平制度，完善全面从严治党制度。

相关链接：建立不忘初心、牢记使命的制度。确保全党遵守党章，恪守党的性质和宗旨，坚持用共产主义远大理想和中国特色社会主义共同理想凝聚全党、团结人民，用习近平新时代中国特色社会主义思想武装全党、教育人民、指导工作，夯实中国共产党执政的思想基础。把不忘初心、牢记使命作为加强党的建设的永恒课题和全体党员、干部的终身课题，形成长效机制，坚持不懈锤炼党员、干部忠诚干净担当的政治品格。全面贯彻党的基本理论、基本路线、基本方略，持续推进党的理论创新、实践创新、制度创新，使一切工作顺应时代潮流、符合发展规律、体现人民愿望，确保党始终走在时代前列、得到人民衷心拥护。

阅读相关链接加深对不忘初心、牢记使命的制度的理解。

中国共产党不忘初心、牢记使命是党的性质、宗旨、理想、信念、奋斗目标的集中体现。初心易得，始终难守，一个人也好，一个政党也好，最难得的就是历经沧桑而初心不改，饱经风霜而本色依旧。只有始终不改初心，不辱使命，我们党才能巩固领导地位，永葆执政资格。我们党是一个有着9000多万党员、460多万个基层党组织的党，是一个在14亿多人口的大国长期执政的党，是中国特色社会主义事业的坚强领导核心，党的自身建设历来关系重大，决定全局。不忘初心、牢记使命，是加强党的建设的永恒课题和全体党员、干部的终身课题，建立不忘初心、牢记使命的制度，就是要充分发挥制度的规范性和引领作用，推动全党遵守党章，恪守党的性质和宗旨，使我们党永远得到人民的拥护和支持。

新时代坚持和加强党的全面领导的具体体现是什么？

在我国政治生活中，党是居于领导地位的，加强党的集中统一领导，支持人大、政府、政协、监察委员会、法院、检察院依法依章程履行职能、开展工作、发挥作用，坚持和完善党对人民军队的绝对领导。同时，坚持和加强党的全面领导，还具体体现在经济建设、政治建设、文化建设、社会建设、生态文明建设各个领域，体现在党和国家工作的各个方面、各个环节。

为什么要在新时代坚持和加强党的全面领导？

在中国特色社会主义新时代，只有坚持和加强党的全面领导，才能真正落实以人民为中心的发展思想，建设现代化经济体系，健全人民当家作主的制度体系，推动社会主义文化繁荣兴盛，保障和改善民生，加强和创新社会治理，加快生态文明体制改革，正确认识和应对复杂的国际局势。

在中国特色社会主义新时代，只有坚持和加强党的全面领导，才能协调推进全面建成小康社会、全面深化改革、全面依法治国、全面从严治党，为改革发展提供强大动力和可靠保障。

第十节　"民族区域自治制度"教学设计

一、教材分析

本课是高中思想政治必修二《政治生活》第七课第二框的内容。教材首先介绍了我国民族区域自治的法制化进程，其次介绍了我国民族区域自治制度的含义和必然性，最后，从不同角度介绍了民族区域自治制度的优越性。通过这方面的学习，进而了解我国必须坚持这一符合国情的基本政治制度，巩固和发展平等团结互助和谐的社会主义民族关系。

二、学情分析

本课的第一框已做了铺垫，为学生介绍了我国的新型民族关系和处理好民族关系应把握的基本原则，学生在掌握了这些知识的基础上能比较容易把握民族自治制度。学生通过地理课和历史课已掌握了关于民族问题的相关知识，并且通过网络比较容易获得有关民族问题的时政资料，这对学生理解民族区域自治制度的必然性和优越性有很大帮助。

三、教学目标

1. 知识目标

明确民族区域自治制度的含义及地位；了解自治机关和自治权；理解民族区域自治制度适合我国国情，具有显著优越性。

2. 能力目标

引导学生利用已有历史、地理知识，深入学习本课知识。培养学生善于将不同学科知识整合起来，不断提高综合运用知识的能力。[1]

3. 情感态度价值观目标

教育学生了解并拥护我国的民族区域自治制度，进而承担起坚持和完善这一制度的历史责任。

4. 核心素养目标

（1）政治认同

基于学生学习基础、生活实践，使学生知道、理解、懂得、接纳、尊重中国特色民主政治制度，自觉成为中国特色社会主义的建设者和接班人。

（2）法治意识

学习我国民族区域自治的法制化进程，使学生知道、理解我国贯彻依法治国基本方略，使学生理解我国推进民主政治的法制化，依法保护各民族利益、依法保护公民利益的政策，从而树立法治意识，并自觉学法守法懂法用

---

① 张光文，黄广秀. "民族区域自治制度：适合国情的基本政治制度" 教学设计 [J]. 思想政治课教学，2017（1）.

法。

（3）科学精神

学习对事实案例的理性分析；通过对我国民族区域自治制度的探究，能够理性地看待中国特色民主政治制度；通过不同历史阶段民族政策的不同效果，不同国家不同民族制度的不同实践，懂得理性对比、理性归纳和理性觉悟的重要性。

（4）公共参与

通过课堂情境的互动参与，培养积极参与政治生活的能力；通过对解决民族矛盾案例的深度探究，提高对我国民族政策制度的认知能力，提高贯彻我国民族政策的自觉性、积极性，提高政治参与能力。

四、教学重点、难点

民族区域自治制度的内涵、民族区域自治制度的优越性（民族区域自治制度的优越性是突出体现我国制度自信的重要内容，是在课堂中向学生传递、贯彻十九届四中全会精神的重要知识载体）。

五、教学方法

议题式教学法、案例分析法。

六、教学设计思路

议题式教学是构建活动型学科课程的重要抓手，本堂课采取议题式教学的形式展开，重视学生在课堂活动中的参与程度。整体设计主要考虑以下三个方面的内容：教学内容上，主要涉及民族区域自治的法制化进程，我国民族区域自治制度的含义和必然性，民族区域自治制度的优越性；情境设计上，采用《庆祝西藏民主改革 60 周年大会》的视频，以及科索沃战争造成的苦难等事例，二者形成鲜明对比；教学流程上，主要采取议题描述—议题论证—议题决策的顺序，具有结构化的特征。

七、教学过程

导入新课：播放视频《庆祝西藏民主改革 60 周年大会》

活动一：

设置探究问题：西藏在经济政治文化和社会事业方面取得巨大成就的原

因是什么?

学生活动:思考并回答问题。

时政热点引入新课,引发学生兴趣。通过探究问题,既复习了上一节课学习的内容,做到知识点之间的前后呼应与关照,又引出本节课的内容。

讲授新课:

1. 民族区域自治制度的建立

活动二:

为什么要坚持民族区域自治制度?指导学生阅读《政治生活》教材 P76图表,引导学生了解中国共产党的民族政策和我国民族区域自治的法制化进程。

教师组织学生阅读课本相关材料。

2. 民族区域自治制度的含义

课前布置学习小组的同学搜集和整理民族区域自治制度下民族自治的相关资料,课堂上展示。

学生主要从民族区域自治含义中的自治地方、自治机关、自治权三个关键词展开分析。结合学生的分析,教师再进行补充。通过教学活动的开展使学生理解我国民族自治地方包含自治区、自治州、自治县(旗)三级,(注:不包含民族乡)。自治机关指自治地方的人民代表大会和人民政府(注:不包含自治地方的检察院和法院)。自治机关行使一般国家职权,还享有自治权。

知识点:民族区域自治制度是在国家统一领导下,各少数民族聚居的地方实行区域自治,设立自治机关,行使自治权的制度。

3. 自治权是民族区域自治的核心内容

活动三:

学生展示课前已搜集整理的关于民族自治地方自治权的相关资料。(通过小组课前搜集、整理资料,调动学生学习积极性)

学生主要从自治权的含义、地位和内容三个部分进行阐述,教师结合学生的分析,进行归纳并加以补充,使学生理解自治权是民族区域自治的核心内容,包含立法自治权、变通执行权、经济自治权、文化管理自治权和其他自治权五个方面。并以新疆为例,展示出体现这五个方面自治权的例子,让学生进行分辨,以此理解自治权对少数民族发展的重要作用。[1]

---

[1] 陈正洪.预设　创生　反思——谈高中政治课堂的有效构建 [J].思想政治课教学,2014(1).

小组讨论：民族自治地区的职权与我国的其他行政区的职权有什么不同？与香港和澳门特别行政区的职权有何区别？

学生通过探究，得出结论：（1）自治机关是自治地方的人民代表大会和人民政府，而不是所有国家机关。（2）自治权是宪法和民族区域自治法赋予的，并不是完全自治，不同于港澳特别行政区的高度自治，是在国家统一领导下的自治。自治地方是国家统一不可分离的部分。自治权是各民族自治地方根据本地本民族实际贯彻执行国家法律、政策，自主管理本民族自治地方内部事务的权力，这是少数民族人民当家作主的重要体现和保障，是民族区域自治制度的核心内容。

知识点：自治权是民族区域自治的核心内容，包含立法自治权、变通执行权、经济自治权、文化管理自治权和其他自治权五个方面。

4. 实行民族区域自治制度必要性

活动四：

第三小组的同学展示课前搜集整理的关于实行民族区域自治制度必要性的材料。

学生主要从历史特点、现实情况、政治基础、法律现实等方面对这一问题进行阐述，然后，师生共同归纳总结，使学生深刻理解实行民族区域自治制度的客观必然性，并引出其具有优越性的知识点。

知识点：民族区域自治制度的历史特点、现实情况和政治基础。

5. 民族区域自治制度的优越性

活动五：

展示中国地图，要求学生找出我国的 5 个民族自治区。

学生自主学习与合作探究相结合，从下面的分析中体会民族区域自治制度的优越性：

自治权是宪法和民族区域自治法赋予的，并不是完全自治，不同于港澳特别行政区的高度自治，是在国家统一领导下的自治。自治地方是国家统一不可分离的部分。自治权是各民族自治地方根据本地本民族实际贯彻执行国家法律、政策，自主管理本民族自治地方内部事务的权力。这是少数民族人民当家作主的重要体现和保障，是民族区域自治制度的核心内容。

知识点：民族区域自治制度有利于发展平等团结互助和谐的社会主义民族关系。

学生交流讨论，师生共同概括实行民族区域自治制度的必要性。

民族区域自治制度是适合我国国情的必然选择，是由我国的历史特点和现实情况决定的。统一的多民族国家的历史传统，"大杂居，小聚居"的民族分布特点，以及各民族在长期奋斗中形成的相互依存的民族关系，使我国的民族区域自治具有坚实的社会和政治基础。

知识点：民族区域自治制度有利于促进社会主义现代化建设事业的蓬勃发展。

材料1：近几年，在国家和兄弟省份的援助下，我国民族自治地方结合本地的优势，加快了经济增长速度，超过了全国平均增长率。

材料2：科索沃战争是由民族矛盾引发，造成了1800人死亡，6000人受伤，12条铁路被毁，50架桥梁被炸……经济损失总共达2000亿美元。

探究问题：上述材料体现出我国民族区域自治制度有哪些优越性？

通过解读材料，通过不同国家的不同民族制度的不同实践的对比，彰显出我国民族区域自治制度的优越性：它有利于维护国家统一和安全，保障各少数民族人民当家作主，促进平等团结互助和谐的社会主义新型民族关系，进而推动社会主义现代化建设事业的蓬勃发展。

布置作业：民族区域自治制度彰显了无比优越性，我们应当以怎样的实际行动去坚持和巩固完善这一制度，进而促进中华民族的伟大复兴？

本课的教学内容主要探究了民族区域自治制度的"是什么"与"为什么"的问题，接下来应当探究"怎么做"，设置这样一个开放性作业，引导学生从教材走向生活、走向实际，用所学知识引领行为，指导人生，从而做到知行合一。

第十一节 "永恒的中华民族精神"教学设计

一、教学内容分析

"永恒的中华民族精神"是高中思想政治课必修三《文化生活》第三单元第七课第一框的教学内容，本框题内容共分为三个部分，分别是中华民族之魂、伟大的民族精神和高举爱国主义旗帜。

本课在学生了解了源远流长、博大精深的中华文化的基础上，教师引导学生进一步探索中华文化的精髓——中华民族精神。是培育学生爱国主义情怀、坚定民族自信、社会主义自信的关键一课。

二、教学目标

1. 知识目标

理解中华民族精神的重要作用、基本内涵和核心，爱国主义的地位、作用、特点和主题。

2. 能力目标

从历史和现实的事例中感受中华民族精神的作用，提高理论联系实际的能力。

3. 情感、态度与价值观目标

进一步增强爱国主义情感，树立民族自豪感和自信心，为弘扬民族精神贡献自己的力量。

4. 核心素养目标

以 2020 年全国上下抗击新冠肺炎疫情的事例贯穿整课，感受中华民族精神的巨大作用，通过"抗疫"斗争事例归纳其中体现的中华民族精神，理解中华民族精神的基本内涵和核心、坚定中国特色社会主义道路自信。

通过对抗击新冠肺炎疫情事例的分析以及对各种爱国行为的分析，我们认识到我们都应该是民族精神的传播者、弘扬者和建设者，培养学生观察事物、综合归纳和分析问题的能力。

通过对身边真实事件的分析和体会，引导学生从中华民族历经磨难与沧桑但始终坚强不屈的历程中感受中华民族精神的巨大作用和力量，培养学生自信、自强的意识，勇于担当的责任心，和以实际行动报效祖国的决心。

三、教学理念

依据新课程标准的要求，引导学生结合生活中的事例，自主学习、合作探究。本课将从学生身边亲身经历、深有体会的抗击疫情的斗争过程入手，围绕 2020 年以来举国上下一盘棋，众志成城、共克时艰的这一重大时事，一例到底，通过材料展示、问题设置、小组合作探究的方式学习知识，通过播放"抗疫"斗争的视频、展示图片等方式引导学生参与讨论，充分调动学生的积极性，在合作探究中感受我们永恒的民族精神，进而理解中国民族精神的基本内涵及其重要性，在实践中高举爱国主义的旗帜。

四、教学重点和难点

教学重点：中华民族精神的基本内涵、中华民族精神的作用和高举爱国主义的旗帜。

教学难点：高举爱国主义的旗帜，爱国主义不是抽象的，而是具体的。

五、教学方法

议题式教学法、情境教学法和合作探究法。

六、教学过程

新课导入：播放视频"全国抗击疫情表彰大会"。

2020 年伊始，新冠肺炎疫情不断蔓延并逐渐席卷全国，在抗击疫情这样一场艰苦卓绝的斗争中，我国各族儿女在党中央的坚强领导下，众志成城、共克时艰，积极行动，打赢了这场疫情防控人民战争。

在课前预习的过程中，我们了解到中华民族精神历尽沧桑亘古不衰、锐气不减，同样，在这场抗击疫情的斗争中我们再一次看到中华民族生动诠释了以爱国主义为核心的民族精神和以改革创新为核心的时代精神，充分彰显了伟大中国精神，今天我们一起深入学习第七课第一框"永恒的中华民族精神"。

新课讲授：

1. 中华民族之魂

合作探究 1：

在刚才播放的视频中，我们看到中华民族在抗击新冠肺炎疫情的英勇无畏。各族人民发挥主观能动性抗击疫情的事迹体现了哪些中华优秀传统文化的元素？

学生小组讨论后得出：海纳百川，有容乃大，中华优秀传统文化中有着"天下大同"的崇高理想，强调"四海之内皆兄弟也"，全国各地驰援武汉；以人为本、民生为要，中国文化也塑造了以人为本的人文关怀和终极价值，坚持以人为本、生命至上，全面统筹、积极防疫体现了仁爱的思想；中医在救治患者的过程中发挥了举足轻重的作用，作为中华文化的瑰宝历经千年仍然熠熠生辉；百年来，正是由于无数仁人志士在爱国精神的鼓励、感召下，怀着对国家民族的无限热爱；进行拼搏、奋斗、奉献、牺牲，才使得中华民族不断发展壮大，中华文明才得以延续辉煌，受先辈精神的感召，中国力量无坚不摧，正是每一位中华儿女在抗击疫情中散发出的光和热，才照亮了防疫攻坚战的征程。

教师总结：中华民族文化独具特色、博大精深。文化的力量是无形的，更是无穷的，在当前应对新冠肺炎疫情的过程中，我们深深地感受到这种文化的内在生命力，全国各族人民在以习近平同志为核心的党中央坚强领导下，万众一心，众志成城，展开了一场气壮山河的疫情防控阻击战。中华民族在几千年历史中创造和延续的中华优秀传统文化，是中华民族的根和魂，在这场没有硝烟的战争中，处处展现出中华优秀传统文化精神气质。可见，我们的中华民族精神，形成于辉煌的古代中华文化之中，熔炼于近代中国人民救亡图存、前赴后继的奋勇斗争之中，更彰显于发展中国特色社会主义的事业之中。

2. 伟大的民族精神

合作探究2：

问题：中国人民在长期奋斗中培育、继承、发展起来的伟大民族精神，为中国发展和人类文明进步提供了强大的精神动力，中国人民是具有伟大创造精神、伟大奋斗精神、伟大团结精神、伟大梦想精神的人民。在这场抗击疫情的斗争中，民族精神有哪些具体体现？

老师组织学生探究，然后归纳总结。

（1）伟大创造精神

①含义：中国人民始终辛勤劳作、发明创造。

②历史角度：产生思想巨匠，发明科技成果，创作文艺作品，传承伟大史诗，建设伟大工程。

③当今作用/意义：正在前所未有地迸发出来，推动我国向前发展，走在世界前列。

（2）伟大奋斗精神

①含义：中国人民始终革故鼎新、自强不息。

②历史角度：建设大好河山，开拓辽阔海疆，开垦粮田，治理大河，战胜灾害，建设城镇乡村，发展产业。

③当今作用/意义：中国人民拥有的凝聚着聪明才智，浸透着辛勤汗水，

蕴含着巨大牺牲的精神。

④启示：发扬奋斗精神，创造更加美好的生活。

（3）伟大团结精神

①含义：中国人民始终团结一心、同舟共济。

②历史角度：建立统一的多民族国家，发展融洽的民族关系，形成了守望相助的中华民族大家庭。近代，打败侵略者，捍卫民族独立和自由，保卫祖国、抵御外辱。

③现状：举世瞩目的发展成就，是全国各族人民同心同德、同心同向努力的结果。

④启示：团结就是力量，四分五裂的国家不可能发展进步。

（4）伟大梦想精神

①含义：中国人民始终心怀梦想、不懈追求。

②历史角度：近代以来，实现中华民族伟大复兴成为中华民族最伟大的梦想。中国人民以同敌人血战到底的气概、在自力更生的基础上光复旧物的决心、自立于世界民族之林的能力，持续奋斗。

③现状：比历史上任何时期都更接近、更有信心和能力实现中华民族伟大复兴。

④启示：要有勇于追求和实现梦想的精神。

教师：同学们，此次抗击新冠肺炎疫情体现了伟大的中华民族精神。同样，在我们国家源远流长的中华民族精神文化之中也有很多体现中华民族精神的事例，同学们还可以举出例子吗？

引导学生：闻名于世的思想巨匠、影响人类文明进程的伟大科技成果、伟大的文艺作品、一系列伟大工程都体现了中华民族的创造精神；几千年来中国人民开发和建设了祖国的大好河山，开垦了物产丰富的广袤良田、治理了数不清的自然灾害等，这些都体现了中华民族伟大的奋斗精神；中国人民始终团结一心，守望相助形成了中华民族大家庭，手牵手接续奋斗体现了中华民族伟大的团结精神；几千年来中华民族同仇敌忾、心怀梦想、不懈追求，在建设中国特色社会主义的道路上一直奋勇向前，实现中华民族伟大复兴的中国梦，体现了中华民族的伟大梦想精神。

3. 高扬爱国主义旗帜

合作探究 3：

教师：同学们，课程开始之前我们播放了有关抗击新冠肺炎疫情的视频，我们看到无数中华儿女万众一心、共克时艰，在他们奋斗的背后有一个强大的精神支柱是中华民族精神，一系列具体的精神都是源于一个共同的精神核心，那就是爱国主义的精神。爱国主义精神深深植根于我们每一位中华儿女的心中，激励着一代又一代中华儿女不懈奋斗，建设我们的家园。

问题：新的时代背景下，作为中华儿女的一分子，我们应该怎样坚持和发扬这样的民族精神，建设我们的国家？结合抗击新冠肺炎疫情来举例说明。

学生讨论后，归纳总结。

地位：中华民族精神的核心。

作用：爱国主义精神深深植根于中华民族心中，是中华民族的精神基因，维系着华夏大地上各个民族的团结统一，激励着一代又一代中华儿女为祖国发展繁荣而不懈奋斗。

特点：爱国主义不是抽象的，而是具体的；在不同的历史时期，爱国主义有不同的具体内涵。在当代中国，爱祖国与爱社会主义本质上是一致的。

新时期爱国主义的主题：发展中国特色社会主义，拥护祖国统一。

要求：爱国主义应该表现在实际行动中。

第一，辛勤劳动、建设祖国。学习"抗疫"中的医护人员，像他们一样在祖国需要的时候冲锋在前、治病救人。第二，反对侵略、保卫祖国。我们要像解放军那样，坚持中国共产党的领导，一切行动听指挥，逆行一线，不怕牺牲，在祖国和人民需要的时候冲上去，保卫国家。第三，反对民族分裂、维护祖国统一，维护国家尊严，展现民族风采。我们要树立远大的理想，将个人小我融入国家大我之中，将自己的理想与国家的未来结合在一起，我们要热爱我们的社会主义制度，发展中国特色社会主义。

课堂小结：

通过本节课学习，我们了解和掌握了中华民族精神的意义、中华民族精神的基本内涵；明确爱国主义是中华民族精神的核心，团结统一、爱好和平、勤劳勇敢、自强不息是中华民族精神的基本内容。我们要从中华民族精神的基本内涵中，体会中华民族精神的意义，在实际行动中弘扬以爱国主义为核心的中华民族精神，把爱国主义与爱社会主义统一起来。

第十二节　"用发展的观点看问题"教学设计

一、教材分析

"用发展的观点看问题"是人教版《高中思想政治》必修四第三单元第八课第二框的内容。

本课内容主要包括：（1）前途是光明的，道路是曲折的；（2）做好量变的准备，促进事物的质变。"用发展的观点看问题"是上一框题"世界是永恒发展的"的方法论，同时，又为学生学会用发展的观点解决生活中的实际问题提供指导，其地位和作用十分重要。

二、学情分析

学生从小就开始学习成语，了解其中一些哲学道理。到了初中以后懂得一些诗句，上节课学习了发展具有普遍性。这些都为本框题学习奠定了一定的知识基础。但学生认识比较肤浅，不能上升到理论高度，还不懂得运用，因此，教学过程中应引导学生利用已有知识进行分析，再展示相关的材料，设置悬念，激发学生进一步探索的求知欲。

三、教学目标

1. 知识层面

（1）知道新事物和旧事物、量变和质变四个概念；

（2）理解事物发展前途光明、道路曲折的原因；

（3）把握前进性和曲折性、量变和质变的辩证关系原理及其方法论要求。

2. 能力层面

（1）通过新事物和旧事物、量变和质变两组概念的剖析，增强学生的比较分析能力；

（2）通过分析事物发展前途光明、道路曲折的原因，培养学生从不同角度分析问题的能力；

（3）通过引入现实生活中的具体事例，引导学生理论联系实际，培养学以致用的能力。

3. 情感态度价值观层面

（1）通过本课的学习，让学生明确事物的发展是前进性和曲折性的统一，从而正确看待社会发展和个人成长中的成功和挫折。

（2）理解事物的发展是量变和质变的统一，从而引导学生既要有脚踏实地、埋头实干的精神，重视量的积累，又要拥有仰望星空的情怀，善于抓住机遇、不失时机地促成飞跃。

（3）通过对本课内容的学习，增强学生对哲学的体悟和思想认同。

四、教学重难点

1. 教学重点

量变和质变的辩证关系及方法论。

2. 教学难点

新事物必然战胜旧事物。

五、课前准备

印发中国共产党的十九大相关资料，学生课前预习。

六、教学过程

新课导入：

党的十九大是在我国进入全面建成小康社会决胜阶段召开的一次十分重要的大会。大会对鼓舞和动员全党全国各族人民继续推进全面建成小康社会、坚持和发展中国特色社会主义，具有深远意义。十九大报告气势恢宏，振奋人心。

播放中国共产党的十九大报告相关视频，展示以下材料：

十九大报告指出："当前，国内外形势正在发生深刻复杂变化，我国发展仍处于重要战略机遇期，前景十分光明，挑战也十分严峻。全党同志一定要登高望远、居安思危，勇于变革、勇于创新，永不僵化、永不停滞，团结带领全国各族人民决胜全面建成小康社会，奋力夺取新时代中国特色社会主义伟大胜利。"

"综合分析国际国内形势和我国发展条件，从二〇二〇年到本世纪中叶可以分两个阶段来安排。"

"第一个阶段，从二〇二〇年到二〇三五年，在全面建成小康社会的基础上，再奋斗十五年，基本实现社会主义现代化。"

"第二个阶段，从二〇三五年到本世纪中叶，在基本实现现代化的基础上，再奋斗十五年，把我国建成富强民主文明和谐美丽的社会主义现代化强国。"

阅读上述材料回答以下三个问题：

问题1：为什么说实现中华民族伟大复兴，前途十分光明？

问题2：为什么说实现中华民族伟大复兴，挑战也十分严峻？

问题3：把我国建成富强民主文明和谐美丽的社会主义现代化强国，为什么要分两步安排？

（设计意图：利用"一案"创设多个教学情境，设置一系列具有内在联系的思考题形成"探究链"，引导学习者通过合作探究获得新知，进而提高综合探究能力和学科素质）

教师：从哲学角度讲，这些问题都涉及了运用发展的观点看问题，今天这节课我们就来学习用发展的观点看问题。

由此引出本节课主题：用发展的观点看问题。（板书课题）

1. 事物发展前途是光明的

探究活动一：为什么说实现中华民族伟大复兴，前途十分光明？（板书：事物发展前途是光明的）

师：为什么说事物发展前途是光明的？请同学们阅读教材 P64 第一自然段，请一位同学回答。

生：新事物是符合客观规律、具有强大生命力和远大发展前途的事物；新事物具有旧事物无可比拟的优越性；新事物符合历史发展的必然趋势，符合人民群众的根本利益和要求。

师：请大家结合中国共产党十九大报告内容，分组讨论：（1）把我国建成社会主义现代化强国的目标是否符合历史发展趋势？为什么？（2）建成社会主义现代化目标与总体小康社会目标相比有哪些优越性？（3）为什么建成社会主义现代化目标符合人民群众的根本利益？

师：把我国建成社会主义现代化强国的目标是否符合历史发展趋势？为什么？

通过讨论，学生回答：把我国建成社会主义现代化强国的目标符合历史发展趋势，因为中国特色社会主义进入新时代，我国社会主要矛盾已经转化为人民日益增长的美好生活需要和不平衡不充分的发展之间的矛盾；社会主义现代化强国的目标牢牢把握社会主义初级阶段这个基本国情；综合分析国际国内形势；等等。

师：建成社会主义现代化强国目标与实现总体小康社会目标相比有哪些优越性？

通过讨论，学生回答：到那时，我国物质文明、政治文明、精神文明、社会文明、生态文明将全面提升，实现国家治理体系和治理能力现代化，成为综合国力和国际影响力领先的国家，全体人民共同富裕基本实现，我国人民将享有更加幸福安康的生活，中华民族将以更加昂扬的姿态屹立于世界民族之林。

师：为什么建成社会主义现代化目标符合人民群众的根本利益？

通过讨论，学生回答：人民的平等参与、平等发展权利得到充分保障，全体人民共同富裕基本实现，我国人民将享有更加幸福安康的生活，等等。

（小结）由于以上原因，所以我们说事物发展的前途是光明的，因此我们要支持和保护新事物。

（设计意图：通过引入情景讨论，一方面加深理解"事物发展的前途是光明的"从而认识到要支持和保护新事物，另一方面也加深了对十九大报告的理解）

2. 事物发展的道路是曲折的

探究活动二：为什么说实现中华民族伟大复兴，挑战也十分严峻？

（过渡）师：实现中华民族伟大复兴，挑战也十分严峻。PPT 展示以下材料：

十九大报告指出："中华民族伟大复兴，绝不是轻轻松松、敲锣打鼓就能实现的。全党必须准备付出更为艰巨、更为艰苦的努力。"

"全党要更加自觉地坚持党的领导和我国社会主义制度，坚决反对一切削弱、歪曲、否定党的领导和我国社会主义制度的言行；更加自觉地维护人民利益，坚决反对一切损害人民利益、脱离群众的行为；更加自觉地投身改革创新时代潮流，坚决破除一切顽瘴痼疾；更加自觉地维护我国主权、安全、发展利益，坚决反对一切分裂祖国、破坏民族团结和社会和谐稳定的行为；更加自觉地防范各种风险，坚决战胜一切在政治、经济、文化、社会等领域和自然界出现的困难和挑战。"

上述材料是如何体现事物发展的道路是曲折的？

师：请同学们阅读《生活与哲学》教材P65第一自然段，思考：为什么事物发展的道路是曲折的？（板书）

生：新事物的成长总要经历一个由小到大、由不完善到比较完善的过程；人们对新事物的认识也有一个过程；旧事物在开始时往往比较强大，总是要顽强抵抗和极力扼杀新事物。

师：上述材料是如何体现事物发展的道路是曲折的？

生："我们的工作还存在许多不足"，这体现了新事物的成长总要经历一个由小到大、由不完善到比较完善的过程；"全党要更加自觉地坚持党的领导和我国社会主义制度""更加自觉地投身改革创新时代潮流，坚决破除一切顽瘴痼疾"，这体现了人们对新事物的认识也有一个过程；"坚决反对一切分裂祖国、破坏民族团结和社会和谐稳定的行为"，体现了旧事物在开始时往往比较强大，总是要顽强抵抗和极力扼杀新事物。

（小结）由于事物发展的道路是曲折的，所以我们应该做好充分的思想准备，勇敢地接受挫折与考验。

（设计意图：通过引入情景让学生分析，一方面加深理解"事物发展的道路是曲折的"从而认识到在事物发展过程中要做好充分的思想准备，勇敢地接受挫折与考验，另一方面也加深了对十九大报告的理解，培养了辩证思维的能力）

3. 事物发展要经历量变到质变的过程

探究活动三：把我国建成富强民主文明和谐美丽的社会主义现代化强国，为什么要分两步安排？

师：请同学们阅读《生活与哲学》教材P65第三、四自然段和P65第一、二自然段。把我国建成富强民主文明和谐美丽的社会主义现代化强国，为什么要分两步安排？为什么不一步到位呢？

生：因为事物发展要经过量变到质变的过程。

师：所以，做好量变的准备，促进事物的质变。（板书）

师：那么什么是量变和质变呢？下面我们以烧开水为例说明什么是量变与质变。

然后引导学生比较量变与质变的区别：PPT 显示下面表格

表 2-12　量变与质变的区别

项目	量变	质变
性质	事物数量的增减和场所的变更。	事物根本性质的变化，由一种质态向另一种质态的飞跃。
状态	渐进的、不显著的变化。	根本的、显著的变化。
特点	统一、相持、平衡和静止等。	统一物的分解、平衡和静止的破坏等。
结果	性质没变，事物还是该事物。	性质改变，事物变为他事物。
地位	没有量变就没有质变。	没有质变就没有发展。

师：那么量变与质变有没有联系？如果有，其联系是怎样的呢？

生：量变是质变的必要准备。事物的发展都是从量变开始的，没有量变作必要的准备，就不会有质变发生。质变是量变的必然结果。事物的量变达到一定程度时，又必然会引起质变。质变又为新的量变开辟道路，事物在新质基础上开始量变。事物是不断经过"量变—质变—新的量变—新的质变"永不停息地向前发展的。

为了帮助学生加深对量变与质变关系的理解，请学生思考下面问题（PPT 呈现下面材料）。

十九报告指出："改革开放之后，我们党对我国社会主义现代化建设作出战略安排，提出'三步走'战略目标。解决人民温饱问题、人民生活总体上达到小康水平这两个目标已提前实现。在这个基础上，我们党提出，到建党一百年时建成经济更加发展、民主更加健全、科教更加进步、文化更加繁荣、社会更加和谐、人民生活更加殷实的小康社会，然后再奋斗三十年，到新中国成立一百年时，基本实现现代化，把我国建成社会主义现代化国家。"

上述材料是如何体现量变与质变的辩证关系的？

师：阅读上述材料，同学们分组讨论回答其中的问题。

通过讨论，学生回答：经济建设发展，人民生活水平提高，每个小小的进步，是量变；从总体小康，到全面小康，到把我国建成社会主义现代化国家是质变；在前两步的基础上，实现现代化，说明事物的发展都是首先从量变开始的，量变是质变的准备；奋斗三十年，到新中国成立一百年时，基本实现现代化，把我国建成社会主义现代化国家，体现质变是量变的必然结果。

师：同学们回答得很好，那么量变与质变辩证关系原理对我们工作和学习的方法论意义是什么呢？

生：要做好量的积累，为质变创造条件。当量变达到一定程度，要抓住时机，促成质变，实现事物的发展和飞跃。

师：同学们，在我们生活中有没有不重视量变的现象呢？联系实际想一想。然后 PPT 显示下面题目：

【学以致用】

张三同学进入高二以来，一改以往的懒散状态，努力学习，但经过两个月的努力，感觉到学习并无起色，于是便自暴自弃，难以坚持了。假如你是张三的同学，你将如何运用量变与质变辩证关系原理对他进行开导？

学生讨论后，老师总结：在我们的工作和学习中不重视量变的现象有很多，以后要学以致用。

（设计意图：通过联系实际，回归生活，做到学以致用）

知识拓展延伸：

【放飞理想】

"畅想明天"：再过五年，我们在座的每位同学都将是社会主义现代化建设的中坚力量，都将投身于火热的现代化建设大潮中。请你设想，五年后的中国，将会是一个怎样的面貌。为实现这个面貌，你将如何做？

请学生用一两句话把自己的畅想写在纸上，然后大家交流。

（设计意图：放飞智慧，拓展问题。基于核心素养要求，在前面学习的基础上，提出高于教材的、更有思考价值的发散性的问题，达成情感态度价值观的目标）

第十三节　"一例到底教学法"运用
——以"实践及其特征"为例

"一例到底"教学法是近年来在教学实践中应用、发展起来的教学方法。高中新课程改革要求，教育要调动学生的积极性、主动性，培养学生参与能力，坚持学以致用，提高学生解决问题的能力，培育学科核心素养。"一例到底"教学法的运用能弥补"多例一理"教学方法的不足，提高思想政治课堂教学的有效性，实现新课改的教育目标。

一、"一例到底教学法"使课堂教学节奏更加连贯

"一例到底教学法"选取的案例能贯穿整堂课的始终，能够把教材知识与生活实际联系起来。与普通的案例教学法相比，"一例到底教学法"可以节约师生阅读和分析多个事例的时间，避免学生被过多的材料分散注意力，能使课堂教学更加紧凑连贯。比如，"实践及其特征"这一课，需要以学生熟知的例子带动学生对教材知识的理解。熟知的例子有很多，如果不同的知识采用不同的案例，一方面师生要花很多时间去阅读和分析不同材料，导致课堂教学时间不够；另一方面，如果一理一例、一理多例，很容易造成教学重难点不突出，影响课堂的效率，导致学生对知识的把握不系统。

二、"一例到底教学法"有利于提升学生的综合素质

"一例到底教学法"中的"一例"综合性较强，各种表象的、隐藏的信息也比较丰富。因此，学生在探究案例的过程中，需要格外留心，发现并提炼出有效信息，为展开问题分析做好准备。[1] 例如，在讲"企业的经营"一课时，如果仅仅以华为的研发费用和申请的专利数量来分析，学生虽然能从给出的案例中总结出华为注重企业研发，依靠技术进步来形成自己的竞争优势的结论，但是学生容易忽略其中所蕴含的深层原因，容易丢掉很多探究问题的有效信息。可见，"一例到底教学法"促使学生逐渐养成集中注意力观察事物、了解材料的良好习惯，有利于培养学生的注意力和观察力。

三、"一例到底教学法"有利于培养学生的逻辑思维能力

以"一例到底教学法"组织课堂教学，在层层深入挖掘材料的过程中，学生的思维也在不断深化，思考空间更为广阔，可以联想到相关的现象并进行比较、推理。通过深入思考，正确认识现象背后的本质和规律。[2] 笔者在讲"实践及其特征"一课时，以神舟飞船成功发射为案例，引发学生对的具体事件进行比较、思考、讨论，从而分析总结出实践及其特征。正是在对这一系列事件的分析中，锻炼了学生的逻辑推理和思辨能力。

---

① 邹影. 浅析高中政治课堂的"贯穿式案例教学法"——以必修二《政府权力：依法行使》为例 [J]. 阜阳职业技术学院学报，2016，27（01）：106－108.

② 李少扬. "一例贯之"法在高中政治课《价值与价值观》一节中的应用 [D]. 四平：吉林师范大学，2015.

四、以"实践及其特征"一课为例，谈"一例到底教学法"的运用

课题：实践的特征

（2002 年人教版教材：《哲学常识》第八课自觉投身社会实践第一框）

1. 教学目标

（1）知识目标

理解实践概念，理解实践的三个特征。

（2）能力目标

分析能力，对实践概念分层次理解；运用能力，依据实践的三个特征能用具体实例给予阐释；辩证思维能力，实践特征之间的关系。

（3）德育目标

结合实践第一个特征的学习，使学生在实践问题上坚持唯物主义的世界观；联系第二个特征的学习，培养学生在实践中的创新意识；结合实践第三个特征的教学，引导学生正确理解党的改革开放政策。

（4）美育目标

结合实践的含义及特征，培养学生劳动美的意识。

2. 教学重点

实践的三个特征。

3. 教学难点

实践的客观物质性与主观能动性的辩证关系。

4. 教学理念

（1）坚持四个紧贴：紧贴时代，紧贴社会，紧贴学生，紧贴生活。

（2）以知识为载体，实际问题为中心，启迪学生思维。

（3）创设情境，激发学生兴趣，适时进行思想教育。

（4）通过师生互动，增强教学民主性。

5. 教学流程

步骤一：设置情境，提出问题。（视频显示）"神舟 12 号发射"，然后根据情境设计五个探究性的问题。

步骤二：思考讨论，解决问题。启迪思维，独立思考；分组讨论，相互借鉴，培养学生交往能力和团队精神；多边互动，集体探究；共同总结，提炼升华。

步骤三：放飞智慧，拓展问题。在步骤二的基础上，提出高于教材的、更有思考价值的发散性的问题。（研究性学习：纳米技术对人类实践将产生什么样的影响？）（这些问题留作悬念让学生课下解决）。

6. 教学方法

探究性教学法：从社会热点入手，提出问题，分析问题，从而让学生掌握实践的含义及特征。

7. 教学过程

复习提问：第五课我们学习了透过现象认识本质。请问：认识的根本任务是什么？

导入新课：（多媒体播放发射"神舟12号"的视频）

由"神舟12号"的发射引出五个关于实践的问题。

实践的特征（多媒体显示下面内容）

探究活动一：发射"神舟12号"的试验是不是实践活动？究竟什么是实践？

（1）什么是实践（板书）（多媒体显示）

①对实践的定义，历史上哲学家的观点和马克思主义哲学有什么不同？

（多媒体显示）孔子、黑格尔、杜威等人对实践的观点。

②马克思主义哲学对实践含义的理解。（多媒体显示）

（学生看书第112页第三自然段回答）

对实践概念作以下分析：

把握关键词，分层理解：

"人　们"——实践的主体；

"客观世界"——实践的对象；

"活　动"——实践的性质。

正反把握：

实践是人类特有的活动，而不是动物的纯本能性的活动；实践是改造世界的活动，而不是认识世界的活动；实践是改造客观世界的活动，而不是改造主观世界的活动；实践的形式多样。

课堂练习：（多媒体显示）（学生分组讨论回答下列问题）

判断说明题（多媒体显示）

1. 实践是人们的一切活动。（不对）

2. 实践是人们改造世界的一切活动。（不对）

3. 实践是人们改造自然的一切活动。（不对）

（2）实践的基本特征（板书）（多媒体显示）

探究活动二：飞天是人类的梦想，我国历史上流传的关于飞天的神话和传说有哪些？为什么在当时只能是一种美好的愿望呢？这体现了实践的什么特征？

（学生分组讨论，然后回答）

嫦娥奔月、女娲补天、夸父追日、诸葛亮巧建云梯、隋唐时敦煌莫高窟的壁画"仕女飞天"等。由于当时生产力落后，科技不发达，所以只能是一种美好的愿望。这体现了实践的客观性。

①实践是客观的物质性的活动（板书）（多媒体显示）

（多媒体显示）实践的基本要素：实践的主体、实践的对象、实践的手段。（阅读《生活与哲学》教材第 113－114 页第 4、5、6、7 自然段）（联系自己的实践活动，理解主体、对象、手段）

第一，如何理解实践的主体是客观的？

实践的主体是人，是人民群众。人有自己的物质力量和精神力量，有一定的体力和智力，这就使人能有目的地从事社会实践。人的体力和智力统一起来，共同构成实践的主体这个基本要素。而人又是自然界的一部分，像自然界的其他物质形态一样，也是客观存在的，人的智力和体力是在社会发展中客观形成的。它的状况归根到底是由客观条件决定的。所以，实践主体是客观的。

第二，如何理解实践的对象是客观的？

生产实践的对象是自然界，其中既有自然物，又有人工制品。改造社会关系的实践对象是社会关系。可见，实践的对象是自然界和社会，它们都是客观的物质性的东西。在自然界和社会的万事万物中，究竟哪些事物能够成为人们当时、当地的实践对象？归根到底不是由人们的意识所决定的，而是由生产力发展的状况和其他客观条件决定的。

第三，如何理解实践的手段是客观的？

思考：人们可以按照自己的要求制造和使用工具，这与实践的手段是客观的是否矛盾？（学生讨论，然后师生共同归纳）

构成实践手段的材料是物质的东西；制造实践手段不能随心所欲，它们都是由客观历史条件决定的。可见，实践的手段也是客观的。

总之，由实践主体、实践对象、实践手段有机结合而构成的实践活动，

是客观的物质性的活动。坚持实践的客观性，就是在实践问题上坚持了唯物主义。（多媒体显示下面内容）

探究活动三：载人飞船试验的目的是什么？这一目的体现了实践的什么特性？

载人飞船试验的目的是要掌握航天技术，探索宇宙奥秘，开发宇宙资源。这体现了人的实践活动是有目的、有计划的能动性的活动。

②实践是有意识、有目的的能动性的活动（板书）

师问：人的实践活动与动物适应自然界的活动有什么不同？举例说明（学生看书第114页第三自然段）（多媒体显示下面内容）

动物的本能活动	人的实践活动
无计划　无目的	有计划　有目的
本能的没有创新	具有创造性
消极的被动的	积极的主动的

（学生思考、讨论）

例证1：抗疫情景（多媒体显示）

例证2：深圳改革开放后发展的前后对比。（多媒体显示）

如果没有"能动性"这个特点，某种活动和行为即使改变了客观世界，也不能被称为实践。所以，这一特征是最能体现实践本质的特征。

再思考：实践的客观性体现了其不受意识影响的一面，实践的能动性体现了其受意识影响的一面，如何理解二者的关系？（多媒体显示）

（学生看书思考后，分组讨论，师生共同归纳，然后多媒体显示答案）

（1）从唯物论的角度分析：实践的客观性是第一位的，实践的能动性是第二位的。

（2）从辩证法角度分析：二者是统一的，意识作为实践的指导，首先必须符合客观，然后才能正确地充分发挥其能动性。

（3）从反面分析：否认实践的客观性会导致唯心主义，否认实践的能动性会导致机械唯物主义。

（教师总结）以上两个基本特征是统一和相互渗透的。由于实践所处的特殊地位——是联系客观事物同主观认识的"桥梁"，因此它同时兼有客观性和能动性两个特征。其中"客观性"使其区别于纯粹的意识活动，"能动性"使其区别于动物的本能活动。

探究活动四：中华飞天第一人是谁？他成功的原因是什么？

这说明了实践的什么特征?

"航天英雄"杨利伟。他的成功与国家培养分不开，与自身的条件和努力分不开。这体现了实践的社会性。

③实践是社会性、历史性的活动（板书）

旧唯物主义哲学中，有的人认为实践是孤立的个人活动。马克思主义哲学认为实践不是孤立的个人的活动，而是处于一定社会关系中的人所进行的活动。

"实践的社会性"是指任何实践都是在一定社会关系（如经济关系、政治关系）中进行的，是处于一定社会关系中的人才能进行的活动，必然带有一定社会的烙印。（PPT 呈现下面材料）

思考：一些科学家通过科学实验取得重大发现，以致人们用他个人名字命名定律、定理。他们的科学实验是否具有社会性？为什么？

（学生讨论，然后师生归纳，多媒体显示答案）

第一，科学家是处于一定社会关系中的人。

第二，科学实验是在一定社会关系中进行的。

第三，科学实验要受到社会条件的制约。

随着社会化大生产的发展，生产劳动的社会性越来越表现在国际关系上，国际关系也是一种社会关系，我们在经济领域中实行对外开放，正是基于现代生产实践的社会性。

（多媒体显示下面内容）

探究活动五："神舟 12 号"飞船与"神舟 11 号"飞船有什么不同？这体现了实践的什么特性？

（学生思考讨论）

"神舟 12 号"飞船与"神舟 11 号"飞船相比，无论是技术还是设备都要先进。这体现了实践的历史性。

"实践的历史性"是指历史上每一阶段实践的内容、范围和水平都不相同，都受到一定历史条件的制约，是一定历史条件的产物。

（多媒体显示）"建国 70 周年成就"

分析：建国 70 周年成就，既是中国社会的变迁，也是中国人民实践的变迁；历史上每一阶段实践的内容、规模和水平都不相同，都受到一定社会历史条件的制约——人类实践活动具有历史性。

（多媒体显示）"纳米技术"

思考："纳米技术"说明了什么？

时代的发展变迁为我国社会主义建设实践注入新的内容。过去自力更生搞建设，在当今时代已远远不够。现代社会发展要求各国实行对外开放，加强国际间的合作与交流，我国也不能例外。这同样体现了实践的历史性。

课堂小结：

今天这节课主要讲了一个概念、两层含义、三个特征。（放投影）（本课的知识结构）

课堂练习

单项选择题（多媒体显示）（略）

（多媒体显示下面内容）（这些问题留做悬念学生课下解决，通过对拓展性问题的思考，放飞学生的智慧。）

研究性学习：

近年来，媒体上不断出现一个新名词："纳米"和"纳米技术"。电视上经常出现有关纳米的新闻和产品，如"纳米冰箱""纳米洗衣机""纳米陶瓷""纳米医疗保健品"等，琳琅满目，令人目不暇接。

纳米技术对人类实践将产生什么样的影响？

后记：在课堂教学中，教师设置的问题是连接案例与教材知识点的桥梁，在"一例到底"的教学中，教师设置问题的有效性十分重要，甚至决定了一堂课的成败。在问题的设置方面教师应该注意以下三点：

首先，问题要有综合性、有一定的思考难度，需要学生在分析案例的基础上通过思考和讨论才能找到正确答案。

其次，问题要简明扼要、直击重点。一节课的教学中会涉及许多知识点，但并非每个都是教学内容的重点。因此，教师设计问题要围绕教学中的重难点进行，非重点的知识教师结合案例点拨即可。

最后，教师设置的问题应该有逻辑性、环环相扣、循序渐进，教学才能由浅入深，使学生真正掌握学习内容。

第三章
优化教学方式　提高教学质量

第一节　构建活动课堂　培育政治认同

政治认同是新修订的思想政治课程标准核心素养之一，在教学中培养学生政治认同对提高思想政治课教学的成效、促进学生信仰的生成、增强学生适应社会的能力等具有重要作用。下面我们以"用发展的观点看问题"为例，谈谈政治认同素养培育的有效策略。

教学过程中，笔者以中国共产党的十九大报告相关视频导入新课，视频之后展示视频中相关内容如下：

PPT 展示：十九大报告相关内容。（略）

由此导出三个探究活动：

探究活动一：为什么说实现中华民族伟大复兴，前途十分光明？

探究活动二：为什么说实现中华民族伟大复兴，挑战也十分严峻？

探究活动三：把我国建成富强民主文明和谐美丽的社会主义现代化强国，为什么要分两步安排？

整个课堂以"一例到底"教学方法，围绕上述三个问题展开，收到良好效果。

一、创设主题情境，为政治认同播种

政治认同是对政治实践活动及其成果的承认和对政治生活中产生的情感和意识的归属感，必须借助情境体验课堂才能真正培养出来。情境体验课堂有助于通过具体的情境活动潜移默化地帮助学生自觉接受当前政治理论，逐渐内化产生政治意识与政治情感，有助于促进学生将政治意识和政治情感再

外化为政治参与能力。"实践育人"是教育教学活动的重要理念。我们可以引导学生在社会活动中发展和完善自我，培育政治认同。为了说明"实现中华民族伟大复兴，前途十分光明"，在本课教学之前，笔者组织学生观看了《厉害了，我的国》《延安十三年》等纪录片，充分了解中国共产党领导中国人民取得革命和社会主义建设胜利的奋斗历程。

一位学生观看影片之后，在心得中写道："昨日，我观看了纪录片《厉害了，我的国》。该影片将党的十八大以来中国的发展和成就，以纪录片的形式呈现在大银幕上，通过镜头展现强国风采，传递中国力量。电影带来了视觉与心灵双重震撼，我为祖国感到自豪。"还有一位学生在心得中写道："当看到科学家、工程师接受采访时诉说对理想的执著与坚守时，我们怎能不动容？怎能不坚信这是个有希望的时代？这是一个可以让奋斗者出彩的新时代，他们是谱写时代鸿篇的挥毫泼墨者，也是未来生活的拓荒者。"

影片展示的是成就，带给观众的是憧憬和希望。通过一系列社会活动，构建课程学习与生活实践相结合的学习模式，让学生通过感受情境、挖掘资源、传承历史和实践活动等方式获得政治认知，建立政治情感，为政治认同播种。

二、设计有效问题，促政治认同发芽

学生愿意回答的问题，一定是能引发学生的兴趣、深度思考、有效讨论和积极探究的问题。为了培育政治认同，笔者采用了主题式情境教学方法，创设了关于十九大报告主题，由十九大报告内容导出三个探究活动：

探究活动一：为什么说实现中华民族伟大复兴，前途十分光明？

探究活动二：为什么说实现中华民族伟大复兴，挑战也十分严峻？

探究活动三：把我国建成富强民主文明和谐美丽的社会主义现代化强国，为什么要分两步安排？

在探究活动中，老师要求学生结合观看的影片和课本知识分析。

［课堂片断展示］

问题1：为什么说实现中华民族伟大复兴，前途十分光明？（板书：事物发展前途是光明的）

师：为什么说事物发展前途是光明的？请同学们阅读《生活与哲学》教材P64第一自然段，请一位同学回答。

生：新事物是符合客观规律、具有强大生命力和远大发展前途的事物；

新事物具有旧事物无可比拟的优越性；新事物符合历史发展的必然趋势，符合人民群众的根本利益和要求。

师：请大家结合中国共产党十九大报告内容，分组讨论：

问题（1）：把我国建成社会主义现代化强国的目标是不是符合历史发展趋势？为什么？

问题（2）：建成社会主义现代化目标与总体小康社会目标相比有哪些优越性？

问题（3）：为什么建成社会主义现代化目标符合人民群众的根本利益？

师：把我国建成社会主义现代化强国的目标是不是符合历史发展趋势？为什么？

通过讨论，学生回答：把我国建成社会主义现代化强国的目标符合历史发展趋势，因为：中国特色社会主义进入新时代，我国社会主要矛盾已经转化为人民日益增长的美好生活需要和不平衡不充分的发展之间的矛盾；社会主义现代化强国的目标牢牢把握社会主义初级阶段这个基本国情；综合分析国际国内形势和我国发展条件；等等。

师：建成社会主义现代化目标与总体小康社会目标相比有哪些优越性？

通过讨论，学生回答：到那时，我国物质文明、政治文明、精神文明、社会文明、生态文明将全面提升，实现国家治理体系和治理能力现代化，成为综合国力和国际影响力领先的国家，全体人民共同富裕基本实现，我国人民将享有更加幸福安康的生活，中华民族将以更加昂扬的姿态屹立于世界民族之林。

师：为什么建成社会主义现代化目标符合人民群众的根本利益？

通过讨论，学生回答：人民平等参与、平等发展权利得到充分保障，全体人民共同富裕基本实现，我国人民将享有更加幸福安康的生活，等等。

（小结）由于以上原因，所以我们说事物发展的前途是光明的，因此我们要支持和保护新事物。

（设计意图：通过引入情景讨论，一方面加深理解"事物发展的前途是光明的"从而认识到要支持和保护新事物，另一方面也加深了对十九大报告的理解）。

政治认同是主体对政治体系在政治认知的基础上作出的判断和评价，形成一定的政治认识，伴随着积极的政治情感体验，并经过一定的政治意志努力而形成的对一定政治体系的价值认可、赞同和确信，进而自觉按政治体系的要求规范自己的政治行为，积极地参与、维护和促进政治体系的运行和发展的一种政治心理过程①。政治认同是在政治认知的基础上作出的判断和评价。"一个好问题能激发出不同层面的答案，能鼓舞人们用几十年的时间去搜寻解决方案，能衍生出全新的研究领域，还能让人们根深蒂固的想法发生改变。而答案却在终结这一切。"② 上述三个问题是学生政治认知的驱动力。

三、师生合作探究，让政治认同开花

活动课程在培养学生思维能力与实践能力、生成情感态度及价值观、实现学生全面发展等方面成效显著。思想政治课程标准修订组明确指出，思想政治是一门以活动为特征，在课内外围绕一定的议题，开展自主、合作、探究学习，增强体验，认同主流价值观并引导相应行为的活动型学科课程。思想政治课程从学科课程转向活动型学科课程，课程取向也由学科取向转变为活动取向与学科取向相结合。

为了提高学生的参与意识，笔者采用主题式情境教学方法，展示关于十九大报告主题："实现中华民族伟大复兴"。以"为什么说实现中华民族伟大复兴，前途十分光明"来说明事物发展的前途是光明的；以"为什么说实现中华民族伟大复兴，挑战也十分严峻"来说明事物发展的道路是曲折的；以"把我国建成富强民主文明和谐美丽的社会主义现代化强国，为什么要分两步安排"来说明事物发展要经过量变到质变的过程。

为了将主题与材料有机地整合在一起，笔者设计了"新闻直播间"这一情境，把整堂课模拟成一档新闻节目，而所有的材料则是一条条的新闻播报，学生在对新闻的解读和评论中学习"事物发展的道路"的知识，培养自己关心国家大事的视野和承担社会责任的能力。

具体操作如下：学生6人为一组，并推荐一名新闻发言人进行发言。

师：我们的讨论话题就是以上的探究题，下面讨论开始。

PPT 展示：

问题2：为什么说实现中华民族伟大复兴，挑战也十分严峻？（分组讨论）

师：欢迎大家回到我们的节目，现在由新闻发言人进行发言。

生1：十九大报告指出："我们的工作还存在许多不足"，因为新事物的

---

① 薛中国. 关于"政治认同"的一点认识 [N]. 光明日报，2007 – 03 – 31.
② 朱明光. 关于思想政治学科核心素养的思考 [J]. 思想政治课教学，2016（1）.

成长总要经历一个由小到大、由不完善到比较完善的过程。

生3：十九大报告指出："全党要更加自觉地坚持党的领导和我国社会主义制度"，更加自觉地投身改革创新时代潮流，坚决破除一切"顽瘴痼疾"，因为人们对新事物的认识也有一个过程。

生4：十九大报告指出："坚决反对一切分裂祖国、破坏民族团结和社会和谐稳定的行为"，因为旧事物在开始时往往比较强大，总是要顽强抵抗和极力扼杀新事物。

在讨论环节中，学生的参与热情和发言内容的丰富程度大大超出了笔者的意料。这样的活动无形中锻炼和提高了学生的参与能力。为了将这种锻炼延伸到课堂之外，笔者还布置了课后探究的题目，让学生在课后查阅相关资料，以"实现中华民族伟大复兴"为题，设计一个模拟新闻发布会（由一部分学生扮演记者，准备相关问题，另一部分学生扮演外交部发言人，准备相关的应对回答）。这堂课是一种示范，是一次体验，不同的课例可以设计不同的活动。而教师的作用也在于引导，在于抛砖引玉，目的是让学生从中学会一些参与的方法，并运用到社会生活和实践中去，不断地提高公共事务参与的能力，培育政治认同。一方面加深理解"事物发展的道路是曲折的"从而认识到在事物发展过程中做好充分的思想准备，勇敢地接受挫折与考验；另一方面也加深了对十九大报告的理解。通过上述活动，学生对政治认同教育内容实现了由"不知"到"知"，由"认识肤浅"到"理解深刻"，由"无感"到"有感"，由"疑惑"到"确信"，由"观望"到"行动"等认识、态度和行为方面的转变。

四、自觉外施于行，使政治认同结果

政治认同教育的接受过程，说到底是接受主体内化的过程，即学生将教师传授的政治认同教育的内容转化为自己的个体认识、精神信仰、价值追求和行为依据的过程。即学生将教育内容"外化于行"，展开为外在的实践活动，最终转变为个人的自觉行为。课堂中达成政治认同的目标，课后还需进行巩固，而巩固最有效的方式就是实践。教师的"导"是否真正实现了学生对政治认同的内化，实现情感与实践相统一，课本与生活相结合？

PPT展示：

分析问题3：把我国建成富强民主文明和谐美丽的社会主义现代化强国，为什么要分两步安排？

通过讨论，学生回答：经济建设发展，人民生活水平提高，每个小小的进步，是量变；从总体小康，到全面小康，到把我国建成社会主义现代化强国是质变；在前两步的基础上，实现现代化，说明事物的发展都是首先从量变开始的，量变是质变的准备；奋斗三十年，到新中国成立一百年时，基本实现现代化，把我国建成社会主义现代化强国，体现质变是量变的必然结果。

学生讨论后，老师总结：在我们的工作和学习中不重视量变的现象有很多，以后要学以致用。

知识拓展延伸：

"畅想明天"：再过五年，我们在座的每位同学都将是社会主义现代化建设的中坚力量，都将投身于火热的现代化建设大潮中。请你设想，五年后的中国，将会是一个怎样的面貌？为实现这个面貌，你将如何做？

请学生课后写一篇心得，然后大家相互交流。

一位学生在心得中写道："青少年一代是祖国未来的社会主义建设者和接班人，要使自己的爱国之情报国之志化作效国之行。要为社会主义现代化建设做出贡献，必须向马克思学习，把远大理想、崇高目标与脚踏实地、埋头苦干的精神结合起来。从我做起，从现在做起，在德、智、体各方面日积月累，持之以恒。同时要杜绝对社会、对他人、对自己有害的坏思想、坏行为，做到防微杜渐，健康成长。"

另一位学生在心得中写道："在社会主义现代化建设中，我们既要有远大的奋斗目标，坚信社会主义现代化建设一定能成功，反对胸无大志、不求质变的精神状态；又要有艰苦奋斗的实干精神，循序渐进，扎扎实实做好本职工作，反对急于求成、无视量变的工作作风。要坚持用量变引起质变的道理看问题，把远大目标和实干精神结合起来，通过一步一个脚印的实干来实现远大目标。"

把我国建成富强民主文明和谐美丽的社会主义现代化强国，要从我做起，从现在做起，从身边的事做起，从家乡的事做起。培养政治认同最有效的方式就是实践，借此也检验教学是否达成政治认同的目标，是否真正实现了学生对政治认同的内化，实现情感与实践相统一，课本与生活相结合。中山纪念中学所在的地区是伟人孙中山故居所在地，历史上人杰地灵，物宝天华，是中山地区历史文化资源较为丰富的地区之一。为此笔者布置了以下几个课后作业：第一，围绕主题在微信朋友圈发表一篇文章；第二，写一篇调查报告，为家乡的发展献计献策，以此培养学生了解翠亨、热爱翠亨、服务翠亨的情感与价值取向，促进本地区的经济和文化的可持续发展。通过以上活动，政治认同可以潜移默化地"内化于心"，也可以扎扎实实地"外化于行"。

总而言之，在教学过程中，培育政治认同，发展学生的学科核心素养，需要教师自觉更新教育观念，在教学实践中不断优化教学策略，改进教学设计。只有这样，才能让思想政治课更有生机活力，让学生更有实际收获。

第二节　打造全员育人共同体　提高思想政治课教学实效

习近平总书记强调，要坚持把思想政治工作贯穿教育教学全过程，实现全程育人、全方位育人。2018 年教育部提出了"三全育人"的概念，即"全员育人、全程育人、全方位育人"。思想政治课程具有学科内容的综合性、学校德育工作的引领性和课程实施的实践性等特征，它与时事政治教育相互补充，与其他学科教学和相关德育工作相互配合，共同承担着立德树人的任务。

学校思想政治课要积极推进"三全育人"机制。以立德树人为根本，聚焦核心素养，充分挖掘课内课外、校内校外一切教育资源，发动教师、学生、家长、校友、社会人士、高校教授等各方力量，把思想政治工作贯穿教育教学全过程，把思想价值引领贯穿教学全过程和各环节，形成科组牵头、学校共建、家庭支持、社会协助的育人合力，形成课堂育人、校园浸润、社会融入的大育人格局。

一、坚持协同配合，构建全员育人共同体

构建全员育人共同体，要以思想政治学科组为核心，以德育战线团委、学生处和班主任为辅助力量，其他学科全体教师共育共建，发动家长、校友、高校资源和社会力量全力打造思想政治全员教育共同体。

首先，要立足课堂，打造有深度的思想政治课，坚持价值引领，发挥课堂育人主阵地的作用。科组要在深耕课堂、打造教学特色、立德树人方面积极探索，不断积累经验，打造一支有信仰、有情怀、有担当、有创造力的专业教师队伍，在自己的教学中敢于创新，重视积累，并逐渐形成独具魅力的

教学风格。

其次，以主题活动为载体，以组织建设为保障，打造思想政治教育网格化体系。以主题活动建设为载体，如校园讲堂、国旗下讲话、主题班会课，红歌会，慈善义卖，主题黑板报等，打造出学校特有的育人文化；以班主任队伍建设、学生社团建设，发展学生团员党员等组织建设为保障，构建出一体化的思想政治网格体系。

再次，整合校外资源，打造育人合力。学校要重视校友会建设，充分发挥校友在学业引领、职业发展、人生导向等方面的榜样作用；重视利用社会名人和高校资源以校园讲坛为载体，拓宽学生视野，引领学生成长。

最后，搭建家校合作"完美"育人新模式。学校要积极创新家校合作新模式，坚持"引进来"和"走出去"相结合的双向互动。所谓"引进来"即把一批有经验、有学识、有担当的家长请进学校，请进课堂，请进学校大讲台，传经送宝；"走出去"即利用各种平台，把正确的教育观念和方法传播给家长，建立长效合作新模式。

二、加强一体化教学，构建全程育人体系

初高中思想政治教学的衔接问题是影响中学思想政治课教学效果的一个重要因素。在教学安排上要实行初高中一体化大循环教学，学校安排思想政治教师教学，尽量坚持从初中到高中的六年教学循环。这样能够比较有效地克服初高中教学衔接中出现的问题。首先是师资队伍的稳定性，能够确保教学目标和教学风格的一致性和连续性。在科组建设和备课中，初高中教师也会时常交流教学和育人中出现的问题，并集体思考解决策略，进而更好促进中学思想课教学的整体融合度。其次，更加了解学生的认知特点，就能根据学情有针对性地进行方法指导，提高学生的学习成效。最后，对于初高中教材内容都比较熟悉，不仅能够更加合理的安排教学内容，而且在初中教学阶段就开始树立衔接教学的意识，这样能够更好地引导学生进行深度和系统化学习。教学实践也证明，初高中一体化大循环教学，对学生的适应性、连续性和深度学习能力都有较好帮助，能更好地实现思想政治课全程育人的效果。

三、校内外联动，形成全方位育人格局

在思想政治课教学中如何提升教育的针对性、实效性一直都是思想政治

课教育工作者关注的核心话题。思想政治学科要根据新的课程标准，以新的教学观引领课程改革，紧紧围绕立德树人根本任务，充分发挥中国特色社会主义教育的育人优势，以理想信念教育为核心，以社会主义核心价值观为引领，以落实和培养学科核心素养为目标，以全面提高人才培养能力为关键，加强统筹设计、发挥协同效应，形成国家课程、校本课程、社会实践课程，课堂、校内、社会联动的大课程体系，提升思想政治课育人的时效性、实效性和针对性。要重视社会课程，整合校外资源，发挥协同效应，以社会实践、研究性学习、研学旅行为依托，增强学生的社会理解和参与能力。

四、创设特色校园文化，构建全方位育人环境

校园文化建设是一所学校精神文明建设的重要阵地，是学校办学水平与办学特色的重要体现，也是新时代提升中学生思想政治素质的重要渠道。校本课程则是促进校园文化形成与发展的有效因素。校园文化和校本课程相辅相成，校本课程可以促进优秀的校园文化建设，而优秀的校园文化则可以助推学校建构起更加科学卓越的课程体系。为此，必须结合学校实际，充分挖掘校园文化的育人功能，探寻中学思想政治教育与校园文化的最佳结合点和深度融合点，开设系列化的校本课程，充分利用校园文化活动这个重要载体，并建立合力育人的协同机制，对青少年学生进行精心引导和栽培，提升学生核心素养，更好地落实立德树人的根本任务。为创设特色校园文化，我们开展了下列活动：

第一，举办诚信教育活动。每年在新生开学典礼上及各种大型考试前举行诚信宣誓活动，引导学生讲诚实话，做诚信事。开展校园诚信活动，特别是开创无人监考诚信考场等活动，让学生在日常生活中体验诚信的重要性。

第二，开展社会主义核心价值观主题班会。班会课是对学生进行思想教育的重要抓手，也是常规的思想政治课教学的有利补充，在学校的思想政治课中发挥不可替代的作用。学校把社会主义核心价值体系融入主题班会当中，将开展的主题班会系列化、常态化、课程化，并形成丰富的、具有可操作性、可推广性的主题班会范例。比如，中山纪念中学非常重视主题班会，学校持续开展了爱国、友善、平等、公正等系列的主题班会活动，一批优秀课例在全市、全省，乃至全国都纷纷获奖，成果显著，成效积极。培育社会主义核心价值观，有利于激发学生的爱国热情、奋斗之志，担负起复兴中华的大任。

第三，办好学校讲堂。整合各种思想政治教育的优质资源，协调动员多

方社会力量进校园。学校特推出"学校讲堂"的文化活动，加强对学生的价值引领，为提高思想政治课教学效率贡献力量。

中山纪念中学校园讲堂定期邀请一位社会精英来校讲学，内容涵盖教育、经济、科技、文化、司法、行政、慈善、国防、礼仪、政治等领域，创设传播与互动环节，使学校讲堂成为开阔同学们视野、启迪智慧、传播先进文化的大课堂。

五、挖掘传统文化资源，丰富全方位育人内涵

要重视校本课程，挖掘传统文化资源，整合校内资源，以校内选修、社团活动、主题活动为载体，打造学校特色的思想政治课育人体系。中山纪念中学非常重视挖掘传统文化教学资源，该校坐落在伟人故里——翠亨村，孙中山精神是学校教学宝贵财富。"博爱"是一种无私的、广大的爱。孙中山先生热爱祖国、献身祖国的崇高风范，天下为公、心系民众的博大情怀，很好地诠释了"博爱"的精神，他的博爱思想是留给学校的宝贵精神遗产。一代又一代的中山人，继承和发扬了先生的博爱思想，爱人类，爱自然，爱社会，把自己的才华贡献给了人类，诠释了"天下为公"的开阔襟怀。该校创办具有特色的公益社团——"小明会"。2009年学校以"小小光明，照亮心灵"为口号，以志愿服务来培育万千学子的爱心和责任心为理念，以志愿服务扶助市内弱势群体，竭尽自己力量帮助更多的人，将爱心的种子播散四方。2014年，该公益社团在第二届中山市博爱100的微公益大赛中被评为优秀社团。如今，在小明会的带动下，学校一批校园公益社团正逐步发展起来，延续着学校博爱互助的故事。

六、融入社会，坚持知行合一，提高全方位育人实效

社会实践活动是思想政治学科教学的一种必要形式，能够有效提升学生核心素养，真正做到知情意行统一。教育部发布的《中小学综合实践活动课程指导纲要》指出：中小学综合实践活动课程强调学生综合运用各学科知识，认识、分析和解决现实问题，提升综合素质，着力发展核心素养，特别是社会责任感、创新精神和实践能力。总目标是让学生获得丰富的实践经验，提高价值体认、责任担当、问题解决、创新物化等方面的意识和能力。

学校思想政治学科组可以通过开展高中生思想政治学科社会实践活动课程的实践，有效地解决上述问题，推动课程开展，培育核心素养。

"没有规矩，不成方圆"，以社团为载体开展思想政治学科社会实践活动课程模式的有效实施有赖于制度保驾护航。我们要制定并完善相关制度，为推动思想政治学科社会实践活动课程实施、推动学生核心素养发展提供重要保证。订制度可从以下几个方面着手：

第一，发展社团组织。积极发展领导力、模拟联合国等实践活动类的学生社团组织，在组织宣传、成员招募、活动开展、成果展示等方面给这类社团更多的资源，积极支持此类社团的发展。

第二，选聘指导教师。思想政治学科社会实践活动课程的实践性、活动性、生成性对师资水平提出了更高的要求，教师的主导作用直接决定课程的实施效果。指导教师必须有能力激发、调动学生的自主性，有能力培养、发展学生的综合素质，我们应在科组选拔出那些热爱实践、善于创新、具有一定管理能力和研究能力的教师。

第三，加强社团管理。根据需要，建立并完善社团组织架构、社会实践课程规划、课程实施规范、安全责任制度、师生激励制度等相关的管理制度，规范课程实施过程，提高课程实效性。

第四，发掘社会资源。为了更好地开展思想政治学科社会实践活动课程，要充分发掘社会资源，包括家长、社会热心人士、专业人士、志愿者等人力资源，实践活动基地等场地资源，职业体验服务机构等课程资源。

第五，设计指导方案。教师指导方案包括校本课程架构、主题选择、方法设计、资料准备、活动计划等。教学设计要围绕"发挥学生自主性"这个原则，调动学生主动参与、充分体验、积极反思。

第六，开设活动课程。思想政治学科社会实践活动课程在方式上以学生的研究性学习、合作探究、职业体验和社会实践等活动为主。

七、链接社会项目，拓展全方位育人资源

通过链接社会项目，教师和学生容易从社会实践活动中找到自己感兴趣的内容；社会项目有比较成熟的管理机制，能够有效提高师生能力，让师生很容易找到成就感；社会项目有比较明确的服务对象和富有成效的服务方式，容易体现个人价值；参与社会项目有利于教师开展教科研工作，也有利于学生做出社科研成果。在实践中，我们通过"志愿者模式"、"课题组模式"、"项目制模式"等方式，发动大批学生热心公益，而且可以促成多项师生科研项目和社会实践项目，成功推动高中阶段社会实践活动的开展。

第一，"志愿者模式"——发动大批学生投身公益。中山纪念中学主要通过中山市"博爱100"公益创投、公益平台搜集那些具有创意的社会公益项目，从中精选出高中生可能感兴趣的项目推介给学生。今年重点推介了"雁阵飞"家长互助成长俱乐部、"叮咚荒野学堂"野生动物保护计划、"72小时书店"大型公益读书活动等6个公益项目，吸引了大批学生前往报名参与。

第二，"课题组模式"——主动承接社科研究项目。采用"师生合作课题组"的模式来承接社科研究项目。这种方式的具体流程是：学科组负责搜集各级各类的社科研究项目课题信息，感兴趣的教师通过选题指南确定选题，学校思想政治学科组招募对此选题感兴趣的学生，指导教师和招募到的学生组成课题组，师生共同制订计划、分配工作、策划活动方案，然后开展社会实践，最后撰写项目报告参加比赛。由于指导教师和学生都是对某一课题感兴趣主动参与的，因而积极性、主动性都有了保证。另外，学生有了教师的指导，目标清晰、方法科学、计划可行、监督有效，教师有了学生的帮助，社会调研更具广泛性。这种方式能够最大限度地发挥教师和学生在社科研究类社会实践活动中的主动性和创造性，提高活动成效。

第三"项目制模式"——积极申报社会实践项目。向政府申报社会实践项目，充分利用政府的项目管理机制和平台。按照政府的要求申报项目，学生会更了解社会问题、提升策划项目的能力、获得项目管理的经验。这种模式能够有效解决校内支持不足的问题。

社会实践活动的开展需要人力、物力、财力和管理机制的充分支持。通过引进社会项目，通过充分运用志愿者模式、课题组模式和项目制模式，推动高中生参与社会团体组织的社会公益项目、自己申报和组织社会公益项目、与教师合作开展社会科研课题，链接社会上已经比较成熟的实践活动资源，将思想政治课程延伸到社会，提高了课程的广度和深度。

第三节　科学地使用教材　提高教学实效

新课程改革实施以来，新课标、新教材、新理念为思想政治课堂注入了新的生机和活力。思想政治课教师在使用新教材中呈现出许多可喜的变化，主动转变教育教学理念，树立正确的教材观、学生观和人才观；采用灵活多样的教学方法，灵活地处理教材，积极开发课程资源；加强行动研究，努力提升自己的专业素养。当前思想政治课教师在使用新教材中存在以下几方面的问题。

一、轻视教材"二次开发",教条化地使用教材

"教材'二次开发',是指教师和学生在使用教材的过程中,依据课程标准对既定的教材内容进行适度的增添、删减、加工和调整,合理开发和选用其他教学资源,从而使之更好地适应具体的教学需要和学生学习需要。"①由于教材自身的局限性、"学情"差异等原因,需要教师对教材进行"二次开发"。然而,在当下的思想政治课教学之中,一些教师将教材视为"圣经",视为教学的唯一资源,对教材不能也不敢做任何删减和增设。具体表现为:教师充当"搬运工"的角色,固守"教教材",即把所教的知识、内容从教科书、教参上搬到教案上,然后再把教案中的内容移植入学生的脑海中,对学生灌输教材的知识点,导致学生的兴趣、主动性和积极性被忽视,学生学习缺少体验和探究,课堂低效或者无效。

一位老师在讲授人教版必修4《生活与哲学》第二课"唯物主义和唯心主义"这一课时,把课堂大致分为两个环节:课前复习、讲授新课。课前复习环节,教师就第一课和上一框的内容进行了详细的回顾,共提出了七个问题,每个问题让学生一一回答。这个环节共计10分钟。在讲授新课环节,教师让学生首先花10分钟的时间自主阅读课本,找出什么是唯物主义,什么是唯心主义。学生阅读完课本之后,教师开始梳理教材知识,首先讲述了唯物主义的含义及其三种基本形态,要求学生在书上做出相应的标记。然后教师讲述了唯心主义的含义及其两种基本形态,要求学生做出标记。整个课堂教师几乎没有列举可以帮助学生理解这些抽象概念和理论的例子。

诸如这样机械照搬教材内容、教条化使用教材的思想政治课教师,他们缺乏使用教材的主动性,缺乏对学生成长需求的真正关注。教学就是讲授教材,是完成固定的任务和程序。课程改革对于他们来说,不是真正的震撼和触动,而只是学科知识内容的增减抑或前后顺序的调整。教材在变,教学方式却始终如旧,"穿新鞋,走老路""换汤不换药"正是对他们最好的形容,尤其让笔者惊讶的是,部分老教师仍把这些错误的意识当成最有价值的经验,津津乐道,传唱不已。

---

① 丛海啸. 谈高中政治教材的"二次开发"——以《政治生活》实例素材处理为例 [J]. 中学政治教学参考, 2012 (1): 28 –29.

二、轻视学生情感体验，机械地使用教材

长期以来我国以升学为导向，"唯分数论"的应试教育现状，使得很多老师一味强调落实教材的知识。很多思想政治课教师以学科为本位，以灌输知识为目的，教学偏向书本，只注重学生对学科知识的记忆、理解和掌握，把生动的教学活动囿于狭窄的认知主义的框架之中，而学生在教学活动中的情绪生活和情感体验得不到关注。这样的课堂，教师与学生只有知识的传递和接受，没有情感的沟通和表达，更没有思想的启发和生成，学生的生命可以说是不在场的。

例如，人教版思想政治必修1《经济生活》第三课第二框题内容是"树立正确的消费观"，在这个框题中，课程标准最主要的要求是落实情感态度价值观目标。这个框题中第二目是"做理智的消费者"，"教材提出从四个方面分析树立正确的消费观念：量入为出，适度消费；避免盲从，理性消费；保护环境，绿色消费；勤俭节约，艰苦奋斗"。[①] 一位老师的公开课对于这四个方面的知识讲授十分到位，要求学生通过齐声朗读、默写等方式来记忆这四个方面。对于学生在消费中出现的错误倾向，教师并没有剖析其中的思想因素，而是反复强调如何在题目中，通过哪些关键词来判断这四种消费观，以便得出答案……

不可否认，思想政治课教材中蕴含着丰富的知识，而且有些知识理论性非常强，既抽象又晦涩，学生理解起来很困难，这就需要教师发挥自身的主导作用。但思想政治课有其自身的学科特殊性，思想政治课本质上是一门德育课程，它不仅是解决"知"和"不知"的矛盾，而且还要通过教学解决"信"和"不信"的矛盾，"知"和"行"的矛盾，实现由"知"转化为"信"，再由"信"转化为"行"。

在我国的基础教育中，德育处于一个极为尴尬的位置，"'有知识、缺文明''有学问，缺教养''有理论，缺实践'的偏颇依然存在"。[②] 部分思想政治课教师在使用教材时，偏重书本知识，偏重知识的传授，偏重教学知识目标的完成。长此以往，不利于教师自身的专业成长，更不利于学生创新

---

① 教育部普通高中思想政治课课程标准实验教材编写组. 思想政治必修1·经济生活［M］. 北京：人民教育出版社，2008：21.

② 教育部普通高中思想政治课课程标准实验教材编写组. 思想政治必修1·经济生活［M］. 北京：人民教育出版社，2008：22.

精神和实践能力的培养，这违背了教育教学规律和学生身心发展的规律。

三、轻视教学实际效果，形式化地使用教材

在对教师访谈和观察中，笔者发现，新课程改革的推进和新教材的使用受到了老师们的普遍欢迎，尤其是一些年轻老师，他们期待改变，期待全新的思想政治课。这些老师能够结合学生的实际对教材进行改造，他们尽可能地尝试改变传统的教学方式，通过创设各种情境、开展各种活动，以此激发学生学习的兴趣和积极性，使学生变被动地接受学习为自主学习、合作探究。然而，一些教师为了单纯追求课堂的热烈气氛，很多教学方式及方法流于形式，教学低效甚至无效。

如一位教师讲授人教版必修 1《经济生活》第四课第一框题"发展生产，满足消费"内容。课前，教师先有一个时事开讲的环节，讲述了最近的时事热点，之后教师完全脱离开课前的演讲进入到新课。在讲述到生产决定消费时，该老师在课堂中大量使用了"是不是啊""对不对啊""好不好啊""行不行啊"这样的提问方式，一堂课总共提出了这样简单的选择式问题 17 个，共提问 9 名学生，播放了 4 段视频，呈现了大量的图片，但是对于图片和视频的逻辑关系并没有说明。为了说明消费水平在进步，还让学生录制了 DV，只是 DV 播放就耗时 14 分钟。整个课堂非常"热闹"。

这种看似热闹的教学过程，通常只是简单地在表面的形式上做文章，比如增添一些生活情境、添加一些视频图片，增加一些学生活动，加入一些问题设置等，而学生的思维过程和生命激情仍然被忽视。仿佛一夜之间，我们的思想政治课变成了一幕活生生的话剧，老师和学生都在尽情狂欢。

在这样的课堂上，表面的热闹和热烈可能损失思想政治课教学的内在功能，失去教学真正的价值，展现的是学生肤浅表层的甚至是虚假的主体性，失去的却是教师价值引导、智慧启迪、思维点拨等职责，从而导致思想政治课堂低效或无效。

四、轻视《课程标准》要求，复杂化地使用教材

一部分思想政治课教师简单化形式化使用新教材，也有一部分教师复杂化地使用新教材。这些教师生怕学生在高考等各种考试测试中"吃亏"，为了让学生全面深入地了解知识，教师尽其最大努力对教材内容进行"深挖洞"，无限地拓展延伸。然而，这种人为复杂化地使用教材方式，严重降低

了课堂教学效率，大大加重了学生的学习负担。这反映出，在一部分教师的心目中，缺乏《课程标准》意识，缺乏对《课程标准》的深入研究和深刻理解与把握，这才导致他们在处理教学内容时过分求精求深。

如某校一位教师公开课，讲授人教版必修1《经济生活》开篇课"揭开货币的神秘面纱"内容，在讲述到第三目时，有一个知识点是纸币的发行量必须以流通中所需要的货币量为限度，纸币发行过多或者过少都会影响正常的市场秩序。S老师的知识功底深厚，在讲述到这个知识点的时候，就将教材小字部分的通货膨胀、通货紧缩做了连带的讲述，并且深刻分析了通货膨胀发生作用的原因、影响、解决措施，甚至扩展到了凯恩斯的经济理论。作为一个比较系统学习过经济学的成年人，听起来都感觉非常吃力，更何况是刚进入高一年级的学生。其实对于这一知识点，《课程标准》要求教师只需要说明纸币的发行量不是无限的，而是必须要以流通中需要的货币量为限，发行过多可能会造成通货膨胀，使得纸币贬值物价上涨；发行不够可能会导致通货紧缩，造成商品交易困难。

不可否认，这位老师的做法能拓展学生的知识面。通货膨胀和通货紧缩应该放在课后，供学有余力的同学拓展，教师可以对其进行更好的引导和支持、解答。但是，在课堂上面对于经济学理论基本空白，生活经验也不足的高一新生，讲述晦涩的经济学理论，效果可能并不好。

在教学中，有些思想政治教师会觉得教材所讲述的内容过于简单，不利于学生更好地理解。思想政治课教师在以增加考试分数为目的的应试教育这种观念的指导之下使用教材，会使教学的内容无限度地复杂下去。从表面上看，教师这样做似乎是对于教材内容的补充，是在为了学生更好地掌握相关内容，但都超越学生实际学习能力，只是强调知识的难度，学生只能是知其然不知其所以然。并且从长期看，这种做法对于学生的思维发展无疑是一种破坏。同时，它偏离教学的本质，增加学生的负担，不利于学生的身心健康发展。

思想政治课教师在使用教材中的问题客观存在，正视这些问题并探索解决之道，对于提高思想政治课的有效性、促进思想政治课教师专业成长有着重要的意义。

第四节　重视信息反馈　提高教学质量

认知心理学家把学习看作信息加工和贮存，而信息反馈正是为了强化和检验信息加工与贮存的状况。在政治教学中，信息反馈是一个至关重要的环节，是提高教学质量的保证。然而，在实际教学中，政治课堂信息反馈有相当一部分是不到位的，甚至陷入误区。

一、教师在备课过程中充分预测信息

教师在备课时要根据教学内容预测信息，即依据教学大纲和新课程标准要求、每节课知识结构、学生的知识基础、接受能力和课堂目标检测练习，预测出学生在学习中可能遇到的疑难问题，同时也根据以往教学所获得的经验材料，注重扶、引、放、收，做到心中有数，巧妙地安排教学活动，使引导点拨恰到好处。这样，既能让教师将学生的失误消灭在萌芽状态，对解答学生提出的问题游刃有余，又可以使教学内容与教学结构高度统一，为学生思维能力的培养提供必要的基础和契机。

二、信息反馈必须及时

信息反馈贵在"及时"二字，否则，时过境迁，作用就大大削弱了。例如：学生做过的作业或试卷，老师如果不及时批改放置太久才去讲评，当时的情况早已遗忘，学生现在听起来又有了"新"的感觉。若是错误的东西，还有可能在头脑中生"根"，形成定势，再要纠正就非花大力气不可，而且还会影响新知识的掌握。如果教师未及时掌握反馈的信息，那将导致后续课程教学产生盲目性。从某种意义上讲，一堂成功的课都是教师及时从学生的动作、语言、表情上捕捉到信息，并及时解决矛盾的课，因而，我们提倡在政治课当堂进行目标检测反馈、矫正或当天批阅（有条件可以面批面改），及时补救。

三、信息反馈务必真实

真实是信息反馈的生命，它应该是客观的、具体的，应该具有代表性和针对性。比如有的老师上课，讲某个知识点时总爱问个"懂不懂"，结果都

"懂了"。这是不科学的，也不太真实的，需要客观分析，究竟学生有没有弄懂或有多少人滥竽充数。又如有的学生不好好做作业，而在临交作业之前抄袭，更有甚者在考试中作弊，这些自欺欺人之举，老师要认真分析。面对几十名学生，基础各异，不易于了解到每个学生掌握知识的情况，若想得到真实可靠准确无误的反馈信息，就得注意反馈不同层次学生的认知接受情况，不要为了节省时间、减少麻烦，采用"填鸭式"教学一味提问好生，冷淡中等生、差生，这样会欲速则不达，同时还要有针对性地评价学生的反馈信息，当学生有了失误时，我们不仅仅就给予正确答案或结果了之，还要指点迷津、矫正、补救，真正帮助学生克服弱点，树立信心，以求实效，实现知识信息反馈的真正意义。

四、培养学生的自我反馈能力

"教"是为了不教，政治教学信息反馈也同样。光靠教师系统归纳反馈信息是不够的，要"授人以渔"，引导学生自我反馈、自我调控，使学生从完全接受教师的反馈逐步转变为独立的自我反馈，变被动为主动，变"教"为"不教"，变学会政治为会学政治。在教学实践中，笔者时常要求学生也进行反馈，将训练中出现的失误填入每次一式两份的"错题集"中并加以更正，一份自留，一份老师保存。这样做既有利于学生进行今昔对比，牢记前车之鉴，迷途知返，又有利于教师监督，因势而利导。它表面上似乎较复杂，其实师生只要持之以恒，习惯成自然，结果也就另当别论了。

五、反馈信息要保护学生的自尊心

当代中学生视野开阔、渴望理解、思维活跃、善于思考、自我意识较强，教师要根据学生的心理年龄特征，在反馈信息时要和学生平等相处，不要将自己的观点强加给学生，而应诚恳地和学生一同研讨，要注意调动学生学习的积极性与主动性，鼓励全体学生参与反馈信息。比如学生回答问题思维受阻时，教师应耐心引导、鼓励他们，不能挖苦、讽刺他们，避免他们失去信心、半途而废。正如苏霍姆林斯基所说："在影响学生的内心世界时，不应该挫伤他们心中最敏感的一个角落——人的自尊心。"所以在反馈信息时教师应适时适度地给学生以鼓励、表扬，使每个学生都尝到成功的喜悦，这样有利于建立相互尊重、相互理解、相互信任的师生关系，使师生配合默契，为促进学生健康发展创造条件。

　　总之，只有我们反馈好每一堂政治课的教学情况，才能实现教学目标。因此，作为一名思想政治课教师，我们平时必须不断加强学习，提高自己的信息反馈能力，重视全体学生的发展，以适应政治学科素质教育的要求，从而全面提高教学质量。

第五节　议题式教学中的"伪议题"

　　议题式教学在《普通高中思想政治课程标准》（2020 年修订版）中占有重要地位，它是塑造学生学科核心素养的重要手段。然而，"伪议题"的频繁出现，严重影响了思想政治课课堂教学效果。思想政治课课堂中常见的"伪议题"主要有：偏离目标的议题、故弄玄虚的议题、华而不实的议题、流于形式的议题等。

一、偏离目标的议题：仅停留在兴趣层面，政治站位不够高

　　在进行议题式教学设计过程中，我们必须明确活动设计与学科内容的关系，明确活动设计是为落实学科内容而展开的。活动设计应有明确的目标和清晰的线索，议题式教学的设计与实施，是为了实现相关学科内容的学习而设置的。当前思想政治课教学中仍然存在相当多的仅为提高兴趣而脱离教学目标的议题。

　　此类议题表现形式之一是老师不能正确处理学生兴趣与教学目的的关系，片面追求兴趣。例如，某地区优质课比赛中一位老师讲课的内容是《经济生活》中"树立正确的消费观"，课堂中老师以旅游消费为议题开展教学活动。老师花了五分钟时间介绍了当地名胜景点，然后提出了以下议题：以下四个朋友分别是什么消费心理？这种消费心理有什么特点？我们应该怎样对待它？

　　小张：哪儿最火去哪，朋友去哪就去哪。

　　小陈：自己做攻略，制定一条个性化的红色旅游路线。

　　小李：朋友圈大家都在"晒"旅游过程中拍摄的美照，干脆出国游，让他人也羡慕嫉妒恨。

　　小赵：我省南部旅游，既可追寻红色足迹，又可亲近自然，周边短途，经济实惠。

旅游景点的特点与树立正确的消费观没有直接联系，但景点的介绍能吸引学生的眼球，所以老师津津乐道地介绍，绕了很大圈子才步入正题。在这堂课的教学中，任课老师本以为从本省旅游出发设计议题很接地气，实际上，花五分钟介绍当地名胜景点显然偏离了教学目标，是多余的。

脱离教学目标、政治站位不够高的议题表现形式之二是过度地挖掘议题，无限地延伸，不着边际。比如，某地区优质课比赛中，一堂课教学内容是高中《文化生活》中"色彩斑斓的文化生活"。教学中老师以"庆祝新中国成立 70 周年阅兵式"为议题开展教学活动。课堂中老师以先进的武器和军人的风貌，说明现代科技和社会主义市场经济的发展，给我们文化生活带来了可喜变化，然后老师花了近十分钟时间介绍了各种先进武器的功能和导弹发展历史。这种议题虽然与教学内容也有关系，角度新颖，能激发学生兴趣，使用起来比较顺手，但内容挖得太深，超出了探究的范围，偏离了目标。

二、故弄玄虚的议题：仅停留在应试层面，价值品位不够高

故弄玄虚的议题往往用大家难以听懂的话去解释大家都容易弄懂的问题，教学中有些老师能用简单的方式让学生明白，却要用复杂的方式去教学，教学仅仅停留在应试层面。

此类议题表现形式之一是教师把学生易懂的问题复杂化。例如，某地区"同课异构"活动，一位教师课堂教学内容是《生活与哲学》中"世界是普遍联系的"，在讲联系含义时，老师特制了四个 2 米长的金属调羹，要求学生用 2 米长的调羹从一个碗里取水喝，手只能抓调羹的尾部。实验的结果是学生只能相互配合才能喝到水，以此引出联系的概念。在这个活动中，老师自制四个 2 米长的金属调羹取水来讲联系的概念，其实老师完全可以通过其他简单的教学方式让学生明白。

故弄玄虚的议题表现形式之二是装腔作势，摆花架子。例如，一位老师在学校开放日上了一堂公开课，内容是《生活与哲学》中"价值的判断与价值选择"。教学中老师以袁隆平事迹为议题开展教学活动，课堂导入时，老师设置一个活动，猜猜他是谁："他一位真正的耕耘者，当他还是一位乡村教师的时候，就具有颠覆世界权威的胆识，当他名满天下的时候却仍然只是专注田畴，淡泊名利，一介农夫，播撒智慧，收获富足，他毕生的梦想就是让所有的人远离饥饿。"给出的答案就是袁隆平。在这个教学活动中，议

题的处理存在三个问题：第一，给出的答案不科学，因为把"毕生的梦想就是让所有的人远离饥饿"的人有很多，不一定就是袁隆平。第二，袁隆平的事迹可以说是家喻户晓，根本不用猜，可老师为了追求新奇，偏偏要让学生猜想，问题肤浅，缺乏思维深度；第三，这堂课的重点应该是袁隆平院士的事迹以及他的可贵的精神，而不是记住他的名字。这种教学活动没有体现活动型思想政治课中"活动设计课程化"的理念。

三、华而不实的议题：仅停留在学科知识层面，思想品位不够高

华而不实的议题只有华丽的形式，没有实际的内容；内容与形式不能做到有机统一。

这种议题表现之一：浮于表面，重形式轻效率。在这种课堂中，老师提问缺乏思维的深度，动嘴多，动脑少，课堂热热闹闹，但学生收获甚少。例如，某校一堂观摩课，课堂内容是讲"传统文化的继承"。老师以苏轼的词《水调歌头·明月几时有》为议题，把学生分为四个小组。第一组：明月几时有？把酒问青天。第二组：不知天上宫阙，今夕是何年。我欲乘风归去，又恐琼楼玉宇，高处不胜寒。转朱阁，低绮户，照无眠。第三组：起舞弄清影，何似在人间？第四组：人有悲欢离合，月有阴晴圆缺，此事古难全。但愿人长久，千里共婵娟。学生研究后得出传统文化的继承性表现在：传统习俗、传统建筑、传统艺术和传统思想。最后每个小组发一个精美的青花瓷盘，要求根据小组的研究提炼一个关键词，把这个词写在瓷盘上，并用图案装饰出来。结果，第一小组提炼了一个字是"月"，第二组提炼的一个字是"楼"，第三小组提炼是"舞"，第四小组提炼的是"圆"。

这个教学活动给人的感觉：第一，有点虚假；第二，学生总结的答案有很多地方值得商榷，比如，苏轼诗词中的"舞"并不能充分体现传统艺术，因为"舞"有现代的也有传统的；第三，用青花瓷来绘图不如用一张白纸好；第四，每小组一个学生在绘图时，其他同学基本没有参与。

华而不实的议题表现之二：眼花缭乱，重量轻质。在某地网络直播课堂中，一位老师讲课的内容是《生活与哲学》中"世界是普遍联系的"。课堂以"新型冠状病毒"引出联系的含义，用食物链说明联系的普遍性；用"中美贸易战"说明联系的客观性；用"新型冠状病毒"的影响说明联系的多样性；用港珠澳大桥修建说明人们可以根据事物固有的联系建立新的联

系。整个课堂像雾里看花一样，学生感觉眼花缭乱，因为议题太多，每个都是蜻蜓点水，每个问题分析都不深入。这堂课如果我们以"抗疫"为主议题，分析它的产生、它的影响、我们应对的措施等，以此来说明联系的含义、联系的特征，这样不仅具有时代性，而且具有思想性，更有启发性。

四、流于形式的议题：学理分析不透彻，教学艺术不够高

在流于形式的议题中，老师教学活动只是为了走过场，没有实际效果。

这种议题表现形式之一：徒有其表。某地区优质课比赛活动，一位教师课堂教学内容是《经济生活》中"树立正确的消费观"，老师组织了一个辩论活动，议题是"好日子怎样过"，（正方）好日子要敢于过，大胆消费，（反方）好日子要紧着过，控制消费。

学生两分钟讨论，然后辩论。

正方学生甲："我们有一定经济能力和经济收入，就没有必要像以前那样过，所以好日子应大胆消费"。

反方学生甲："好日子来之不易，所以应控制消费"。

正方学生乙："因为物价总是在上涨，没有必要理性消费，因为如果钱不消费的话，放在那里没有什么意思"。

反方学生乙："钱应放在有利于实现自己价值的地方"。

反方学生丙："因为我们要绿色消费，要考虑自己的经济情况，没有必要浪费"。

学生发言时间花了两分钟，下课铃响了。老师紧接说："由于时间关系，今天辩论就到这里，综上所述，好日子要敢于过，但也要谨慎过，要坚持勤俭节约原则"。

在这堂课中，给人的感觉是：第一，学生辩论不充分，很多道理还未辩论讲出来，就结束了，教师只想着自己预先设计的教学任务，留给学生探究的时间太短，从而使探究流于形式。第二，学生在辩论中有错误观点，老师也没有予以纠正，无法训练学生动态地、辩证地分析问题。老师不管学生回答对错，都一味叫好。第三，大多数学生只是旁观者，没有体现议题的参与性，议题应该让每个学生都有参与的愿望。在辩论过程中，有的教师完全放手，让学生自由探究，而在学生耗费了大量的时间却因为一个问题争执不下的时候，教师往往以一句"由于时间有限，我们可以课下再讨论"而匆匆

结束讨论。

流于形式的议题表现之二：蜻蜓点水。这种议题只是点到了教学主题，并没有深入分析。活动型思想政治课的基本要求是"课程内容活动化，活动内容课程化"，活动设计的理想状态应该是将教学设计的基本要求"融入"活动展开的全过程。

某学校一位老师公开课，课堂教学内容是《生活与哲学》中"用发展的观点看问题"，老师以新能源汽车为议题，引出三个问题：（1）新能源汽车是不是新事物？（2）为什么说新事物的前途是光明？（3）新事物成长的道路为什么是曲折的？学生不用思考就能很快从书上找到答案。新事物的前途为什么是光明的？答案有三点；新事物成长的道路为什么是曲折的？原因有三点。在这个教学活动中表面上采用了议题式教学，实际上议题和教学内容是分离的，学生并未真正懂得新能源汽车为什么是新事物，也不懂得新能源汽车成长的道路为什么是曲折的。这种教学没有深入主题，没有启发性，学生感觉索然无味。长此以往，学生必然丧失学习兴趣。

为更有效地提升议题式教学的效果，教师要精选议题、精心设计活动过程。第一，要坚持政治性与学理性统一。选题政治站位要高，立意要深，清晰指向政治认同、科学精神、法治意识、公共参与等学科核心素养。第二，要善于创设情境，坚持活动内容化，内容活动化。学生是学习的主人，是"议"的主体。要让学生在查找资料、调查走访、探讨争鸣、建言献策等活动中，完成相应的学习任务。第三，教师要顺应时代的发展，转变传统的"教师讲学生听""重知识轻能力""忽视学生主体地位"等陈旧观念。第四，教师要引导学生树立正确的学习观念，明确学习对自己发展、国家发展的意义，从而自觉承担起社会责任，积极主动地去学习。要帮助学生，在学习的过程中积极思考，善于发现知识与生活之间的联系，学会用学过的知识去解决现实生活中遇到的问题，这样既有利于加深对知识的理解，也体现了学科的魅力。

议题式教学要求教学要回归到教学目标和本质，关键在学生素养的提升和学生终身发展。在进行议题式教学时，要坚持从实际出发。议题式教学是一个新事物，作为教育改革和课程改革一种新尝试，需要我们在实践中进一步探索与思考。

第六节 议题式教学中的误区

议题式教学的特点是：教学内容活动化，教学活动内容化，它是构建活动型思想政治课的重要抓手。但在教学实践中，使用议题式教学方式仍然存在很多误区。

一、题而不议：只管播种，不管耕耘

"题而不议"即提出议题而不分析讨论，不让学生探究。例如，一位老师讲"公有制为主体，多种所有制经济共同发展"这一课时，课堂以"深化国企与其他各类所有制企业合作"的视频导入，整个视频花了三分多钟，但课堂后面的分析没有运用到这个视频。分析"多种所有制表现"是以"小华一天的学习与生活中享受了哪些服务"为议题；分析"物质资料生产的重要性"是以"河钢石钢生产"为议题；分析"国有经济的作用"是以"中国宝武马钢集团"为议题；分析"私营经济"是以"民营经济前三季度产值增长情况"为议题。而课堂开头的视频在整个课堂当中仅仅起到引出议题的作用。这样使用议题有几点不妥：第一，花时间播放导入视频弃之不用，浪费了教学时间；第二，课堂引用大量议题，分散了学生的注意力；第三，课堂议题太多，导致每个知识点分析都只能是泛泛而谈，最终每个问题分析都不透彻。

二、议而不导：只管耕耘，不管收获

"议而不导"即提出议题进行分析讨论时，老师不进行引导。例如，在讲《经济与社会》第一课中"两个毫不动摇"时，一位老师在教学中出示了这样一段材料："某日化行业国有独资企业改制为国有控股的有限责任公司，公司员工通过工会持股15%，其他非公有股份占34%。改制后，这家长期亏损的老企业焕发了新的生机，员工的积极性大大提高，企业管理更加规范、严格、科学、专业，企业效益不断提高。如今，虽然该企业的国有资本占比为51%，但整个企业的资本总额是原来的5倍。"看完材料后，教师要求学生探究国有企业引入非公有制经济成分对国有经济的发展有什么好处。学生讨论非常积极，有的说可以活跃资本市场，有的说可促进就业，有的说可以增加税收。显然学生这些回答都是不符合题目要求的，但老师一味地叫好。这样的教学结果是：第一，学生海阔天空地、漫无边际地发挥，其结果是课堂完不成任务；第二，学生回答错误，教师不纠正，学生得不到指正，从而不能形成正确的认识；第三，由于学生发言漫天撒网，不着边际，课堂不能形成中心议题，分散学生注意力。

在议题式教学中，一些教师为了响应新的教学理念，在教学设计中加入了活动环节，但是最终流于形式，为讨论而讨论①。课前教师让学生搜集相关资料，然后开始让学生进行讨论，学生你一言我一语，教师全程没有加以引导，也没有对学生讨论的结果做总结，整堂课都是学生在热闹地讨论。因此，听完这堂课之后最大的感受就是，课堂上的活动环节表面看起来讨论很热闹，但实际上内容空洞。

三、导而不结：只管收获，不管归仓

"导而不结"即教师组织学生探究议题，教师不做总结或不引导学生总结。例如，一位老师在讲《文化生活》第四课"传统文化的继承"时，提出了这样一个议题：我们生活离不开传统文化，请举例说明我们生活中接触到哪些传统文化。学生从传统习俗、传统建筑、传统艺术和传统思想四个方面列举了大量事例。教师可从学生以上的举例中归纳总结出传统文化的特点、作用和态度，但教师在讲传统文化的特点时又引用另外的事例来讲解。这样对待议题会造成教学效率低：第一，引用不同事例说明，造成教学内容不连贯。本来学生列举大量传统文化事例，教师如果从学生举例总结出传统文化特点这是很符合逻辑的，但老师在讲传统特点时又用另外事例，造成教学内容脱节。如果用"一例到底教学法"即一个例子贯穿课堂，那效果会好得多。第二，课堂引用事例太多，有蜻蜓点水、雾里看花之感，学生对教学内容印象不深。第三，课堂运用多个事例，教学效率不高。运用多个事例必然多占用课堂教学时间，占用时间多必然造成对主要知识点分析时间少，

---

① 鲍宇超：思想政治课议题式教学研究 [D]．石家庄：河北师范大学，2019．

造成教学说理不透彻，分析不到位。第四，议题式教学中设置议题是为了从中探究出结论，如果"议而不结"（探究后不作结论）背离了议题式教学的初衷。

四、结而不升：只看现象，不抓本质

"结而不升"即教师在组织议题式教学活动中，在学生探究后作了总结，就事论事，不能以此为契机进行思想教育，不能对议题进行提升，不能对教学进行升华。例如，一位老师在讲高一思想政治课"中国特色社会主义"中"实现中华民族伟大复兴的中国梦"这一课时，提出议题：结合实际，探究我们应该如何实现中华民族伟大复兴的中国梦。通过学生探究，师生得出结论：要实现中华民族伟大复兴的中国梦，一要进行伟大斗争，二要推进党的建设新的伟大工程，三要推进中国特色社会主义伟大梦想。探究活动到此结束。这样处理议题导致教学肤浅。

高中思想政治课教学不仅要对学生进行理论知识教育，更重要的是对学生进行世界观、价值观、人生观教育，革命理想教育，提高学生的素养。在上面议题探究中，我们如果在探究得出结论的基础上再设置一个议题：实现中华民族伟大复兴的中国梦，我们青年学生应该怎样为实现"中国梦"贡献自己的力量？这样进行拓展、引申，学生会感觉到实现中华民族伟大复兴的中国梦与自己有关，实现中华民族伟大复兴的中国梦自己也有责任。这样教学就联系了实际，可以使教学得到升华，从而达到新境界。

在议题拓展时，议题的设置首先要组织学生积极开展社会实践活动，指导学生围绕议题或开展社会调查走访群众，或查阅文献收集资料，或分工合作完成项目，或交流论证倾听分享，等等。着眼学生的真实生活和长远发展，让学生在实践活动中转变学习方式，在合作学习和探究学习中培养公共参与和创新精神，在活动历练中提高实践能力。其次，问题驱动学生深度开展思维活动，引发学生开展主动学习、探究活动和高阶思维，自主进行知识建构，让学生在迁移和转化知识、分析和解决问题过程中不断产生困惑、积极探索，从而持续激发学生探究学习的兴趣。

第七节 思想政治课中运用现代信息技术的策略

随着经济全球化发展，文化多样化的趋势不断增强，多元文化在信息化时代互相影响，给我国的文化发展造成了冲击，也给我们中学思想政治课的发展带来了挑战。在新时期，面对信息化不断发展的态势，以及新课改的要求，中学如何实现思想政治课改革，并提高学生的思想政治学科素养，是目前亟待解决的问题；如何利用信息化工具来开展思想政治课堂教学，提高学生的学科素养，是目前高中思想政治课教学应该关注的问题。

一、课前利用信息化工具，创设活动课堂

在传统的教学方式中，思想政治课课前准备阶段，主要是教师准备一些上课的素材，学生相对来说只是简单预习书上的一些内容。在教育信息化背景下，教师可利用信息化工具教学，比如借助大数据、互联网等，结合所讲的内容，及时充分地准备一些社会热点事件、经典案例等，让学生在课前预习阶段利用信息化工具收集一些资料，这样做既有利于课堂上师生更好地交流，也有利于学生更好地了解政治课堂内容。在课堂组织设计上，我们可以充分发挥信息化工具的优势，展现出课堂教学活动的目的、活动内容、实施步骤以及注意事项和可能出现的问题等，比如借助视频、双向交互系统等来为教学做好准备，建立有个性化的精品网络课堂，这样学生可以提前对所学内容的重点有所了解。在课堂训练题设计上，要注重使用信息化工具，比如利用信息技术为不同班级、不同层次的学生制定相应难度的练习题目，这样有利于不同层次的学生跟上学习的进度，利用大数据技术分析学生学习时间等，预测学生学习的趋势。此外，要注重引导学生正确使用网络资源，对教学资源进行严格控制，在学生浏览相关的思想政治课内容时，及时推送最新的时事资讯，引导学生去关注和了解最新热点的思想政治信息。

在学习《政治生活》中"当代国际社会"内容的课前准备阶段，我们可以利用信息化工具搜索收集与国际社会相关的时事政治内容，然后要求学生在课前查找一些相关资料，比如了解一下当代国际社会的主要成员、目前的世界形势以及我国的外交政策等；在课堂练习时，我们可以根据学生的学习能力，设计适合他们的练习题，帮助他们学习当代国际社会的一些内容。

在学习《文化生活》中的"走进文化生活"时，我们可以搜集最新的一些文化生活的表现，以及文化选择的经典案例。与此同时，让学生寻找自己生活中感受到的文化多样性或者网上的文化生活多元化和文化选择的案例，让他们在这个过程中也体验到面临色彩斑斓的文化该如何选择。

二、课上借助信息工具，优化活动课堂

在课上学习的阶段，我们可以引入各种各样的课堂活动，利用信息化工具，创建生活化的情景，让学生以主人翁的身份融入到课堂中去，引导他们自主学习。在课堂内容展示的时候，不再使用传统的将答案直接显现的方法，而是给予他们一定的线索，让他们通过思考，推出相应的结果，然后再与预设的结果进行对比分析，便于他们进行更好的二次思维论证，训练科学合理的思维方式。在这个过程中，学生会利用信息化工具帮助自己解决问题，而这个过程也使得他们在寻找差异化的时候开拓思维，在进行智育的同时，可以将德育很好地融入到思想政治课中，这样有利于提升学生的科学精神和公共参与的政治学科素养。

比如，在学习《生活与哲学》中"价值与价值观"的内容时，教材中是直接写出了社会主义核心价值观内容，笔者在思想政治课堂教学中，会利用信息化工具搜索一些比较经典的案例，分享给学生，引导学生思考其中体现了社会主义核心价值观中的哪些内容，然后引入本节所学的内容，教育学生们要树立正确的价值观，引导他们践行社会主义核心价值观。学习《经济生活》中的"市场配置资源"的内容时，可先列举一些市场中的不遵守市场规则的经济现象，让学生分析其危害，并提出改善市场环境的举措，再将教材上的内容展示给同学们，结合学生的课堂理解情况，给予正确的指导，告诉他们在进行市场经济活动时的正确做法，要做到社会效益与经济效益相统一。

三、课后运用信息工具，拓展活动课堂

在课前和课上教学的基础上，我们利用信息化工具，设计出可操作的、实践性的、生活性的课后拓展的内容，以巩固所学知识。课后拓展活动与课程进度紧密相连，主要是将课堂知识融入到实践运用中，检验课堂知识，贯彻思维方法，将学科思想理念具体化、生活化。比如，利用信息化工具与学生进行知识或者思维方面内容的讨论，利用微信、远程推送或者音频、视频

等在课后空余时间和学生进行信息的互动，以拉近师生之间的距离，借助一些社交软件，让学生能够随时随地向老师请教，及时解决困惑，让思想政治教育逐步渗透到学生的日常生活中去。

比如，在学习完《政治生活》中"我国公民的政治参与"的内容之后，设计关于政治参与四个途径的讨论活动，学生可以结合自身经历，也可以借助网络搜索到的一些案例，课余时间在微信或者其他交流平台上分享各自的看法和见解；在学习完《文化生活》中"我们的民族精神"的一课后，分享体现我们的民族精神的人物的故事，让学生通过一些信息化工具搜集体现民族精神的人物的故事同时，也加强自己对民族精神的认识，并提高自己的民族意识和道德修养。

四、综合使用信息工具，评价活动课堂

思想政治课教学在课前、课中以及课后都需要加强活动评估管理工作。评价活动课堂主要是利用网络信息管理系统，结合学生的表现，进行综合性的评估，它是实施精准教学的依据。我们主要是建立了一套操作性强的管理评估机制，采取了多种方式对活动课堂进行评估，从而更容易找到思想政治教育课堂评估管理工作中存在的问题。我们的评估方式有：线上评估与线下评估，课前、课中和课后评估，以及学生互评，教师评估等。这样可以使思想政治课堂教学评估工作公平公正。

比如，在学习《生活与哲学》中"价值与价值观"的内容前，我们给学生布置了课前观看视频《社会主义核心价值观》以及课前小测验"价值观知多少"等，这些将会直接计入到后台数据库，以便老师对学生课前准备工作进行评估。在课堂上，则主要是对线下活动课堂的评估，我们主要是根据学生的课堂表现情况，比如课上提出的问题回答情况等，给予学生及时的评价，也会让同学之间进行互评。课下活动拓展阶段，主要是根据学生的活动展示情况进行评估。最后，我们还会进行全方位的整合评估，并及时地反馈给学生，以便学生可以了解自己现阶段思想政治课学习的状况，以及下一阶段该如何努力等。

为了检测思想政治学科信息化对学生学科素养的影响，笔者进行了问卷抽样调查，选择了本校已经进行思想政治课信息化教育的230名学生进行问卷填写（采取5分制计算），有效问卷200份，其中问卷调查结果如表3-1所示。

表 3 - 1　政治课信息化教育问卷调查结果

问卷问题	平均分数
1. 您是否愿意积极参与我国的民主政治管理？	4. 12
2. 您是否会有意识地遵守法律法规并劝他人也这样做？	4. 56
3. 您是否愿意践行社会主义核心价值观？	4. 32
4. 您会不会去利用学科知识积极地探索和追求真理？	4. 08

从上面的表格中，我们可以明显地看到，思想政治课在与信息化相结合后，有效提升了学生的思想政治学科素养，增强了学生政治认同感和公共参与感，愿意带着科学精神去探索真理，有比较强的法律意识。

实践证明思想政治课采取信息化的教学方式有利于提高学生的思想政治学科素养。目前，在教育信息化的大趋势下，学科实现信息化教学是必然的，将信息化和思想政治学科结合起来，更能将思想政治学科教学变得更加生活化，教学方式的多元化和智能化也可以使学生的课堂参与感更强，有利于提高他们的思想政治学科素养，引领学生增强民族意识。

综上所述，思想政治信息化教学的推广不仅对学生，对教学有益，还有利于整个社会和国家的发展，所以，建议各中学积极开展信息化思想政治课教学活动。

第八节　PPT 教学中常见的误区

PPT 教学能够激发学生的学习兴趣，提高教学质量，提高课堂时间的利用率，缩短知识传授需要的时间，增加课堂知识容量。图文并茂的 PPT 能让教学内容变得形象直观，学生易于接受，使课堂气氛变得活跃，巩固教学内容，让学生感受到学习的喜悦，寓教于乐。但不恰当的 PPT 教学，效果会适得其反。不恰当的 PPT 教学主要有以下表现：

一、PPT 中滥用插图

插图是世界都能通用的语言，具有吸引功能、看读功能和诱导功能。PPT 配以恰当的插图，可美化版面。滥用插图则不利于教学。滥用插图表现之一：搭配不当的插图分散学生注意力，干扰教学。例如，一位老师在制作高一"为人民服务的政府"一课的课件中，插入了野草图案，不仅不能美化 PPT，还会让学生看不清图片上的文字，分散学生注意力。滥用插图表现之二：与教学内容无关的插图搭配在一起显得不伦不类。例如，一位老师在制作高一"税收的特征"一课的课件中，背景图中插入西瓜图案，与税收的内容毫不相干。滥用插图表现之三：多此一举的插图给人感觉肤浅庸俗。例如，一位老师在制作"我国的分配制度"一课课件时，按土地要素分配搭配一幅土地图片，按资本要素分配搭配一幅金条图片，按劳动要素分配搭配工人劳动图片等，不仅不必要而且还使 PPT 画面显得拥挤、零乱。

二、用 PPT 代替板书

每个学科都有庞大的知识结构和体系，学生对知识点的理解和整合存在一定的难度。板书有利于帮助学生及时跟上老师的授课思路，使学生的思考力和注意力集中在教师所讲的课题上。PPT 代替不了板书的功能，好的板书可以让学生弄清知识的来龙去脉，呈现知识的逻辑结构，可以加深学生对知识的印象。

笔者做过一个实验：把四个平行班分成两组，1 班 2 班分入甲组，3 班和 4 班分入乙组。第一堂课讲"实践及其特征"，甲组只用 PPT，不写板书，乙组用同样的 PPT 并配以板书。课后测试该课的相关内容，1 班平均分 75.3 分，2 班平均分 76.1 分，3 班平均分 85.6 分，4 班平均分 87.2 分；第二堂课讲"实践是认识的基础"乙组只用 PPT，不写板书，甲组用同样的 PPT 并配以板书，课后测试该课的相关内容，1 班平均分 85.3 分，2 班平均分 88.1 分，3 班平均分 75.6 分，4 班平均分 77.2 分。实践充分证明，用 PPT 教学时配以恰当的板书教学效果更好。

三、PPT 文字过多，切换频繁

一些老师为了省力省心，为了追求完美，课堂教学中使用的 PPT 中文字繁多。有些教师一堂课的课件有几个视频、二三十张 PPT。学生每张 PPT 观看 1 分钟，一共要看 30 分钟，如果老师每张幻灯片讲解一分钟要花 30 分钟才能讲完。这样的课堂教学效果可想而知：第一，老师疲于讲解，学生疲于笔记；第二，文字信息过多，学生目不暇接，学生浏览幻灯片的内容时间都不够，更谈不上理解消化了；第三，由于内容太多，学生没有思考时间，课堂学生的主体作用发挥不出来。

四、PPT 以摘抄教材为主

阅读教材是课堂教学的重要环节。摘抄教材内容，用 PPT 呈现不利于阅读教材：第一，摘抄教材文字，学生比较难以在教材上找到知识点的相应位置；第二，摘抄容易失真，容易断章取义；第三，老师课堂上用 PPT 呈现教材内容时，学生不知道哪一段文字或哪一句话是书上的，哪一段文字或哪一句话是教材以外的，这给学生做学习笔记带来了极大困难。因此，使用 PPT 教学时，教材内容可以用教材电子版呈现，教材没有的老师用 PPT 补充。用教材电子版教学，学生做学习笔记方便快捷：第一，学生能很快在书本上找到知识点的相应位置；第二，便于学生做学习笔记，书本上有的知识学生标记就可以了，教材上没有的内容学生可以直接补充在书本上；第三，有利于加深对教材的印象。电子教材图文并茂，准确、全面地呈现了教材的内容，有利学生全面准确地把握教材，有利于加深学生对教材的理解。

第九节 计算机辅助教学艺术

CAI 是英文 Computer Assisted Instruction（计算机辅助教学）的简称。CAI 具有能充分发挥计算机对文字、图形、动画、视频、音频等多种媒体综合处理能力的优势，以及灵活的人机对话等特点，能充分体现直观性教学原则，满足学生的感官需求。它在教学中极大地活跃了课堂气氛，充实和丰富了课堂教学内容，激发了学生学习兴趣和求知欲，并能使学生注意力更为集中，从而有效地提高了课堂的教学质量和效果，因而也备受广大教育工作者的喜爱，近几年来在全国各级各类学校中如火如荼地开展起来。不同的学科有不同的特点、教学内容和应用场合，如何合理选择一种适合本学科的 CAI 教学模式，充分利用和发挥计算机的特点，避免课本搬家等形式主义倾向，是每一个利用 CAI 进行教学的教师都必须重视的问题。

一、忌脱离实际、一哄而上

由于 CAI 在教学中的效果明显，其使用频率也大大提高。公开课、优质课、说课和平时上课都追求多媒体。会做的自己做、不会做的请别人做，大有一哄而上的趋势，这并不符合实际。首先，硬件设施不具备。在目前条件下，一般一所学校只有一个多媒体教室，多的也只有两个或三个（极少数），这种情况下，不可能全校几十个班级都到多媒体教室上课。其次，并不是所有的课题都适合于多媒体。在一个学期中，肯定没有必要所有课堂教学都使用 CAI。有一些多媒体课件，只是使用计算机代替黑板板书，用电脑代替录像，那就完全可以用简单的幻灯片、投影器、录像机和黑板代替而非要用 CAI。在教学中，如果不管是否需要，所有的课都在多媒体教室上，学生长期处于精神高度集中状态，教学效果反而不好。最后，课件需要教师花很多时间进行制作，是一项不容易的工作。有一位老师，为了一节公开课制作一个课件，用了三个月的时间，效果当然不错。然而教师的工作繁琐，如果为了一节课花费这么大的精力，其他课肯定要大打折扣。因此，CAI 要提倡使用，但要注意适度。使用片段还是整堂课使用，取决于课件能否很好地完成所有的课堂教学任务。如果传统教学方式能很好地完成教学任务，达到教学目标，此时使用 CAI 教学是多此一举。反之，如理、化、生的实验课和劳动技术课，是必须让学生亲自动手操作的，使用 CAI 教学效果会更好些。

二、忌华而不实，本末倒置

一些教师为了迎合学生，为了显示自己对现代教育技术的掌握，不管教学内容是否适合、是否需要，盲目使用多媒体进行教学，从现在所制作的课件来看，相当一部分是从形式多样化入手，如配上精美的插图、动画以及加上各种动听的音乐等，一味地追求最新的"高科技"，把教学搞成媒体技术成果展览，课件内容令人眼花缭乱、目不暇接。由于过多地追求和利用多媒体的使用功能，学生的注意力可能被一些无关的东西吸引，反而忽略了教学内容，如同走马观花一般，认知肤浅，思维完全跟随电脑的设计，失去思考的空间与时间，教师主导变成了电脑主导。这样，多媒体教学反而会成为教学的干扰源，课堂虽然热闹，却不能真正把握住教学的精髓，教材中的重点、难点根本不能突破。使用 CAI 应坚持科学性的原则，任何一门学科，运用 CAI 的目的都是为了优化教学结构，提高教学效率。课堂展示 CAI 的运用既要有利于教师的教，也要有利于学生的学。因此，首先要关注的是我们制作或利用某个课件进行多媒体教学是否有必要，即课件的教学价值。

课件的教学性原则主要表现为教学目标和内容的选择两个方面。第一，表现在教学目标上，主要是要明确课件要解决什么问题，达到什么目的，也就是说课件要解决哪个重点和难点。在这些方面确定之后，才能在课件设计时充分考虑这些因素，所作的课件才能真正起到辅助作用，否则，课件只会因为追求美感、直观和动感而流于形式，也就起不到应有的作用。比如在省编《思想政治》第二册第六课的"维护民族团结 促进祖国统一"一框里，一些老师采用了两段视频和三幅图片，就很容易地解决"台独"阴谋难以得逞，台湾必将早日回归祖国这一重点和难点问题。首先播放的一段视频是《台湾问题备忘录》，内容就是李登辉在 1999 年 7 月接受德国记者采访时发表关于"两国论"谈话后，遭到了我国政府和世界上绝大多数国家的反对（国家反对）。接着展示了三幅李登辉在桃园县参加一项地方活动时，突然遭当地愤怒民众泼洒红墨水，显得十分狼狈与尴尬的图片，说明李登辉的"两国论"遭到了台湾民众的反对。最后，播放我人民解放军 95、96 军事演习录像，说明我们有信心、有能力粉碎"台独"阴谋，捍卫祖国统一（客观上我们有能力捍卫祖国统一）。第二，在内容的选择上，要考虑两个因素：一是选取那些理论性强，用口述、板书难以表达清楚的内容。二是选取教学目标高，教材内容少，现实材料多的目标（图片、音像材料等），如上文提到的"维护民族团结 促进祖国统一"一课。

三、忌不思进取，新瓶装旧酒

一些教师用多媒体是为用而用，制作课件时，草率拼凑，胡乱搭配，随意使用种种素材；一堂课的内容本可用一块黑板、一台幻灯机或是一台录像机就可以解决，却要制成课件；上多媒体课时仍然是"嘴巴两块皮"，满堂提问、满堂讲，形成了新的满堂灌。这其实是新瓶装旧酒，是不思进取的表现。

运用多媒体辅助教学不仅对教师的媒体运用水平提出了挑战，同时，对教师的业务水平提出了更高要求。教师在使用多媒体的时候必须遵循"教师为主导，学生为中心"的思想，要认真钻研心理学、教育学知识，运用最科学的教育观念、教学思想去教书育人，刻苦钻研业务，提高自己的教学水准，观念、思想的现代化，要远胜过技术手段的现代化。教师要上好多媒体课，就必须刻苦学习系统论、信息论、CAI 设计理论的基本观点和方法，同时利用一切机会学习操作计算机和使用教学软件。但计算机辅助教学并不就是单纯使用计算机一种媒体，而是采用多种媒体组合教学的形式，因此还必须学会与计算机配套使用的投影机、实物投影仪等专用设备的操作。CAI

近几年在教育界也得到迅猛的发展，但从总体上说，大部分教师的计算机应用能力、课件制作能力仍然较低，许多课件都是上课老师提供思路，计算机老师完成课件，这样，在教学实践中，难免就会引起计算机、教师和学生三方面的脱节，影响教学效果。因此，选择一种制作方便，操作简单的软件作为制作平台是非常必要的。作为一门新兴的教育技术，我们教师特别是年轻教师必须要懂得其基本原理，学会灵活运用，把教育教学基本功与运用多媒体统一起来，把现代教育教学技术与传统教育教学手段有机结合起来，把工具的运用与现代教育教学思想有机地统一起来，把教师的主导性与学生的主体性有机地结合起来，否则再好的技术也难以体现其优势。只有这样，多媒体在教学中的运用才能展现更美好的前景。

第十节　学校教育与家庭教育相结合

家庭教育有学校教育、社会教育不可代替的作用，家庭教育对儿童的成长发育有着不可低估的作用。若能将家庭教育与学校教育和社会教育有机地结合起来，形成合力，学校教育会有更高的效益。

一、当前家庭教育存在的主要问题

1. 教育观念陈旧

望子成龙这种传统观念深深扎根于广大父母的心中，这就使得他们的教育观念往往带有浓厚的个人感情色彩，重智育、轻德育，忽视健康心理的培养。

2. 教育方法不当

当前，家庭教育存在的主要问题就是教育不当，没有一套科学的方法。不良教育方式主要有两种：

（1）溺爱和过分保护型

这种一味迁就孩子，父母像保姆一样干家务，帮助孩子解决一切问题的方法，使孩子失去了正常的、积极的、自由发展的个性，使孩子形成了唯我独尊、自私自利、抗挫折能力差等不良习惯，不利于孩子的智力发展，形成健康的人格和优良行为习惯，熄灭了孩子的创造欲，使孩子的智力发展受到限制。

（2）过分严厉和过多的干涉

这种过分严格、限制过多的教育方式，使孩子缺乏思维的批判性，做事缺乏主见，缺少灵气，影响孩子创造力的发挥，容易使孩子产生逆反情绪，做出极端的举动。

二、加强和改善家庭教育的建议

1. 转变家庭教育观念

家长应该及时转变自己的家庭教育观念，摒弃以往那种只顾子女智力投资和学业成绩的错误观念。树立新的家教观念，学会合理地疏导、正确引导孩子健康地成长。家庭教育的重点应放在对孩子的人格和心理素质教育上。作为一个合格的人才，不仅要有发达的智力，而且要有强烈的兴趣爱好，高度的信心，强烈的创造力，顽强的意志力和良好的社会道德素质。

2. 以非智力教育为重点，全面关心孩子的成长

（1）培养孩子乐观向上人生态度

乐观的人生态度是抵御一切不良干扰的最根本的武器。一个人只有具备了正确的人生观、价值观和乐观的生活态度，就得到了迈向健康生活大道的通行证。

（2）理智地关心爱护孩子

家长在照顾孩子的同时，要不失时机地培养孩子的自立意识，独立生活能力和独立思考能力。

（3）降低过高期望，正确对待孩子的学习成绩，注重孩子的思想品德教育

家长的期望如果不立足在孩子的实际情况，而是盲目一味加压的话，只会导致孩子沉重心理负担，不利于孩子的健康成长。家长应为孩子提供更好的学习环境，另外应把更多的精力放到孩子良好的品德的培养上。

（4）鼓励孩子参与集体生活

现代家庭独门独户单元式的居住环境限制了独生子女与伙伴的来往。因此家长应多鼓励孩子参与集体生活，扩大交往范围，让孩子在集体生活中学会容忍和协作，培养孩子乐观向上的心态。

3. 加强自身学习，提高家长素质

做一名合格的家长需要有多方面的知识和能力，尤其应具备教育方面的素质。家长应加强自身的学习，掌握一些心理学、教育学方面的知识，只有把现代心理学和教育学的基本方法和基本理论掌握好，并且灵活而具体地与孩子的教育实践结合起来，家庭教育才能取得成功。

第四章
总结解题方法　培育学生素养

第一节　讲题：层层设问，步步提高

高考题一般是通过创设情景材料，要求学生根据试题的设问指向和已学知识，从所给的材料提取有用的信息，并调动和运用所学的概念、原理，描述、分析和解决实际问题。在高考复习阶段，以高考原题为载体培养学生能力，提高学生核心素养是复习重点。在讲解试题时，可以采用细化原题设问，分步骤探讨方式，层层设问，步步提高，训练学生的解题技能，提高学生的核心素养。

下面以 2017 年全国高考 I 卷文综第 38 题为例，题目如下：

"品中华诗词，寻文化基因，品生活之美。" 2017 年春节期间，大型文化类竞赛节目《中国诗词大会》在中央电视台播出，成为陪伴人们欢度新春佳节的一道文化大餐。

《中国诗词大会》节目组以传承中华优秀文化为己任，紧紧抓住受众的中国诗词文化情结，在赛制和表现形式等方面大胆创新。比赛诗词涵盖《诗经》、楚辞、唐宋诗词、毛泽东诗词等，主要选自中小学教材，聚焦爱国、仁义、友善等主题。参赛选手来自各行各业，有学生、教师，有工人、农民、公务员，有海外华人、外国留学生。嘉宾现场点评，或分析诗词的深刻内涵，或发掘诗词的道德价值，或讲述诗词背后的历史故事。赛会设置竞猜、飞花令等环节，启用水雾台、大屏幕展示等舞美设计，应用新媒体互动、多频传播等技术手段，打造出一场全民参与的诗词文化盛宴。节目的播出，引起强烈的反响，总收视观众超过 11 亿人次，引发新一轮中国诗词热。

问题 1：《中国诗词大会》是传承中华优秀传统文化的成功案例，运用文化生活知识说明其成功的原因。

问题2：结合材料，运用社会历史主体的知识说明在传承发展中华优秀传统文化中如何坚持以人民为中心。

问题3：就学校如何开展中华优秀传统文化教育提两条建议。

一、在分析材料时设问，培养提取信息的能力

该题以《中国诗词大会》节目为信息载体，依据试题设问，要求学生从材料中获取信息。在讲解该题时，笔者首先要求学生阅读试题，理解设问指向，在此基础上将问题细化。讲解第一问时，笔者设计了如下问题：（1）第一问的问题指向是什么？（2）材料是从哪几个方面描述诗词大会的？（3）材料中哪些描述与第一问相关？为什么？（4）材料中哪些描述与第一问无关？为什么？通过问题的细化，层层设问，可以引导学生准确地把握文字、图表等信息载体所呈现的显性信息，并学会运用所学的知识将信息重组，从而提示解题所需的各种信息。通过由浅入深、由外及里的方式实施教学，使学生的思维方式及思考模式得到培养和锻炼，使学生学会思考，并在思考的过程中增强自身的认知能力，进而提升自身的政治素养，强化人文精神。

能快速、全面、准确地判断和分析材料所承载的信息是高考试题考核的目标和要求之一。试题的信息分为显性信息和隐性信息，显性信息由图表语言（图例、符号等）和文字材料直接直观地表现出来，而隐性信息因隐藏在题干、选项等文字材料和图表之中，需要通过分析、推理等思维过程才能获取。同样一道试题，从不同的角度可以获取不同的信息，但解题时所获取的信息必须与设问相关联才是有效的。因此，教学时要注重对信息获取方法的指导。

二、在连接教材时设问，培养运用知识的能力

在引导学生分析材料后，老师设计了如下问题：（1）《中国诗词大会》节目有哪些创新之处？（2）比赛诗词的选材有什么特点？它体现了文化生活的什么道理？（3）比赛诗词的主题有什么特点？它体现了文化生活的什么道理？（4）参赛选手有什么特点？它体现了文化生活的什么道理？（5）赛会的设置有什么特点？它体现了文化生活的什么道理？（6）比赛大会的表现形式有什么特点？它体现了文化生活的什么道理？

通过以上提问，学生懂得《中国诗词大会》节目，在继承传统文化的

精华、文化传播的手段、文化创新的主体等方面坚持了创新。通过细化高考试题设问，可以训练学生养成将新情境与旧经验相链接的习惯，提升利用现有知识推理形成新知识的能力。

"能将接收到的信息迅速同相关的知识内容准确有效的联系，并自如地调用或驾驭有关知识、规律、原理等解决问题"，是高考的基本要求。高考试题选取课本以外的素材，并通过变换问题的情境，或变换问题的呈现形式来考查学生所学知识，试题的设问在教材中没有现成的答案可寻，学生解答试题时，它要求学生调动知识稳、准、快，能够将所学政治知识与试题的形式和内容建立正确的联系，能够针对不同试题链接与此相关的经济、政治、哲学、文化等模块的知识去分析问题。只有调用相关的概念和原理，并将题中材料所蕴含的有效信息与所学知识和技能进行衔接，才能对问题作出正确判断。

三、在迁移载体时设问，培养演绎归纳的能力

高考试题常以具体的材料作为试题的情境载体，考查学生理论联系实际的能力，要求学生善于将抽象的理论对接形象、直观的事件，善于从一般的规律推导出特殊的现象。试题第二问，要求结合材料，运用社会历史主体的知识说明在传承发展中华优秀传统文化中如何坚持以人民为中心。据此笔者设置了以下问题：（1）社会历史主体是谁？（2）人民群众是历史的创造者，这一观点给我们的哲学启示是什么？（3）题目中材料是如何体现群众观点和群众路线的？

通过细化设问引导学生理论联系实际，根据教材一般原理分析社会文化现象。

生活中面临的各种问题我们在课堂上不可能全部学到，但如果学会知识迁移，就能够更加从容地解决问题，如果不重视学生对基本概念、原理的演绎与归纳能力的训练，会造成转换一种表达方式，或改变一种情境，学生就无法准确认知同一事件的现象发生。因此，教学时应尽量指导学生树立"事件特殊但原理却不特殊"的理念，学会将"特殊的事件"即"个性"，转换成"一般规律和原理"即"共性"，学会把特殊描述还原成一般描述，从而提高原理的迁移能力。

四、在搭建平台时设问，培养论证思辨的能力

试题第三问，要求学生就学校如何开展中华优秀传统文化教育提两条建

议。这是一道开放性试题，开放性试题的答案不是唯一的，允许学生发表不同的看法，鼓励创造性思维。为考查学生思维的灵活性、流畅性和广泛性，往往采用变单向思维为多向思维的设问策略，对试题给定的条件，允许学生结合自己的经验，得出不同结论，但要求思维线索清晰，证据与观点符合科学逻辑，答案要符合题目要求。在讲解时笔者设置了以下问题：此题的关键词有哪些？通过讨论，学生懂得要抓住"学校"、"优秀的传统文化"等关键词；此外，还要有具体建议。紧接着笔者又选取两个学生试卷，甲学生答"要办好报刊和文学社"，据此笔者设问：这个答案是否符合题意？学生通过分析，得出结论：此答案没有体现传统文化，不符合题意。乙学生答"要宣传优秀传统文化"，据此笔者提问：这个答案是否符合题意？学生通过分析，得出结论：此答案不具体。通过对高考试题的逐一分解，形成有层次，有梯度的问题链，可以使学生在解决实际问题中培养能力，提升核心素养。

第二节　选择题解题方法

选择题是高考政治试题中一种稳定的题型，因其具有角度广，跨度大，迷惑性强等优点。许多考生因为缺乏必要的解题技巧，结果导致同样基础的考生在选择题上得分相甚远。本文拟结合近几年高考题来探寻此类题型解题的一般规律。

一、审题肢，判断题肢的观点是否正确，是正确解题的基础

例1：（2009年广东省高考第27题，多项选择题）村头路口夜晚常有行人跌倒，村民张三在此安装路灯。村委会从村财政出资安装该路灯和承担电费，照明恢复正常。这表明（　　　　）

A. 作为资源配置的手段，计划调节比市场调节更有效

B. 市场是一只"看得见的手"，调节人、财、物的配置

C. 路灯是公共物品，在消费上具有非竞争性，非排他性

D. 市场难以解决公共物品的供给问题

解析：题肢（题目的选项）A. "作为资源配置的手段，计划调节比市场调节更有效"，题肢B. "市场是一只'看得见的手'，调节人、财、物的配置"本身有错误。不少考生由于没有发现这个错误，导致误选。A错在计

划和市场都有各自的适用范围，并不能说谁比谁更有效。B 计划才是"看得见的手"，而市场是"看不见的手"。

又如：（2009 年广东省高考第 16 题）2008 年 11 月胡锦涛在访问古巴时强调，中国人民将一如既往地支持古巴人民维护国家主权、反对外来干涉的正义战争。这体现了（　　　）

A. 主权是国际关系中的决定性因素

B. 主权完整是国家合作的基础

C. 主权是一个国家的生命和灵魂

D. 维护主权独立是我国外交政策的宗旨

分析：A、B、D 的表述都是错的，国家利益才是国际关系中的决定性因素；共同利益才是国家合作的基础；维护世界和平与发展，促进共同发展才是我国外交政策的宗旨。只有 C 是正确的。

结论 1：审题肢（题目的选项），判断题肢的观点是否正确，是正确解题的基础。

二、审题干，抓住立意、把握材料中心思想是正确解题的前提

例 2：（2009 年北京卷）医学研究表明，大多数成年人的身体健康与其血液 pH 值有关，如下图所示。从健康与非健康的角度看，下列判断正确的是（　　　）

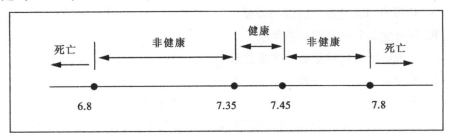

人体血液 pH 值与健康的关系

A. pH 值在 7.35 和 7.45 间的任何变动均属于量变

B. pH 值在 6.8 和 7.8 间的任何变动均属于量变

C. pH 值在 6.8 和 7.45 间的任何变动均属于质变

D. pH 值在 7.35 和 7.8 间的任何变动均属于质变

解析：该题创意堪称一绝，突出考查学生对量变和质变概念的理解，引导老师和学生重视对基本概念的理解。用生物学上的知识，体现哲学与具体学科的紧密关系。分析上图我们可以得出其主旨：即 pH 值在 7.35 和 7.45

间为健康状态，pH 值在 7.35 和 6.8 间或 pH 值在 7.45 和 7.8 间的为非健康状态，pH 值小于 6.8 或者大于 7.8 会导致人体死亡。由健康状态到非健康状态和由非健康状态到死亡状态均属于质变，pH 在健康状态内或在非健康状态内的任何变化都属于量变，由此可见，pH 值在 7.35 和 7.45 间的任何变动均属于量变，故答案选 A。

综上所述，在做此类选择题时，审题关键是抓住立意，全面理解题意，把握材料的中心思想。

结论 2：审题干。抓住立意、把握材料中心思想是正确解题的前提。

注意：抓住中心词和中心句，长题干要读短，内容较少的题材要读长，除了题目设问时有明确的指向性，其他的都必须把材料作为一个整体来认识，不可断章取义，抓住材料中心的基本方法是浓缩。对复杂单句，主、谓、宾就是材料的中心；对复句或是段落，第一层逻辑关系即为中心意思。

三、审"题眼"（即审题目的规定的范围、层次、角度），弄清题目的指向性，是正确解题的关键

例 3：（2009 年天津市高考文科综合试题第 8 题）中央领导最近指出，党的干部要真正把读书学习当成一种生活态度，一种工作责任、一种精神追求，自觉做到爱读书读好书善读书，积极推动学习型政党，学习型社会建设。从根本上说建设学习型政党是（　　　）

A. 建设中国特色政党制度的需要

B. 保持党的先进性的必然要求

C. 知识经济时代对党员的客观要求

D. 充分发挥党员先锋模范作用的需要

解析：题目的要求是"从根本上说"，只有 B 才是根本。

又如：（2006 全国高考文综卷第 29 题）"木无本必枯，水无源必竭"。某市政府广开言路，首创了"信访民主听证评议制"。通过体察民情、了解民意，该市决定不建大广场大工程，而是投资 400 万元治理小街小巷，大大改善了群众的生活环境，得到了群众的广泛拥护。该市政府实行"信访民主听证评议制"，体现了尊重公民的（　　　）

A. 提案权

B. 监督权

C. 质询权

D. 议政权

解析：题目的要求是公民。此题的主体是公民，而不是政府，也不是人大或人大代表，更不是政协。A、C 是人大代表在人大会议上的权利；D 是政协的职权。所以选 B。

结论3：审"题眼"（即审题目的规定的范围、层次、角度），弄清题目的指向性，是正确解题的关键。

注意：要着重弄清题干在时空、内容、逻辑三方面的规定性，以便确定题干规定性的知识范围。如时空范围的规定性是"现阶段"，还是"历史上"；是"社会主义民主"，还是"资本主义民主"。又如内容范围的规定性是"经济常识"，还是"政治常识"或"哲学常识"；是唯物论、辩证法、认识论还是人生观、价值观；是有关"社会主义市场经济方面的知识"内容，还是有关"国家制度方面的知识"内容。再如逻辑方面的规定性是以果寻因，还是以因求果；是找区别点，还是要找共同点等。

四、审题肢，比较不同题肢之间的区别与联系，是做最佳选择的诀窍

例4：（2009 年江苏卷第 33 题）在我国农村改革中，农民首创了家庭联产承包责任制，首选了第一个村民委员会，创办了第一批乡镇企业，被称为我国农民的三大创举。这充分说明了人民群众是（　　　　）

A. 社会历史的创造者

B. 物质财富的创造者

C. 社会变革的引导者

D. 精神财富的创造者

解析：本题考查人民群众的历史地位，考查学生理解和运用知识的能力。三大创举既体现了人民群众创造了物质财富、精神财富，也体现了人民群众是社会变革的决定力量，相比较只有 A 是最全面的，所以只有 A 项最符合题意。

结论4：审题肢，比较不同题肢之间的区别与联系，是做最佳选择的诀窍。

第三节　非选择题解题技巧

随着素质教育的推广和高考改革的深入，高中思想政治越来越重视对学生能力的考查，非选择题题型更是注重考查考生初步运用马克思主义的立

场、观点和方法去分析、解决实际问题的能力，考查考生对中国共产党和中国政府在现阶段的基本路线和重大方针政策的内容及其意义的理解。因此非选择题这种题型在思想政治学科高考试卷中所占比例很高，然而，这类题型却是学生的"软肋"。

一、学生解答非选择题存在的问题

1. 审题能力不足

学生很难快速、全面、准确地理解并整合非选择题的题干。少数学生无法准确理解题干意思，大多数学生无法完整地获取信息，因此答题要点经常有遗漏。

2. 调动和运用知识比较困难

审明题意之后，学生往往喜欢运用日常生活中的"经验"来答题，有的学生即使对需要的知识有印象，这种印象也比较模糊，因为他们没有掌握正确的记忆方法，妄图死记硬背、逐字逐句地记住大段文字，因此记忆得很不准确、很不全面，也很不牢固，经不起时间的考验，在考试时也很难调动和运用课本知识来分析。

3. 描述和阐述事物缺乏逻辑性

相当部分学生答题前往往不是先理清思路、列明提纲，而是喜欢在稍有想法时就提笔答题，想到什么写什么，思路混乱、条理不清，眉毛胡子一把抓，要点不清晰，出现"会而不对""对而不全""全而不准"的现象，阅卷老师很难找到采分点。

4. 书写不整洁、用语不严谨

学生对专业术语掌握得不好，习惯用口语答题，甚至经常夹杂广东白话。因此有些同学即使能够读懂题意、调动理论知识，也会出现用语不规范，导致文字表达不准确，甚至表述错误的问题。

二、非选择题解题要诀

针对学生的上述问题，我们可以把非选择题解题要诀归纳为"关键词中找要点"、"回归理论一线牵"、"要点齐全分不漏"、"用语严谨勿空谈"。

1. 关键词中找要点——提高审题能力、学会分析题意

学生之所以无法快速、全面、准确地理解并整合非选择题的题干，就在

于他们没有抓住题干的核心词句，对关键语句的把握不够准确，导致答题要点遗漏。因此，如果他们能够迅速抓住关键词句，就能够迅速分清题干的结构层次，这样就能够为回归理论、理清答题层次奠定基础。例如 2009 年高考题（广东卷）第 41 题（3）根据以上材料，从效率与公平关系的角度为扩大内需提出你的建议。这道题有三个关键词：第一个是"根据以上材料"，第二个是"从效率与公平关系的角度"，第三个是"提建议"。从学生答题情况来看，存在以下问题：第一，相当部分学生没抓住"建议"一词，把答案写成"为什么扩大内需"；第二，离开"从效率与公平关系的角度"泛泛而谈；第三，不结合材料，从而得分不高。

2. 回归理论一线牵——学会记准知识点、找准知识点，灵活调动和运用知识

在教学中笔者发现有相当一部分学生不知道每一课非选择题考查的知识点在哪里，更不知道如何去记忆它们。学完一课，如果老师不带领学生划出重难点、布置记忆任务，很多学生就不懂得去记忆它；如果老师不带领学生梳理知识点、归纳结构提纲，学生们就像小和尚念经似的妄图死记硬背、逐字逐句地记住大段文字。这样的学习方法、记忆方式当然无法通过考试的检验。对知识点不熟悉、记不准当然就无法灵活运用它，当然就不能运筹帷幄、调兵遣将了。所以要解决这个问题的前提是学生要学会分清重难点、学会记忆。

在课堂上，学生要认真领会老师讲的重点难点，并逐步学会自己分清重点，学会针对理论出问题。这样在复习时就能抓住重点，省时省力。克服死记硬背、逐字逐句记忆的方式，要学会归纳提纲、记忆结构和关键词的方法。学生死记硬背、逐字逐句记忆的方式会使学生学起来枯燥厌烦。而运用归纳提纲、记忆关键词的方法，中间经过了他们自己的创新与思考，而记忆自己归纳的提纲结构和关键词又更显得轻松有趣，因此整个记忆过程避免了枯燥乏味。同时，这样的记忆方式与审题时找到的题干关键词交相呼应，正好使得题干所考查的问题和所学的理论要点"一线牵"，这样，要想灵活调动和运用知识点就不难了。

所谓"熟能生巧""书读百遍，其义自见""熟读唐诗三百首，不会作诗也会吟"，因为所学的理论知识是他所熟知并且牢牢记住了的，要克服学生喜欢运用日常的"经验"而不是运用所学理论答题这样的问题，就不困难了。

3. 要点齐全分不漏——学会列提纲答题、描述和阐述事物逻辑清楚、条理清晰

针对学生逻辑混乱、思路不清、结构不明的问题，笔者认为解决办法是在平时作业、考试中均要求学生列明答题提纲，甚至有的作业只需列提纲无须写内容。日久天长，自然养成了这样的习惯，答题之前必须写提纲。而答题提纲正可以帮助学生理清思路、调整逻辑结构。答题过程中严格按照提纲的指导，又可以确保他们不遗漏要点、层次清晰、要点明确、卷面整洁。

4. 用语严谨勿空谈——书写整洁、用语严谨，掌握专业术语准确答题

在教学中，经常看到学生用口语答题。比方说，在解答"就业的重要性"这个知识点时，很多学生答道"不工作就拿不到钱，没有钱就不能买吃的，没有吃的就要饿死啦"，不会用"就业乃民生之本"来表达。究其原因，是学生不懂得规范答题，不熟悉专业用语。非选择题答题能力的训练过程中，学生一定要明白，运用书本理论用语、题干用语和时政用语，都是准确、严谨的思想政治题目的答题语言，而口头语这样的语体，用作严肃的考试语言是不得体的。通过加强理论知识的记忆、加强答题用语的训练，这个问题也不难解决。

"养兵千日，用兵一时。"只有在日常练兵过程中学生熟悉自己的兵将，磨砺尖利的武器装备，掌握冲锋陷阵的本领，在考试过程中才能心思缜密地谋局布篇，才能游刃有余地调兵遣将，才能井井有条地排兵布阵，最终才能在日益严格的选拔考试中脱颖而出。

第四节 "材料题"教学策略

2016年新课标全国Ⅰ卷文综第39题第二问，学生得分率很低，许多人认为此题答案严重脱离教材。但笔者个人认为，此题既有时代性，又有思想性，既贴近生活，又能较好地考查学生能力，是一道不可多得的好题。笔者归纳了近五年新课标全国Ⅰ卷文综试题，发现此类题型特别多（见表4-1）。

表 4-1　近五年新课标全国 I 卷中同类材料题统计表

年份	38 题	39 题	分值	题型特点
2013 年	1. 运用政治生活知识，说明在社会主义文化强国建设过程中，中国共产党是如何发挥领导作用的。（12 分） 2. 结合材料二和所学知识，分析该演艺公司取得成功的经济原因。（14 分）	—	26 分	1. 背景材料体现的是前沿思潮或全国性的重大时政 2. 答案不拘泥于教材 3. 答案注重逻辑推理
2014 年	—	1. 结合材料，运用文化创新作用的知识，说明教育创新对培养人才的意义。（10 分）	10 分	
2015 年	1. 结合材料一和所学政治知识，说明政府应该如何强化预算管理。（12 分） 2. 结合材料二，运用所学经济知识，分析现阶段我国增加财政赤字的合理性，并说明应该如何用好财政赤字资金。（14 分）	1. 培育和践行社会主义核心价值观需要记住乡愁，传承中华传统美德，运用文化生活知识对此加以说明。（12 分）	38 分	
2016 年	1. 运用"当代国际社会"知识，分析"一带一路"建设为什么能为世界和平发展增添新的正能量。（12 分） 2. 运用经济生活知识并结合材料，说明推动"一带一路"国际产能合作对沿线国家和中国是双赢的选择。（14 分）	1. 结合材料，运用价值观的知识，对否认英雄的错误言论加以批驳。（12 分） 2. 结合材料和文化生活知识，探究如何守护英雄、弘扬中华民族精神。（10 分）	48 分	

一、此类材料题高频出现的原因

为什么此类题型高频出现？笔者认为是因为该类题目对学生的考查实际上涵盖了高考标准的四大要求：（1）获取和解读信息，从试题的文字表述中获取回答问题的有关信息，从试题的图表等形式中获取回答问题的有关信息，准确、完整地理解并整合所获取的有关信息。（2）调动和运用知识，有针对性地调动有关学科知识，做出正确的判断和推理，调动和运用自主学习过程中获得的重大时事和相关信息，综合检索和选用自己的"知识库"中的有关知识和技能。（3）描述和阐释事物，准确描述试题所涉及的学科基本概念、观点和原理，运用历史的、辩证的观点和方法，分析有关社会现象，认识事物的本质，全面阐释或评价有关理论问题和现实问题。（4）论证和探究问题，针对具体问题进行体现科学精神和创新意识的创见性答题，整合学科知识和方法，论证或探究问题，得出合理的结论，用顺畅的语言、清晰的层次、正确的逻辑关系，表达出论证、探究的过程和结果。学生必须首先能准确完整地获取和解读题目材料信息；其次学生需要能够正确调动和运用已有的知识；再次，是运用历史的、辩证的观点和方法，分析有关社会现象，认识事物的本质，全面阐释或评价有关理论问题和现实问题；最后学生还需要运用正确的观念，探讨、评价现实中的问题。此类题既有时代性，又有思想性，既贴近生活，又能较好地考查学生的能力。

二、应对此类材料题的教学策略

1. 夯实基础，培养能力

高考题尽管千变万化，形式多样，但无论怎样变化，归根到底考查学生对基本知识的掌握情况，可谓是"万变不离其宗"。为此让学生掌握扎实的基本知识是提高解题能力的根本。打好基础，一要重视在课内知识点理解上的突破，要在理解的基础上熟练掌握概念、原理，过好知识关；二是要在学生头脑中建立比较完善的知识网络，建立重大时政与这个网络的联系，并掌握依据需要在知识网络中索取相关知识的方法；三是抓好重点知识的理解和运用，学会多角度地运用不同学科、不同板块的知识去综合分析和解决现实问题。

2. 把握思路，掌握方法

以2016年新课标全国文综I卷第38题第二问和2015年新课标全国文

综 I 卷第 39 题第二问为例，我们从中可以总结出此类题型解题方法和解题技巧。

（1）能直接从材料中提取信息作答的主观题

如 2016 年新课标全国文综 I 卷第 38 题第二问，题目如下：

一个有希望的民族不能没有英雄，一个有前途的国家不能没有先锋。中华民族英雄是中华民族的栋梁。

近年来，有的人打着"还原历史真相"的旗号颠覆英雄、歪曲历史、消解崇高。如胡诌"黄继光堵枪眼不合情理""'火烧邱少云'违背生理学""董存瑞炸碉堡为虚构"等。凡此种种混淆是非的谣言借助网络等传媒随意传播，一些网民盲目跟风、随手转发。这种抹黑英雄形象的谣传引起了一些人历史认知混乱和价值观迷失。

还原历史、守护英雄、捍卫崇高，就是守护良知、正义和精神家园。战场上多次负伤的志愿军老战士李继德动情地说："黄继光堵枪眼时，我在现场！"当年的老排长郭安民挺身直言，燃烧弹点燃伪装草，"大火整整烧了二十多分钟，邱少云始终一动不动"。董存瑞的生前战友郑顺义多次口述力证，董存瑞舍身炸碉堡，就在他的掩护之下……

结合材料和文化生活知识，探究如何守护英雄、弘扬中华民族精神。

该题目通过大量的文字介绍了抹黑英雄和守护英雄的行为，继而提出问题：结合材料和文化生活知识，探究如何守护英雄、弘扬中华民族精神？学生对如何加强文化建设的内容是清楚的，但对如何守护英雄、弘扬中华民族精神的内容是陌生的。

此题解题思路是：

首先认真研读设问，明确问题指向（如 2016 年新课标全国文综 I 卷第 38 题，提问指向是：探究如何守护英雄、弘扬中华民族精神，知识范围《文化生活》）。其次，带着问题仔细阅读材料，不必用政治专业知识，直接从材料中提炼出措施，单独构成答案。再次，把材料信息转化成课本知识答案，并放到每个要点的前面，材料信息紧随其后。最后，如果材料信息无法有效转化成知识答案，不必强求，直接单独构成一个要点答案，与其他答案并列。如：在该题目材料中我们可以分析得出以下答案要点：

从题目材料"颠覆英雄、歪曲历史、消解崇高"、"胡诌"等，可以得出答案要点1：要尊重历史、还原历史。此材料信息，无法提炼出教材上的观点，我们单独把它作为一个要点；从题目材料"一些网民盲目跟风、随手转发"，可以得出答案要点2："要增强辨别信息真伪、抵御落后文化和错误言论的能力"，这是教材观点；从题目材料"借助网络等传媒随意传播"，可以得出要答案要点3："利用网络等大众传媒传播英雄事迹"，"抵制和批驳肆意抹黑英雄、歪曲历史的言行"；从题目材料"中华民族英雄是中华民族的脊梁""谣传引起了一些人历史认知混乱和价值观迷失""郭安民挺身直言"，可以得出答案要点4："要大力宣传英雄精神，使群众懂得英雄精神是中华民族精神的突出表现，继承和弘扬英雄精神"等。根据上面的解题思路，我们可以得出此类题答题模式如下：

答案要点1：材料信息提炼教材观点；

答案要点2：材料信息提炼教材观点；

答案要点3：材料信息提炼教材观点；

答案要点4：如材料不能提炼教材观点，材料信息直接提炼答案；

答案要点5：……

（2）不能完全从材料中提取信息作答的主观题

如2015年新课标全国文综Ⅰ卷第39题第二问，题目如下：

阅读材料，完成下列要求：

财政对社会经济发展具有巨大作用，财政预算的编制和管理受到社会各界的关注。

材料一：2014年重新修订的《中华人民共和国预算法》规定，"经人民代表大会批准的预算，非经法定程序，不得调整，各级政府、各部门、各单位的支出必须以经批准的预算为依据，未列入预算的不得支出"。

为贯彻落实依法治国精神，按照新修订的预算法，国务院出台了《关于深化预算管理制度改革的决定》，财政部发布了《关于进一步加强财政支出预算执行管理的通知》，地方各级政府为预算法的落实进行了积极探索。

结合材料一和所学政治知识，说明政府应该如何强化预算管理。

第一，认真研读设问，明确问题指向："政府如何"和知识范围（《政治生活》），要高度重视设问自身的逻辑。第二，带着问题仔细阅读材料，不必用政治专业知识，直接从材料信息中提炼出答案。第三，把材料信息答案转化成课本知识答案，并放到每个要点的前面，材料信息答案紧随其后。第四，如果材料信息答案无法有效转化成知识答案，不必强求，直接单独构成一个要点答案，与其他答案并列。第五，根据知识本身的逻辑补充其他要点答案，与其他答案并列。该题是问政府怎样做，可分为决策、执行和监督三个环节。从题目材料的"非经法定程序，不得调整……支出必须以经批准的预算为依据，未列入预算的不得支出"一段话可得出答案要点1：政府必须严格执行人大预算；从题目材料中的"国务院出台了《关于深化预算管理制度改革的决定》，财政部发布了《关于进一步加强财政支出预算执行管理的通知》"一段话可得出答案要点2：政府完善预算体系，编制预算。强化预算还必须强化监督，这一点题中材料没有，需要补充答案要点3：强化预算必须加强对预算的社会监督。

此类题答题模式如下：

答案要点1：材料信息提炼教材观点；

答案要点2：材料信息提炼教材观点；

答案要点3：材料信息提炼教材观点；

答案要点4：如材料不能提炼教材观点，材料信息直接提炼答案；

答案要点5：补充教材观点……

3. 现场学习，实战演练

高考思想政治学科的能力要求：学生能把学习到的马克思主义理论、观点和原理运用实际中解决具体问题。要达到以上的能力要求，学生必须具备现场学习能力，即快速阅读、理解信息的能力，培养这种能力要加强现场学习。在了解上述解题方法之后，我们可精选一些经典试题让学生进行限时训练。如2013年新课标全国文综Ⅰ卷第38题第一问，通过大量的文字介绍了党的重大决策，继而提出问题：结合材料和政治生活知识，说明在社会主义文化强国建设过程中，中国共产党是如何发挥领导作用的。学生对如何加强党的领导的内容是清楚的，但对加强文化体制改革的内容是陌生的，通过训练此题能让学生举一反三，触类旁通。此题具体解题思路如下：

阅读2013年全国一卷第38题：

十六大以来，党和国家高度重视文化体制改革，推动社会主义文化大发展大繁荣。

2002 年，党的十六大报告提出积极发展文化事业和文化产业，深化文化体制改革。

2007 年，党的十七大报告提出要坚持社会主义先进文化前进方向，兴起社会主义文化建设新高潮，激发全民族文化创造活力，提高国家文化软实力。

2011 年，党的十七届六中全会通过《中共中央关于深化文化体制改革推动社会主义文化大发展大繁荣若干重大问题的决定》，强调推进社会主义核心价值体系建设，提出文化改革发展的重大举措和加强与改进党对文化工作的领导等要求。

2012 年，党的十八大报告提出必须走中国特色社会主义文化发展道路，扎实推进社会主义文化强国建设。

结合材料，运用政治生活知识，说明在社会主义文化强国的建设过程中，中国共产党是如何发挥领导作用的。

从上述材料中的"党的十六大报告提出积极发展文化事业和文化产业，深化文化体制改革"这一句话，可以分析得出答案要点 1：通过党的会议和决定，加强党的领导，确立建设社会主义文化强国的战略地位和奋斗目标；从上述材料中的"党的十七届六中全会强调推进社会主义核心价值体系建设"这一句话，可以分析得出答案要点 2：确立推进文化改革发展的指导思想，发挥社会主义核心价值体系的引领作用，对文化改革发展作出全面部署；从上述材料中的"党的十八大报告提出必须走中国特色社会主义文化发展道路"这一句话，可以分析得出答案要点 3：党把握文化发展规律；从上述材料中的"提出文化改革发展的重大举措和加强与改进党对文化工作的领导等要求"这一句话，可以分析得出答案要点 4：健全领导体制机制，增强领导文化建设本领。

高考思想政治卷中"材料题"考查的是学生将一般原理运用到实际中解决问题的能力。只要我们通过恰当的教学策略使学生了解解题方法，通过有梯度的训练和持续的"现场学习"能力训练，最后必然能收到良好效果。

第五节　"材料题"解题技巧

材料题具有"灵活性高和区分度强"等特点。它对考查学生能力、培养学生核心素养具有重要意义。因此"材料题"成为高考主观题常见的题型。分析历年高考题和当前部分地区的模拟题的特点，笔者认为破解"材料题"方法主要有三种。

一、材料突破法：依据材料找理论

这种方法首先是阅读材料，对材料进行分层、概括，然后联系理论进行分析。它主要适用于材料直接指向问题的情形。

例如：（深圳市 2020 年高三模拟题）在法治中国建设进程中，中国特色社会主义司法事业不断发展。司法机关始终坚持司法为民、公正司法，坚持改革创新、奋发有为，努力让人民群众在每一个司法案件中感受到公平正义。为切实保障社会公平正义和人民权利，我国正有条不紊地推进司法责任制改革。2019 年以来，我国出台多部落实司法责任制新规，给全面落实司法责任制基本制度框架再添砖加瓦，也为构建审判权力运行和监督管理的新机制新格局提供了制度保障。为完善审判监督管理机制，中央政法委、最高人民法院、最高人民检察院共同印发《关于加强司法权力运行监督管理的意见》。最高人民法院印发《关于完善人民法院审判权力和责任清单的指导意见》和《最高人民法院法官审判权力和责任清单（试行）》，明确院长、庭长，审判组织和承办法官依法行使职权的边界和责任；印发《民事诉讼程序繁简分流改革试点方案》，释放诉讼服务制度的活力。最高人民检察院发布《2018 年检察改革工作规划》，健全与司法责任制相适应的检察权运行监督制约机制；发布修订后的《人民检察院刑事诉讼规则》，明确由检察官、检察长、检察委员会在各自职权范围内对办案事项作出决定并依照规定承担相应司法责任。

结合上述材料，运用政治生活有关知识，分析司法责任制改革对保障社会公平正义和人民权利的重大作用。

依据上面材料，我们可以提炼出司法改革工作主要有五点：（1）出台新规，为落实司法责任制、构建审判权力运行和监督管理机制提供制度保障；（2）完善司法权力和责任清单，明确依法行使职权的边界和责任；（3）开展诉讼程序繁简分流改革，释放诉讼服务制度的活力；（4）加强司法机关审判权与检察权运行监督制约和管理机制；（5）明确司法机关组成人员在各自职权范围内对办案事项的决定并依照规定承担相应司法责任。

由上面五点我们可以分别推导出以下相应的理论：（1）为切实保障社会公平正义和人民权利提供制度保障；（2）职权责任划分明确，依法行使审判权、检察权，坚持权为民所用，持续提升人民群众在司法改革中的获得感；（3）开展诉讼服务制度改革，提高司法工作效率效能，提升治理能力，确保司法公正正义高效权威，提升人民群众的诉讼体验；（4）切实保障公民的知情权、参与权、监督权，有效制约和监督司法权，提升司法公信力，切实保障社会公平正义和人民权利；（5）有权必有责，侵权要赔偿，敦促司法机关审慎用权，捍卫人民利益，守护社会公平。

以上司法工作的五点以及分别推导出的相对应的理论，就形成了该题的答案。

二、理论突破法：依据理论找材料

这种方法首先是调用教材相关知识，然后依据知识在题目中找相对应的材料，二者结合就形成了答案。它适用于知识范围限定比较具体的，或者只考查一个知识点的情形。

例如：（湖北省某地区 2020 年高三模拟题）2019 年 11 月 10 日，在对希腊进行访问之际，习近平主席在希腊报纸发表《让古老文明的智慧照鉴未来》一文。文章指出：伟大的古老文明都是相似的。2000 多年前，古代中国、古代希腊的文明之光就在亚欧大陆两端交相辉映。古希腊哲学和文学泰斗辈出的黄金时代，恰恰也是中国"百家争鸣"的思想迸发期。曾两次访问中国的希腊文学巨匠卡赞扎基斯有一句名言，"苏格拉底和孔子是人类的两张面具，面具之下是同一张人类理性的面孔"。古希腊"智者学派"萌发的人本主义思想同中国儒家坚持的"以民为本"理念有异曲同工之妙，伟大的古老文明都是相知的。公元前 4 世纪，古希腊人给遥远的中国起了一个美丽的名字"丝之国"。16 世纪欧几里得的《几何原本》传入中国，成为中西科学交流的先导。古希腊戏剧家埃斯库罗斯塑造的普罗米修斯形象曾经激发中国革命志士仁人的昂扬斗志。柏拉图的《理想国》、亚里士多德的

《政治学》也早就传入了中国。伟大的古老文明更是相亲的。希腊中国友好协会6年如一日坚持"为两国人民的友好交往工作到老"，中国翻译家罗念生一家三代致力于希腊文学、戏剧的翻译和研究，为增进两国人民友谊作出了重要贡献。

当前，国际形势正在发生深刻复杂变化，不稳定性不确定性增多。中希两国会继续挖掘古老文明的深邃智慧，展现文明古国的历史担当，共同推动构建相互尊重、公平正义、合作共赢的新型国际关系，共同推动构建人类命运共同体。

结合材料，运用矛盾基本属性的知识，分析中希两国应该如何挖掘古老文明的深邃智慧，展现文明古国的历史担当，推动世界文明的发展。

依据矛盾基本属性的知识，我们列出三点：（1）矛盾双方具有斗争性，是指矛盾双方相互分离的属性和趋势；（2）矛盾双方具有同一性，是指相互吸引、相互联结的属性和趋势；（3）同一以差别和对立为前提，斗争性寓于同一性之中。矛盾双方既对立又统一，由此推动事物的运动、变化和发展。

根据上面知识的三个要点，我们可以从题中找到相对应的三段材料：（1）中希文明具有自身的个性，要看到并尊重两国间文化的差异才能更好地交流发展，推动世界文明发展；（2）中希文明有互补性，要相互贯通，交流借鉴，有利于推进世界文明的进步；（3）中希文明要尊重差异、合作共赢，共同推动世界文明的繁荣。

矛盾基本属性知识的三个要点与题中三段材料结合就形成了该题答案。

三、问题突破法：依据问题找理论或材料

这种方法首先对问题进行分解，然后根据每一小问题找对应的理论或材料进行分析，从而形成答案。它适用于有多层含义的情形。

例三：（湖北省某地区2020年高三模拟题）材料略，与例二相同。中希两国文化的发展历程生动诠释了"伟大的古老文明都是相似的、都是相知的，更是相亲的"观点，运用文化生活的知识对此加以说明。

分析上面问题，我们可以把设问分成三小问：（1）为什么说伟大的古老文明都是相似的？（2）为什么说伟大的古老文明都是相知的？（3）为什么说伟大的古老文明更是相亲的？

分析材料我们可以懂得：（1）古老文明都是相似的，是指不同国家文化具有共性；（2）古老文明都是相知的，是指中希两国相互的文化交流；（3）伟大的古老文明更是相亲的，是指中希两国文明求同存异，和睦相处，共同发展。

根据上述分析，调运教材知识，我们可以得出结论：（1）文化既是民族的，又是世界的。中希两个民族的社会实践具有共性，有普遍的规律，在实践中产生和发展的民族文化也有共性和普遍规律，因而伟大的古老文明都是相似的。（2）文化具有多样性，文化在交流中传播。中希两国文化在历史上通过各种途径进行交流传播，为各自文化的发展作出了贡献，所以伟大的古老文明都是相知的。（3）中希两国文化在交流中尊重差异，理解个性，和睦相处，共同促进世界文明的发展，因此伟大的古老文明更是相亲的。

第六节　高考政治试题分析及教学反思

近年来，高考政治试卷在继承往年特点的基础上，又有新的变化，主要有以下几个方面特点：

一、体现变化，突出能力

近几年高考试卷不仅对支撑学科体系的主干知识、重点内容进行了考查，还对考纲变化点进行了考查，更多地汲取新课标能力要求的精髓，体现新课堂理念，突出考查重点。对能力考核的目标要求层次和水平总体提高是近几年各地政治高考试题的一大特点。在选材立意上，考查考生的四种思维能力，即获取和解读信息的能力（通过试卷中的文字资料、图表、各种数据、画面、符号等去发现、收集信息）、调动和运用知识的能力（通过对信息的接受和反应启动原有的知识储备，再经过分析、判断、推理、归纳等思维过程来解决问题）、描述和阐释事物的能力（通过描述事物表现的形态或状态来对事物加以说明和解释）、论证和探讨问题的能力（通过引用论据来证明论题的真实性的论述过程），这四种能力中的每一种能力都是建立在上一种能力基础之上的。在全国文综Ⅰ试卷中最后的三科大综合主观题，更突出了灵活性，突出能力立意。

二、关注生活，贴近现实、体现人文、关注民生

"通过试题引导考生关注社会、关注人与自然、关注国家现代化"，这也是近年高考命题所遵循的基本原则。各地试卷中加强思想政治方向的引导与注重学生成长的特点相结合，紧密联系实际，贴近学生生活，富有时代气息。在选材方面，材料主要来自学生生活，可以让学生感受到生活就是知识，增强学生的认同感，引导学生通过关注生活，树立正确的生活观和生活方式，养成良好的生活习惯。这些都体现以学生为本的思想，关注学生的学习兴趣和经验，倡导学生主动参与，乐于探究，鼓励学生独立思考。

三、坚持开发地方考试资源，适当体现地方特色，营造亲切的地域文化氛围

近几年新课程改革地区，如江苏、山东、广东省高考政治试题在选材上注意开发和挖掘本省的考试资源，紧密结合本省经济和社会发展所采取的重大举措和成绩，创设情境设计问题，调动学生关心本地区各项事业发展的积极性，引导学生关心家乡、热爱家乡。

高考试卷特点给我们的启示：

1. 夯实基础，重组知识

高考能考什么，在考什么，是我们首先必须考虑的问题，考试的理想与理想的考试是存在距离的。当前，课程改革提出学科教学的核心素养中，过程与方法、情感态度价值观，纸笔考试是不能有效检测的。考试能够确切地解决的问题是知识与技能，在能力立意的试题中，也只能检测将学过的知识和已经具备的基本技能和方法运用于解决某问题时表现出来的能力倾向。近年来文科综合考试的实践证明，我们教学在这方面取得了成功的经验，而根本的问题也表现在这里：知识掌握不牢，运用不能活化。

因此，夯实基础是教学的前提，在此基础上本着问题的提出、分析和解决的思路，去寻找所需要的、有用的方法和技能；本着解决问题的目的，对知识进行必要的拆分、加工和重组，从而在思维水平上逐步接近高考的要求。在训练中，可以采用课堂提问、练习作业或小组讨论等形式，教师要引导和促使学生进行思维训练和知识重组；最后，选择高考实战题进行分析讲解，目的依然是强化学生的知识重组意识和推动思维线索的形成。教师在复习策略上，切忌简单的机械重复和平面化的"专题复习"，要精心设计，打

破知识和技能的固有结构壁垒，让学生形成触类旁通、举一反三的思维状态。

许多学生习惯了课本到试卷的学习方法，对教师和课本的依赖性非常强。教师要积极鼓励学生自主发现、自主整合、自主训练，引导学生关心最新科教动态，关心国内外人文和自然科学发现的成果。实践证明，完全依靠教师"替"学生关注社会、寻找问题、归纳热点，再以习题形式教给学生的做法，仍然离注入式教学不远，对培养学生的悟性，提高综合能力难有实际的功效。

2. 培养能力，掌握方法

教学过程中，要把逐步培养学科能力和有针对性的训练作为重要任务。在这个学科能力结构中，识记能力是基础，思维能力是核心，政治学科思维能力包括形象思维能力、逻辑思维能力、综合思维能力、辩证思维能力等，理所当然需要我们共同关心和着力培养。在历年的高考中，许多考生花费了很多功夫来学习思想政治课，而且对于理论知识都能"倒背如流"，可就是不能获得一个满意的分数，为什么会这样呢？原因就在于学科能力结构不合理，考生答题过程中存在"答不到点子上""逻辑性差"等问题，不仅反映基础知识不牢固，而且说明学科表达能力有缺陷。在专题复习中，我们要精选一些有价值的试题，按照高考要求，做到严谨、精练、准确答卷，以促进自己学科能力均衡发展。

3. 注重"实际联系理论"

当前命题模式与以往不同。传统命题是"知识—问题—材料"模式，它是以知识为主导的，命题者在命题时考虑的首先是今年要考哪些知识；其次，为了考查这些知识，应提出什么问题；再次，为了提出这些问题，应选择什么材料。因此，应对这种考试，只要单向的理论联系实际就够了。而结合题是一个"主题—问题—求解"的命题模式，为了服从这种主题引领、问题为导、知识运用服从于问题解决的命题特点，在专题反映情况阶段必须注重"实践联系理论"复习方式的运用。要联系社会热点，设定主题，特别是综合性的主题，如政治文明、生态安全、社会公正等，引导学生对这些承载多个学科学术信息的主题，从某个或某几个特定的视角分析，从表象、内容、感性、理性等不同认识层次进行揭示。这样的分析既有利于深刻理解文科综合考试的实质，也能使学生具备在高考中应对各种情境、新变化的能力，这是制胜的关键。

4. 学会提取有效信息

近年来，高考政治试题所涉及的材料、设置的情境以及设计的问题，对考生来说是新的，材料的呈现方式也异彩纷呈，如政治学科中的图、表、诗词、漫画承载着大量的信息，综合试题往往从地理、历史的图、表、诗词、漫画情境中进行考查，注重对情境、图表、现象中信息的提炼和提取。（如图4-1）

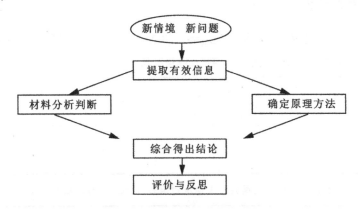

图4-1　近年高考材料题特点

提取有效信息的方法有：确定材料的可靠性和典型性、包容性和局限性；揭示材料与社会主题、自然现象的关系；材料与问题是否相印证等。

我们正处在一个全新的信息时代，提高自己收集信息和处理信息的能力，使自己能够更好地驾驭信息、利用信息，掌握分析新情境、新材料的方法，加强审题、信息筛选、分析与综合、语言表达的能力，是教学不变的要求。

第七节　指导研究性学习　培养学生能力

案例：个人所得税研究（时间：2003 年）

个人所得税，是增加国家财政收入和调节社会成员分配的重要工具，我国的个人所得税是于1980 年开征的。随着我国经济的发展和居民个人收入水平的提高，个人所得税的收入也迅速地增加，基本上呈几个级数增长：1985 年突破了1 亿元，1993 年达到46.82 亿元，1994 年税制改革后，1995 年为145.91 亿元，1998 年达到338.65 亿元。以北京地区为例，个人所得税年均增长幅度为49%，成为地方税收的第二大税种，去年已达到地方税收的20%。个人所得税在市区也已上升为第二大税种，为了更深入地了解南岳区个人所得税，我们自主组成了研究性学习小组，围绕其展开了研究活动。

我们走访了地税局、财政局、财务会室，查阅了大量的资料，三次设计问卷、走上街头、请人填写问卷，统计分析问卷，掌握了丰富的第一手真实资料。

一、收集数据

在调查中我们发现：个税呈增长之势。此结论是由以下三组数据得出的：

表4-2　地税局个人所得税征收情况表（2001—2003 年）

年　　份	全年税收任务（万元）	实际征收（万元）
2001	60	75
2002	75	117
2003	129	181

表4-3　个人所得税收支情况对照表（2001—2003 年）

季　　度	本季度入库（万元）	为上年同期%	比上年同期增减%
（2001）一	7	77.78	-22.22
二	6	25.00	-75
三	22	110	10
四	40	250	69.23
（2002）一	34	485.71	385.7
二	40	661.67	469.23
三	18	81.82	162.86
四	25	117	56
（2003）一	66	194.12	94.12
二	36	90.00	37.84
三	44	244.44	58.70
四	35	140.00	54.70

（资料来源：南岳区地税局）

表 4 - 4　**财政收入、代扣个人所得税情况表（2002—2003 年）**

年　份	全年财政收入（万元）	全年代扣个人所得税（万元）
2002	8370	6.9871
2003	9471	7.7379

（资料来源：南岳区财政局）

经过讨论分析，我们认为个人所得税增长的原因主要是：

1. 自然性增长

市区经济一直呈现良好态势，主要是旅游业带动其他相关产业的发展。市区居民个人收入增加了，符合缴纳个人所得税标准的人越来越多，这是最根本的原因。同时，税法、累进税率制是个税增加的重要保证。

2. 管理性增长

征管力度加强了，目前我国的个税征收主要通过两种途径：一是工资中心代扣；二是银行代扣，我国各企业事业单位采用现金管理制度，一切收入都要入账，银行根据个人所得税税率代扣；除此之外，个体户的个税在其营业税、增值税中加征 1%，南岳区也是采用这种方法。

二、问卷

为帮助研究，我们采用了问卷调查法。问卷主要探讨纳税和违反税法两个问题。共发出问卷 100 张，回收 97 张。我们采取抽样调查的方法，调查对象有 41% 的青年人，42% 的中年人，8.4% 的老年人，1.1% 的高龄人；他们的月收入低的为 300 元，高的在 1200 元以上；有工人、农民、知识分子、行政人员。这样的调查结果应该是具有普遍性的。

我们发现，个税征收还存在如下几个问题：

1. 税制模式落后

目前个人所得税制选择的是分类税制模式，以个人为基本纳税单位，无法按不同家庭负担和支出情况做到区别对待，难以实现量能负担的税收原则。以代扣代缴为主要征收方式，纳税人实际上并不直接参与纳税过程，这不仅在代扣代缴制度贯彻不利的情况下会造成税收流失，更重要的是不利于纳税人提高纳税意识，而不断提高纳税人的纳税意识是现代税制实施所需要具备的重要条件。69.4% 的人认为需要有关部门采取强制措施，使得个人自行申报。

2. 征管手段原始

目前个人所得税的征管仍停留在手工操作水平上，计算机运用主要集中在税款征收环节，纳税稽查主要靠手工，税务机关的计算机未能实现与海关、企业、银行、商场的联网．税务部门所掌握的纳税人的纳税信息太少，加上个人所得税的专职稽查人员不多，难以对纳税人情况作经常性的检查。

3. 纳税意识淡薄

近年来，尽管征税机关已意识到了这一点，也加大了宣传力度，但仍然力不从心，仅仅靠街头咨询、发传单、贴标语等形式，远远达不到使税收知识深入人心的目的。

征税机关在进行税法知识宣传时，过分强调了纳税人的义务，而忽视了纳税人的权利。我国税收的性质是"取之于民，用之于民"，纳税人所纳税款如何用之于民没有公开化、缺少透明化，难以避免人民对税收的用途的怀疑，进一步导致纳税人交税时，大多数都不是积极、主动的，只是出于无奈、感觉是被迫的。

调查发现：有75.8%的被调查者达到缴纳个人所得税的标准，有74%的人缴纳了个人所得税，但是27.3%的人承认自己不会主动去申报个人所得税。

4. 惩罚力度不大

毛阿敏偷税一案立案与结案的时间分别是1996年和1998年，最终毛被处以所偷税款的3倍的罚款，仅以行政处罚的形式在系统内部解决掉了。73.6%的被调查者认为要加大对违反税法行为的处罚力度。

2002年税务机关公开的调查显示：刘晓庆个人涉嫌偷税金额为137792.59元，百姓发出疑问：在刘晓庆偷漏税款5000元的时候，我们的监管体制在干什么？当她逃了5万元的时候，为什么没有人去追究？为什么非要等到偷逃税13万多元的时候，才开始追究？

只有10.5%的人注意到身边有人有违反税法的行为，关于"你发现同事或邻居有偷税行为，你会怎么办？"的调查中，26.3%的人选择"视而不见"，4.2%的人"会举报有关部门"，62.1%的人"会向他宣传税法知识，劝他改过"，这些都说明人们的税法知识欠缺。

5. 起征点过低

现行税法规定800元为起征点。25.2%的人认为自己承担的个人所得税较重。800元收入对于一个城镇的普通居民来说，仅能维持基本生活，在此基础上征收一定数目的税务，不利于人们的生活水平提高，也难以调动起人们主动纳税的积极性。

三、对策

针对上面的这些问题，我们认为应采取的对策有：

1. 转变税制模式

我们认为：可以以综合收入为税基，以家庭为基本纳税单位，实行自行申请为特征的综合所得税制。规定一个日期，由纳税人将统一制发的表格填好后交税务局，这实际上也是对纳税人自觉程度的一种考验，若有隐瞒欺骗，一经查出，都得课以重罚。

2. 更新征管手段

21世纪是信息世纪，在税收征管中可以综合运用现代信息技术，以最大限度地掌握纳税人的纳税信息。税收征管大规模使用计算机，在全国范围内建立计算机网络。计算机的应用将能使税收征管发生质的飞跃，工作效率将显著提高，从税收预测、办理登记、纳税申报、报税审核、税款审计选案及操作过程控制，税源监控等环节广泛地依托计算机。运用计算机系统采用统一的纳税代码对纳税人进行登记。登记的内容要求非常详尽。

3. 强化宣传教育

应改变过去只注重宣传公民纳税义务，而忽视对公民享有权利的宣传。将税法教育纳入公民的基本教育中，在潜移默化中使税收理论深入人心。充分利用新闻、媒体、街道组织等的宣传，开展多形式、多层次、多渠道、全方位的税法宣传。充分发挥名人和领导的带头示范作用。如当我们在一所中学调查时，我们发现，教师的纳税意识较强。

4. 加大惩罚力度

2002年刘晓庆偷税被捕，在全社会影响很大，仅北京一个地方7月份就补交个税1亿多。这种事情如果发生在美国，偷税人则会倾家荡产。做到有法可依、有法必依、执法必严、违法必究，严肃执法是税收秩序根本好转的"治本之策"。

5. 合理确定起征点

经济发展不平衡，是一个全国性的问题。应根据各地区的实际情况来确定个人所得税的起征点，这样有利于个人所得税的顺利征收。

四、收获

在研究性学习活动中，我们的收获很多，主要有：

1. 提高了能力

(1) 思考问题的能力

研究性学习到底研究什么呢？老师在政治课上提出：个人所得税在我国已经成为第四大税种，在许多地方已经上升为第二大税种。市区的个税征收情况，大家想了解的话，可以自己去调查，税务局就在学校 500 米处，非常方便。关于"研究课题"我们探讨了很久，从"区税收"到"区纳税人意识"，到最后确定为"个人所得税"，我们从科学性到可行性，从理论到实际，一一进行了分析论证，我们发现，在这样的反复探讨中，我们思考问题的能力提高了。

(2) 分析问题的能力

个人所得税为什么会呈增长之势？当我们发现这个问题时，我们讨论了很久，最后形成两个基本观点：经济发展了、管理加强了。然后我们去请教老师和税务局的领导及工作人员，当我们听到从他们口中说出的是：你们的想法是正确的！我们欣喜若狂，我们欢呼雀跃——我们的想法是对的，我们得到了肯定。

(3) 与人交往的能力

请陌生人填写问卷，是我们任何一个人都从来没有做过的事情。万事开头难，第一天下午，我们每个人都只请了 5 个人填写，我们实在是羞于启齿。在遭遇白眼、拒绝、漠视之后，老师鼓励我们：这是锻炼心理承受能力的最好机会。如何与陌生人交往，是一门学问，是一门艺术，哪怕我们没有研究成果，但是我们在活动中提高了与陌生人打交道的能力，这也是成功。最坏的结果也就是他们不帮我们填写问卷罢了，仅此而已，大胆去干吧。我们终于战胜了自己，鼓起勇气走向陌生人，我们成功地发出了问卷，收集到了我们所需的资料。

(4) 组织语言的能力

最开始，我们只会说"请您帮我们填写问卷好吗"，人们都很不耐烦，以为我们是搞推销的。老师告诉我们：请陌生人填写问卷，需要沟通。首先必须要别人明白你们在干什么，这就需要你们用最精练的语言自我介绍，说出你们的目的，使得人们乐意为你填写。"您好，能占用您五分钟时间吗？我是岳云中学高一的学生，我们现在搞一个研究活动，是关于南岳区个人所得税的，我们想听听您的看法……""太感谢您了，您的看法对我们的研究很有帮助，您能帮我们填写这份问卷吗？"就是在这样的实践中，我们组织语言的能力提高了。

2. 培养了精神

（1）吃苦耐劳的精神

2002 年 5 月份，可怕的 SARS 袭来，学校为了全校师生的安全，禁止外出。那段酷暑的下午，老师说我们不能外出，就在学校学习理论知识吧。于是在老师带领下，我们每天下午在高二年级组学习个税相关知识，分析资料。我们先后三次设计、制定问卷，多次上街请人填写。

我们到机关去，可我们赶到那里时，机关单位已经下班了。记得有一次老师收到一个消息：星期天上午在区一中举行普法考试，各机关单位的人都会去。于是我们以最快的速度跑到那里，流着汗等了一个多小时，"皇天不负苦心人"，我们成功地请了很多行政人员填写，弥补了我们调查对象中"行政人员"的这一项空白。

（2）团队协作的精神

我们组内的事情，都是老师指导，祝君组长分工，大家既各负其责，又互相帮助。我们外出调查时，三个女生不会骑单车，男生就带我们，最开始我们不好意思。老师笑着说："这是男女同学的正常交往，谁敢笑话你们？"我们就渐渐放开了，这种互帮互助的精神和行为真的很好。

（3）持之以恒的精神

近一年的时间里，有很多小组的活动都因故中断或停止了，但我们小组的活动，即使是在"非典"期间，也都没有间断过。其实中间我们也有打退堂鼓，老师说："这是一个挑战自己的机会，你们可以把它当成一个检测自己恒心与毅力的实验，你坚持了，你就成功了，做事虎头蛇尾的人最终将一事无成。难道你们想做这样的人吗？"是的，当初是我们找老师，要做事的是我们，要放弃的也是我们，老师都没有放弃，我们怎么能放弃呢？我们达成一致：坚持，坚持，坚持到底！我们坚信：笑到最后，笑得最美。

第五章
挖掘传统文化　开发乡土资源

第一节　红色文化资源融入思想政治课

红色文化是重要的教育资源，思想政治课教学中运用红色文化资源具有重要意义。对于马克思主义的政治文化建设，习近平总书记指出："我们的党内政治文化，是以马克思主义为指导、以中华优秀传统文化为基础、以革命文化为源头、以社会主义先进文化为主体、充分体现中国共产党党性的文化。"红色文化是中华文化的重要组成部分，是马克思主义文化的新宝库。新时代，红色资源是推进中华民族伟大复兴的强大精神动力。在思想政治教育过程中，我们要特别重视挖掘身边的红色文化资源，不断增强民族创新精神。当下，新一轮的改革开放已经进入深水区，国家如何进一步深化改革？我们如何迎难而上？国家如何走向繁荣富强？我们只有重视挖掘身边的红色文化资源，让红色文化资源进入课程、进入教材、进入学生头脑，才能为中华民族伟大复兴提供强大精神动力。

一、红色文化资源在培育核心素养过程中的意义

1. 红色文化资源优化了思想政治教育内容，丰富了教学资源

红色文化是马克思主义中国化的实践理论基础，因此红色文化资源的融入对保证思想政治教育的社会主义性质具有重要意义。红色文化资源包括在新民主主义革命时期形成的长征精神、井冈山精神、西柏坡精神、延安精神、苏区精神；也包括在社会主义建设时期形成的大庆精神和"两弹一星"精神以及新时期形成的奥运精神、抗震救灾精神、载人航天精神等。红色文化资源不仅包括丰富的精神资源，而且物质资源也分布广泛，在全国分布着

众多的历史遗迹，如红色纪念馆及博物馆等，这些是青少年了解革命历史，学习革命传统以及培养爱国主义精神的重要场所。另外，在革命和建设时期创作的红色经典，如红歌和革命诗歌也是对学生进行爱国主义教育的重要素材。① 将我国如此丰富的红色文化资源运用到高中思想政治教育之中，可以大大丰富高中思想政治课程教学资源。

2. 红色文化资源创新了思想政治教育的方法

思想政治课教师在运用红色文化资源过程中，会更进一步地认识到课程资源在教学中发挥潜移默化的作用，会更积极主动地去探索对教学有用的课程资源。此外，在开发和运用过程中，必然会有一个"发现问题"到"解决问题"的过程，这个过程实际上就是提升教师课程资源开发和利用能力的过程。运用红色文化资源教学有利于教师加深对高中思想政治课程的理解，完善学科知识结构体系，提高教学质量和水平。表现在：（1）把红色文化资源了解透彻，可以提炼出有效且合理的教学素材。（2）对高中思想政治课程所要教授的内容作分析，找到与红色文化资源素材相结合的最佳教学方法。在教学运用中，发现红色文化资源在运用过程中存在的问题，课外做深度反思并找到解决方案。从课前准备到课后反思，教师必然会系统地掌握知识体系。（3）有利于提高教师的道德修养。红色文化资源所蕴含的精神极其丰富，有艰苦奋斗、坚定信念的"井冈山精神"，有善于团结、乐于吃苦的"长征精神"，等等。这些精神力量在无形中鼓励着在一线辛苦工作的高中政治教师。② 因此，将红色文化资源运用到高中思想政治教育中去，可以从多方面提升思想政治课教师的素养。

3. 红色文化资源规范了思想政治教育的方向

随着世界多极化、经济全球化、社会信息化、文化多样化的深入发展，世界日益成为一个联系紧密的整体，世界范围内各种思想文化的交流交融交锋更加频繁，社会思想观念日益活跃，再加上部分西方资本主义国家借助诸如节日、电影电视等渠道向我国进行文化渗透，中学生的成长受到了各种不良因素的影响，不利于中学生树立正确的世界观、人生观、价值观。"通过影视，西方大众文化的流行时尚，日益影响到今天的中国青少年一代，使他们成为所谓的'新新人类'，与中国文化精神日趋隔膜。这种'全球化'对

---

① 黄欢. 红色资源在《文化生活》教学中的运用研究 [D]. 南昌：江西师范大学，2017.
② 黄欢. 红色资源在《文化生活》教学中的运用研究 [D]. 南昌：江西师范大学，2017.

年轻人文化性格的形成，其影响力不可低估。"① 将红色文化资源运用到高中思想政治教育中去，可以使高中学生在复杂的社会环境中认同包括红色文化资源在内的中华优秀文化，增强高中生的文化自觉和自信，进而帮助其树立正确的世界观、人生观、价值观，培养学生爱国主义情怀，培养学生坚定不移的理想信念。深入挖掘红色文化的传承价值，是培养新的民族精神的时代需要。

二、红色文化资源在高中思想政治教育运用中存在的问题

1. 学校忽视学生思想品德重要性

我国普通高中开设的课程主要有语文、数学、外语、物理、化学、生物、政治、历史、地理等，自文理分科之后，大部分中学理科班居多。许多学校为了追求升学率，理科班很少甚至根本都不安排思想政治课，思想政治课应有的教学时间被其他课程所剥夺；而在文科班中，也基本上都是以升学为教学导向。如此种种，不利于红色文化资源的开发利用和学生思想品德的教育培养。

2. 教师缺乏课程资源开发主动性

应试教育环境下的许多高中思想政治课教师均以高考升学率为教育教学的指向标，认为选取和利用什么样的教学资源并不重要，重要的是拿高分，只要想办法让学生把书本知识牢记，便可在高考中拿到高分。部分教师认为，像参观红色纪念馆及博物馆等实践活动组织起来不仅费时费力，还不能保证学生能在考试中拿到高分。应试教育导致了高中思想政治课教师缺乏课程资源开发的主动性。

3. 学生缺乏家庭红色教育有效性

父母是孩子的第一任老师，这句话充分说明了家庭教育在一个孩子成长过程中的重要性。但是现在很大一部分家长对红色文化资源的关注度不够，导致了家长群体中红色文化资源的利用理念不强，在青少年性格养成和品德发展的关键期没有起到应有的作用。另外，高中生大部分时间都在学校中度过，家长平时又忙于工作，家长和青少年疏于沟通，这也在一定程度上阻碍了家庭红色教育的开展。

三、红色文化资源在高中思想政治教育中运用的建议

1. 学校要创造思想教育环境

创建红色文化知识学习与红色文化活动平台，建设红色文化教学基地，

编订有突出地方特色的校本教材，重视学生思想品德的培养。

　　学校是学生生活学习的主要场所，良好的校园环境具有隐性的教育功能，它能潜移默化地影响学生的言行举止、培养学生兴趣、陶冶学生情操、提高学生能力。创造隐性功能的思想教育环境，每个学校可能都有一套自己特有的教育学生、引导学生的教育教学体系，学校在自身建设的同时，应该积极响应党和国家的号召，将红色文化资源融入教育教学体系中，力求校园智育与德育并举。例如学校可以通过校园广播台、宣传橱窗、报刊亭、社团活动和壁画等方式进行红色文化的传播，潜移默化地影响学生的一言一行，提高学生的思想道德修养。除此之外，学校也可以不定期开展特色校园活动，比如引入红色电影进班和带领学生开展红色主题活动月等。学校要高度重视学生思想品德的培养，将红色文化资源融入学校尤其是思想政治课的教育教学体系之中。

2. 教师要不断提升自身的专业素养

　　教师是教育教学活动的主导者，是教育工作的执行者。教师的个人魅力也对学生的世界观、人生观、价值观产生重要影响。学校可以培养一批红色文化的热爱者、钻研者、传授者。教师是整个教学活动过程中的组织者和引导者，在教育教学过程中发挥着重要的示范性作用，尤其是高中思想政治课教师。作为一个合格的思想政治课教师，首先要模范带头，以身作则，做学生的榜样，先学而后教，勤奋学习红色文化资源，努力践行。教师应该提高课程资源开发的意识，在具备课程资源开发意识之后，要善于选择红色文化资源并结合时代要求与中学生实际对其进行加工，运用到思想政治课教学之中。比如可以组织学生参观革命英烈纪念馆，通过近距离的接触红色事迹，给学生以身临其境的感觉。拓宏伟、任瑞认为："实践活动是红色文化建设的有效载体，是红色文化传播的有效平台。"[①] 教师要增强课程资源开发的主动性，不断提升自身的专业素养。

3. 家长要重视家庭红色文化教育

　　家长可以带着孩子聆听老一辈革命者们讲述他们的革命故事。通过挖掘红色文化资源激发青少年的红色意识，增强其历史和社会责任感。我国很多影视作品都蕴含着红色精神，在快速更迭的时代背景下，家长可以和孩子一起观看红色电影等，这样一方面可以加强家长和孩子的交流，另一方面还可

---

① 拓宏伟，任瑞. 延安特色文化产业透视 [J]. 延安教育学院学报，2004.

以通过视觉的震撼增强孩子的爱国情怀。由于中国的快速崛起，人们的生活变得丰富多彩起来，红色旅游快速兴起，家长可以利用假期带着孩子深入革命老区感受红色文化精神，增强其对红色文化的认同感。

第二节　加强传统文化教育　培育学生核心素养
——"传统文化的继承"教学设计

一、教学内容分析

"传统文化的继承"是人教版《思想政治》必修三第二单元第四课第一节的内容。本节内容前面承接文化在交流中传播，后面承接文化发展与创新。中华传统文化对繁荣世界文化、提高中华文化国际影响力有重要作用，同时我们民族精神根植于优秀的传统文化中，社会主义核心价值体系也与优秀传统文化相承接，传统文化是文化发展与创新的根基；批判继承传统文化才能促进文化创造性转化、创新性发展。学好本节内容既能为学好后面的相关知识打下牢固的理论基础，又对学生正确对待传统文化有重要的现实意义。

二、教学目标

1. 知识目标
理解传统文化的继承性，分析传统文化的特征，解析中华传统文化在现实生活中的作用，阐述继承传统文化、发挥传统文化积极作用的正确态度。

2. 能力目标
探究传统文化在现代社会中的作用的能力，分辨传统文化中的精华与糟粕的能力。

3. 情感态度价值观目标
领悟我国传统文化的价值，激发学生热爱、学习、继承传统文化的热情，树立正确认识传统文化价值的态度。

4. 核心素养目标
科学精神：把握传统文化的特点和对待传统文化的态度，提高辩证地认识传统文化的能力。

法治意识：依法保护传统古村落。

公共参与：通过引导学生开展社会调查，了解身边的传统文化元素，提高学生文物保护意识，培养学生公共参与意识。

政治认同：通过了解中华民族的优秀传统文化，感悟中华优秀文化的魅力，继承中华优秀传统文化，增强对我国优秀传统文化的认同感和归属感，培养学生的文化自信。

三、教学重点难点

教学重点：对待传统文化的态度。

教学难点：传统文化的双重作用。

四、教学方法

教师引导与讲授，学生自主探究、小组合作。

五、教学过程

第一课时

导入新课：中国的三大国粹是什么？介绍针灸、京剧、中国画和书法。

针灸起源于中国，具有悠久的历史。针刺法萌发于新石器时代，当人们患有某些病痛或不适时，用尖锐的石器按压疼痛不适的部位，使原有的症状减轻或消失。

作为一个独立的剧种，京剧的诞生大约在1840年至1860年。京剧是徽剧汉剧在吸收其他地方戏营养的基础上形成的。京剧有明确的角色分工；在念白上改用京字京韵；在音乐上以西皮、二黄为主要曲调，并以胡琴为主要伴奏乐器；在表演上唱、念、做、打并重，并有固定的程式规范。京剧是中国戏曲最有代表性的一个剧种。

书法是汉字的书写艺术。近代经过考证，关于中国文字起源，一般认为在距今5000~6000年左右的黄河中游仰韶文化时期。我们的汉字，从图画、符号到创造、定型，由古文大篆到小篆，由篆书到隶书、楷书、行书、草书，各种形体逐渐形成。针灸、京剧、中国画被称为中国的三大国粹。

这些都是传统文化形式，那么什么是传统文化呢？

进行新课：PPT呈现下面的导学提纲，引导学生阅读《文化生活》教材相关内容。

（1）传统文化的含义是什么？

（2）传统文化的继承性表现在哪些方面？

（3）传统文化具有哪些特点？

（4）传统文化的作用是什么？

（5）对待传统文化的态度是什么？

问题1：在中山，你见闻过哪些形式的传统文化？

（课前布置学生搜集资料，课堂上展示）

1. 文物古迹

（1）孙中山故居、杨殷故居

（2）珠江纵队司令部旧址（古氏宗祠）、烟洲书院、岐澳古道

（3）中山西山寺、烟墩山塔、詹园

（4）茶东陈氏宗祠建筑群

（5）安堂林氏宗祠、探花及第牌坊

2. 传统节日仪式

春节、元宵节、清明、二月二、乞巧节、中秋节、冬至、年廿四

3. 民间信仰及相关活动

元宵节村庙北极殿"游神"、炮会、三月三（北帝诞）、四月八（浴佛节）、七月十四（盂兰盆节）

4. 非物质文化遗产

（1）民俗：南朗崖口飘色、小榄菊花会、沙溪四月八、黄埔飘色、南头灯酒习俗、三乡茶果传统饮食习俗、小榄菊花传统饮食习俗、水乡爆谷煎堆传统饮食习俗、古镇海洲鱼饼传统饮食习俗、隆都传统饮食习俗、沙岗墟传统商贸习俗、沙溪三月三、黄埔赛龙舟、沙溪洪圣殿洪圣龙王宝诞醮、长洲扒仙艇习俗

（2）传统舞蹈：六坊云龙舞、狮子舞、龙灯舞、鹤舞、圣狮凤舞、三角麒麟舞、黄埔麒麟舞、鲤鱼舞

（3）民歌：中山咸水歌、百口莲山歌、东乡民歌、鹤歌、三乡民谣、童谣、民谚、小调儿歌

（4）传统技艺：沙溪凉茶传统制作工艺、黄圃腊味传统制作工艺、咀香园杏仁饼传统制作工艺、大涌红木家具传统雕刻工艺、起湾金龙扎作技艺、小榄茶薇花制品加工技艺、广东传统建筑陶瓷瓦脊制作技艺、五桂山土沉香生产与制作技艺、小榄花灯制作技艺

（5）传统体育、游艺与杂技：南头五人飞艇、东凤五人飞艇、石岐赛龙舟、小榄赛龙艇、阜沙单人农艇赛、小榄洪拳、民众扒禾桶、沙涌马家枪

（6）传统美术：小榄民间刺绣

（7）戏剧戏曲：三乡木偶戏、粤剧

探究活动：根据上面材料总结传统文化包括哪些方面？分析它有何特点、传统习俗的由来和演变，这些习俗能够保留至今的原因是什么？为什么要保护传统民居？

学生活动：阅读课本，思考讨论，回答问题。

教师点评：

1. 传统文化的继承性

传统习俗能够保留至今的原因主要是传统习俗具有继承性。在日常生活中，传统习俗总是无声地感染和熏陶着一代又一代人，使人在潜移默化中养成习惯。传统习俗也都经历了一个不断自我筛选和去粗取精的过程。

2. 传统习俗是传统文化的基本形式之一

第一，传统习俗的含义：指在一定社会群体中约定俗成、世代相传的风尚、礼节和习惯。

第二，传统习俗的作用：对人们的物质生活和精神生活产生持久的影响。

知识拓展：

北京四合院

大家知道北京的四合院展现了哪些传统文化的内涵吗？

四合院的建筑格局符合儒家的礼教思想和道家的天人合一思想。居住在四合院，人们在满足衣食住行需要的同时，也得到了友谊和信任。人们在院内植树栽花、饲鸟养鱼、叠石造景，居住者可分享大自然赐予的一片美好天地。居住在四合院，人与人之间容易产生安全感和归属感，容易形成凝聚力和亲和力，有利于形成和谐气氛[①]。所以四合院成为我国传统住宅的最主要形式，遍布全国城镇乡村，又因各地的自然条件和生活方式的不同而各具特色。

相对于外国宫殿的宏大规模与豪华的装潢，故宫磅礴的气势令人叹为观止。其宫殿各具特色，迥然不同于外国的风格，其蕴含人性化的景园，给人以美的感受；故宫中的雕龙玉柱，所展示的龙文化更体现了我们中华传统文化的特性。

以上民居房、园林建筑、宫廷建筑等从不同的角度，彰显出传统建筑是展现传统文化的重要标志。

---

① 李凤君.《文化生活》地方文化图片资源赏析［J］. 中学政治教学参考, 2013 (1).

师生共同总结：

1. 传统建筑是展现传统文化的重要标志

传统建筑被称为凝固的艺术。中国古代建筑的地位：中国古代建筑以其独特的结构体系、优美的艺术造型、丰富的艺术装饰，在世界建筑史上写下了光辉的一页，并成为展现中国传统文化的重要标志。

2. 传统文艺是传统文化的重要组成部分

第一，传统文学艺术，被称为民族精神的火炬。

第二，中国传统文艺的内容和地位：以古代文学、传统戏曲、传统绘画等为代表，具有悠久的历史，蕴藏着丰富的文化内涵，是中华民族灿烂文化的重要组成部分。①

3. 传统思想是传统文化的重要体现

第一，传统思想包括在长期历史积淀中形成的理论观点、学术思想和道德观念。

第二，中国传统思想的地位和作用：经过数千年的发展，已经成为中华文化中一个非常重要的组成部分，对今天中国人的价值观念、生活方式和中国的发展道路，具有深刻影响。

表 5-1　传统文化形式

形式 区别	传统习俗	传统建筑	传统文艺	传统思想
含义	在一定社会群体中约定俗成或世代相传的风尚、礼节和习惯。	建筑被称为凝固的艺术	文学艺术，称为民族精神的火炬	包括在长期历史积淀中形成的理论观点、学术思想和道德观念
影响	对人们的物质生活和精神生活产生持久影响。	在世界建筑史上写下了光辉的一页	有悠久的历史。蕴藏了丰富的文化内涵	对今天中国人的价值观念、生活方式和中国的发展道路具有深刻的影响
地位	传统文化的基础形式之一	展示中国传统文化的重要标志	中华民族灿烂文化的重要组成部分	中华文化中一个非常重要的组成部分

① 安俊秀，靳宇倡. 网络文化与传统文化的相互教育关系［J］. 中国科教创新导刊，2009（4）.

问题2：怎样理解传统文化的含义？

是各民族在长期历史发展中形成并保留在现实生活中的、具有相对稳定性的文化。

正确理解这一概念要注意三个方面：

第一，传统文化具有鲜明的民族性，"鲜明的民族特色、民族风格和民族气派"。

第二，传统文化具有继承性，"在长期历史发展中形成并保留在现实生活中的"。

第三，传统文化具有相对稳定性，"具有相对稳定性的文化"。

练习：下列属于传统文化的有：

（1）男女平等的思想，（2）端午赛龙舟，（3）北京四合院建筑，（4）女人裹脚，（5）《三字经》，（6）儒家思想，（7）QQ聊天。

讲解：正确答案为（2）、（3）、（5）、（6）。（1）男女平等思想是现代思想，所以不是传统文化；（2）端午赛龙舟属于传统习俗，所以是传统文化；（3）北京四合院建筑是传统建筑，所以是传统文化；（4）传统文化是在长期历史发展中形成并保留在现实生活中的文化，女人裹脚这种习俗已消失，所以不是传统文化；（5）《三字经》属于传统文艺，所以是传统文化；（6）儒家思想属于传统思想，所以是传统文化；（7）QQ聊天属于现代思想交流活动，所以不是传统文化。通过上面练习，让学生进一步巩固知识。

第二课时　传统文化在今天

导入新课：

中山的传统文化形式举例，课前布置学生搜集资料，课堂上展示：

1. 文物古迹

（1）珠江纵队司令部旧址（古氏宗祠）、烟洲书院、岐澳古道

（2）中山西山寺、烟墩山塔、詹园

2. 传统节日仪式

春节、元宵节、清明、二月二、乞巧节、中秋节、冬至、年廿四、年三十

3. 民间信仰及相关活动

元宵节村庙北极殿"游神"、炮会、三月三（北帝诞）、四月八（浴佛节）、七月十四（盂兰盆节）

4. 非物质文化遗产

（1）民俗：南朗崖口飘色、小榄菊花会、沙溪四月八、黄埔飘色、南头灯酒习俗、三乡茶果传统饮食习俗、小榄菊花传统饮食习俗

（2）传统舞蹈：六坊云龙舞、狮子舞、龙灯舞、鹤舞、圣狮凤舞、三角麒麟舞、黄埔麒麟舞、鲤鱼舞

（3）民歌：中山咸水歌、百口莲山歌、东乡民歌、鹤歌、三乡民谣、童谣、民谚、小调儿歌

（4）传统技艺：沙溪凉茶传统制作工艺、黄圃腊味传统制作工艺、咀香园杏仁饼传统制作工艺

（5）传统美术：小榄民间刺绣

（6）戏剧戏曲：三乡木偶戏、粤剧

讲授新课；

1. 传统文化特性

探究：请同学们观看《文化生活》教材 42 页图片，探究传统文化有哪些特性。

学生活动：阅读课本，思考讨论，回答问题。

教师点评：

（1）传统文化具有继承性

没有文化的继承，就没有文化的积累。

（2）传统文化具有相对稳定性

传统文化在世代相传中保留着基本特征，同时，它的具体内涵又能够因时而变。

知识拓展：

大学校训中的传统思想

民国时期，梁启超在清华大学任教时，曾给当时的清华学子作了《论君子》的演讲，他在演讲中引用了《易经》上的"自强不息""厚德载物"等话语来激励清华学子。此后，这八个字被写入校规又成为校训。

1916 年 9 月张伯苓在给学生所作的题为"打破保守，努力进取，建设新中国"演讲中对《周易》此句谈了自己的理解。"《易经》曰：'天行健，君子以自强不息'，彼之所谓天行健者，乃指昼夜相承，春秋代继，无时或

已，长此不息而言也"，并由此而引申出了"日新月异"之说。1934 年，张伯苓先生正式宣布"允公允能，日新月异"为南开校训。

《礼记·大学》有言"大学之道，在明明德，在亲民，在止于至善。"陈嘉庚当年创办厦门大学时提出了"自强不息、教育救国"的理念。厦大第二任校长林文庆将校训定为"止于至善"。后来，厦大人将二者合在一起，定为校训"自强不息，止于至善"。

"明德格物"语出《礼记·大学》："大学之道，在明明德，在亲民，在止于至善。""大学"意指博大的学问。儒家治学，首重个人德行修为，"明德"就是彰显德行，先完善内在德智的修养，然后推己及人。这句话旨在训勉学生进德修业。"明德格物"成为香港大学校训。[①]

从大学校训中我们可以分析出传统文化具有相对稳定性。传统文化经过不同的时代仍然会保留着原有的基本特征。当然，随着时间的推移、社会的发展和时代的进步，会赋予传统文化新的内涵。

设计意图：让学生感受到，传统文化在世代相传中保留着基本特征，同时，它的具体内涵又能够因时而变。

（3）传统文化具有鲜明的民族性

作为特定历史发展的产物，传统文化是维系民族生存和发展的精神纽带。

举例说明：无论是中山的传统习俗——南朗崖口飘色、小榄菊花会、沙溪四月八、黄埔飘色、南头灯酒习俗、三乡茶果传统饮食习俗、小榄菊花传统饮食习俗，还是独具一格的传统舞蹈、民歌、戏剧戏曲等，都能感受到深深的古粤情和浓浓的中国风。"每逢佳节倍思亲"，传统节日激起了无限的乡情，传统节日引起两岸同胞最大的"乡愁"，这正是因为在我们传统文化的血脉中，始终涌动着对祖国统一的强烈认同感。

2. 传统文化的作用

学生活动：看课本，思考问题。

教师活动：传统文化具有相对稳定性和民族性的特点，那么，在现实生活中，传统文化会起着怎样的作用呢？请同学们阅读以下材料：

古语云，"君子和而不同""和实生物""和为贵""家和万事兴""事各顺其名，名各顺于天""天人之际，合而为一"。

你能说说"和谐社会"的思想与传统文化的"和""合"思想有怎样

---

① 张欣然，武明扬，李炯，谷足凯等. 世界海运研究中心海外学习访问团赴港学习的体会与思考［J］. 世界海运，2014（10）.

的关系吗？

教师点评："和谐社会"中体现了传统文化中的"和""合"思想，将"和""合"思想顺应社会生活的变化，去掉其将天神化的糟粕的内容，强调人与人、人与自然的和谐相处。[①]

传统文化的相应内容如果能顺应社会生活的变迁，不断满足人们日益增长的精神需求，就能对社会与人的发展起积极作用。

传统文化的内容如果一成不变，也会起阻碍社会进步、妨害人们成长的消极作用。

特别提示：要辩证地分析传统文化，既看到它的积极作用，又要看到它的消极作用，同时还要分清主次。

合作探究：有人认为："现在我们跟美国的差距是科技，我们现在的教育并不重视科技，现在学校教育从小学开始，就要背各种古诗词和各种古文，一直背到高中甚至大学，学习这些传统文化对我们有什么用？能够让我们追上美国吗？"你如何看待这种观点？

教师引导学生可从以下方面思考：

第一，科技和传统文化的关系是什么？文化包含科技，传统文化中也包含着传统科技，两者并不完全对立。

第二，传统文化有精华也有糟粕。传统文化里的中庸思想，唯上、唯书的意识确实对创新有影响；但是传统文化里的家国情怀、工匠精神，也可以为科技创新提供精神动力，智力支持。

第三，优秀传统文化对个人的影响。优秀传统文化影响着每个人的精神家园，实现与古人的精神链接。有来处，方知去处。我们都走得太快，然而回首过去，那些在历史中的经典文化仍熠熠发光，指引我们重新思考，参透人生。

第四，优秀传统文化对国家、社会的影响。优秀传统文化是精神动力，能为我们提供智力支持，能提高民族创造力。

第五，传统文化的鲜明民族性，是精神纽带，失去文化的链接，精神上将无所归依。

第六，展示世界的多样性。

【设计意图】提高学生理论联系实际的能力，解决问题的能力。

———————

① 吴小华.《传统文化的继承》的创新教学设计 [J]. 金色年华（下），2011（2）.

问题3：品《三字经》，分析其中哪些思想是可取的，哪些思想是不可取的。（PPT 呈现下列材料）

人之初，性本善。性相近，习相远。
苟不教，性乃迁。教之道，贵以专。
……
为人子，方少时。亲师友，习礼仪。
……
三纲者，君臣义。父子亲，夫妇顺。
……
十六世，至崇祯。
权阉肆，寇如林。李闯出，神器焚。

（摘自《三字经》）

学生讨论，合作探究，通过分析，师生共同归纳：《三字经》中"苟不教，性乃迁。教之道，贵以专""亲师友，习礼仪"等思想是可取的；"三纲者，君臣义""权阉肆，寇如林。李闯出，神器焚"等思想是糟粕。由此可见：要辩证地分析传统文化，既看到它的积极作用，又要看到它的消极作用，同时还要分清主次。

3. 态度：取其精华，去其糟粕

问题1：我们怎样对待传统文化？

问题2：正确对待传统文化有什么样的必要性？

对国家和民族：一个民族，一个国家，只有发挥传统文化的积极作用，克服传统文化的消极作用，才能兴旺发达。

对个人：每个人只有正确对待传统文化的影响，才能使自己自由全面发展，更好地创造新生活。

问题：我们应该怎样对待传统文化？（即对待传统文化的正确态度是什么？）

"取其精华，去其糟粕"，批判继承，古为今用。面对传统文化，要辩证地认识它们在现实生活中的作用，分辨其中的精华和糟粕。对于传统文化中符合社会发展要求的、积极向上的内容，应该继续保持和发扬。对于传统文化中不符合社会发展要求的、落后的、腐朽的东西，必须移风易俗，自觉地加以改造或剔除。

探究：请同学们阅读《文化与生活》教材第43页的观点一和观点二。

教师活动：将学生分成正方和反方进行辩论，正方观点"传统文化是财富"，反方观点"传统文化是包袱"。先分小组讨论，准备辩论的事例和观点。选出4位学生进行现场辩论，在允许的情况下，其他同学可以进行场外的提示。①

设问：你认为，传统文化对现实生活而言是财富还是包袱？你能够用事例说明你的观点吗？

学生活动：阅读课本，思考讨论，回答问题。

教师点评：传统文化中能够符合社会发展要求，体现时代精神的因素是社会的财富，应当予以保留。如范仲淹的名句"先天下之忧而忧，后天下之乐而乐"对于今天仍有积极意义，赋予吃苦在前、享乐在后的时代新内涵。反之，某些文化如果不能与时俱进，仍一成不变则是社会发展的包袱。如封建社会女人裹脚，极大地摧残着妇女的身心，这种封建陋习如果继续保留，与我们讲求男女平等的文明社会是格格不入的，应当予以剔除。

总结：传统文化对现实生活是财富还是包袱，要具体问题具体分析，因为传统文化里既有精华又有糟粕，对它的作用应该辩证分析，不能一概而论。

例如："孝"是中华民族传统道德重要的组成部分。一方面，"孝"包含尊老、敬老、养老，以及爱人、爱国等思想，是中华民族家庭和睦、邻里相亲、社会稳定的重要因素。可见传统文化中符合社会发展要求的、积极向上的内容，有利于激励人们的精神，有利于人们树立正确的价值观和人生观，对社会和人的发展起积极作用；另一方面，在封建社会，"孝"是封建统治阶级统治人民、维系政权的一个重要的工具。一切听命于"一家之长"的观念，使人们往往屈从于独断的权威或传统的家庭礼教，失去了独立的人格，形成了家庭关系中的不平等，这种不平等的关系又被逐渐推广到整个社会，它们对现实生活是包袱。② 传统文化中不符合社会发展要求的、落后的、腐朽的东西，则对人民的思想有腐蚀作用，对社会与人的发展起消极阻碍作用。

在社会发展过程中，随着生产力的发展，经济、政治的变化，传统文化的相应内容如果适应社会生活的变迁，不断满足人们日益增长的精神需求，

---

① 姜楠，王桂菊．聚集"静能量" 增强"获得感" [J]．思想政治课教学，2015 (1)．

② 秦苛．国学教育在《文化生活》教学中的渗透研究 [D]．新乡：河南师范大学，2014．

就能对社会与人的发展起积极作用。反之，如果一成不变，传统文化也会起阻碍社会进步、妨害人的发展的消极作用。

既然不同性质的传统文化对社会和人有不同的作用，那么我们对不同性质的传统文化有什么不同的态度？

设计意图：通过辩论，促使思维碰撞，从而引导学生形成正确的观点，启发学生思维，让学生学会更全面、客观地看问题，学会用发展的眼光看问题，培养分辨传统文化中精华与糟粕的能力，树立正确看待传统文化价值的态度，引导学生形成正确的文化继承观。

如何区别传统文化中的"精华"与"糟粕"："精华"与"糟粕"并不是泾渭分明的，更多的情况是交织在一起并相互转换的。许多东西在当时具有积极因素，但随着历史的发展，到后来又变成了消极因素；也有一些东西在当时看来是消极的，但是随着社会历史的变化发展、时事的变迁，它又具有了积极的意义。如何区别它们，也难以确定一个明确的标准。一般来说，能够满足时代发展需要的文化就是"精华"，不能满足时代发展需要的文化就是"糟粕"。

如何对待传统文化中的"精华"与"糟粕"？要真正做到"取其精华，去其糟粕"，并不是一件容易的事。我们对待传统文化决不能采取简单粗暴的方法。尤其值得注意的是，对于传统文化中的精华部分，我们也不是无批判地兼收并蓄。因为传统文化中的精华，也是特定历史时期、特定社会背景下形成的，我们必须根据自身所处的时代而对它们进行改造，将这些有用的部分重新熔铸，使它们升华为适应时代发展需要的内容。将传统文化中的精华部分改造成满足时代发展要求的内容，是每一个时代都必须进行的行为。人们在改造传统文化的过程中，并不是随心所欲的，而是自觉不自觉地将时代的精神熔铸在文化之中。

4. 辩证地认识传统文化在现实生活中的作用，分辨其中的精华和糟粕

（1）古为今用：对于传统文化中符合社会发展要求的、积极向上的内容，应该继续保持和发扬。

（2）移风易俗：对于传统文化中不符合社会发展要求的、落后的、腐朽的东西，自觉地加以改造或剔除。

课堂小结：

通过这节课的学习，学生懂得传统文化具有继承性、相对稳定性和鲜明的民族性的特点，懂得传统文化具有双重作用。

第三节 乡土文化资源的开发价值

乡土文化资源是思想政治课教育资源的重要组成部分，蕴含浓厚的地方气息和鲜明的地方特色，具有天然的亲和感与凝聚力，容易使学习和生活在该地区的学生产生亲近感，进而更易接受、交流和互动。在中学思想政治课实践教学中融入并合理利用地方人文资源，有助于丰富中学思想政治课实践教学的课程资源，增强思想政治课的吸引力和实效性；有助于扩展学生的课外知识，增进爱国爱乡的情感；有助于保护本土文化的固有价值，将思想政治教育融入社会，服务地方生活，促进地方人文资源的开发与利用。

一、乡土文化资源开发价值

1. 开发与利用乡土人文资源是培育文化自觉与文化自信的重要路径

党的十九大报告指出："文化是一个国家、一个民族的灵魂。"深入地方寻找具有教育性的人文资源，合理应用到中学思想政治课的教学实践中，是对中学思想政治课实践教学改革的有益尝试和实现思想政治教育"知行统一"和"内化于心，外化于行"的有效途径。党的十九大报告指出："文化兴则国运兴，文化强则民族强。没有高度的文化自信，没有文化的繁荣兴盛，就没有中华民族伟大复兴。"对于新一代年轻人来说，文化自信的意义尤为重要。新一代年轻人代表民族的未来，对中华文化高度的文化自信将为其成长与发展奠定精神根基，也为民族的发展打下坚实的基础。充分挖掘地方文化资源的内涵，丰富其表现形式，能帮助学生培养对本地区优秀文化的自觉和自信。

2. 乡土人文资源是培养学生学科核心素养的宝贵养料

加强对乡土人文资源的开发与利用，有助于丰富中学思想政治教育的内容，优化思想政治教育的结构，增强思想政治教育的实效性；有助于增强思想政治课的感染力、吸引力，提高学生的学习兴趣，激发学生主体性，对中学思想政治课的改革具有重大的现实意义。结合地方历史性的人文资源进行中学思想政治课实践教学，既丰富和完善中学思想政治课实践教学的课程资源，又帮助和引导学生切身感知地方历史素材，引发思想震动和心灵共鸣，增强中学思想政治课实践教学的吸引力和说服力，切实提高教学实效。

3. 地方人文资源是构建活动型学科课程的重要资源

活动型思想政治课是乡土人文资源开发与利用的最佳阵地，地方人文资源是构建活动型政治课的重要资源。地方人文资源开发与利用一直是传承优秀传统文化的重点与难点，传承优秀传统文化的方式很多，不同学科、不同领域的课程也都有所涉及。思想政治课本质上是一门德育课程，理应肩负起传承优秀传统文化的使命。学生在有益的活动课程中守护文化、继承文化、发展文化，进而树立高度的文化自觉与文化自信。相比空洞的说教，活动型课程更加入脑入心。可以说，活动型课程是地方人文资源开发与利用的最佳阵地。地方人文资源与活动型课程融合可使教学超越相对狭隘的教育内容，使教学更具活力和开放性；地方人文资源与活动课程融合有利于提高学生的人文素质，增进学生对家乡的了解，激发学生热爱家乡的情感。

二、以翠亨村乡土课程资源开发为例，看乡土课程资源的开发价值

所谓乡土课程资源是指"师生和学校所处的某一个具体的行政区域内的自然条件、社会经济基础和科技人文等方面的反映群众文化心理并且带有积极教育意义的系列内容，具体包括地方历史、地理、物种生态、文化习俗、人物风情、生活生产经验及社会科技进步等一切有利于实现课程目标的物质性和非物质性的因素"。[①] 乡土课程资源为中学开展政治教学提供了丰富生动的教育素材。广东省中山市南朗镇翠亨村，是民主革命先行者孙中山的故乡，拥有丰富的乡土课程资源，并于 2007 年 6 月被评选为第三批中国历史文化名镇名村。在政治课教学过程中，有机融入翠亨村乡土资源，可以有效唤醒学生的乡土情怀，培育他们对家乡、祖国的热爱之情，实现传授知识与完善人格的双重教学目标。为了更好地促进翠亨村乡土政治课程资源的开发，笔者将从课堂教学实践、校内实践及社会实践三个方面，总结几个关于翠亨村乡土课程资源开发的成功做法与经验，希望为翠亨村乡土课程资源在高中政治课堂的开发与利用提供帮助。

1. 利用乡土课程资源，进行课内教学实践

（1）以地方人文景观为基础，提出富有价值的研究性学习主题

人文景观，是一个地区发展的见证，承载了一定历史时间内的杰出文化，挖掘这些景观背后的文化价值，一方面可以使学生认识到自己家乡也是

---

① 黄浩森. 乡土课程资源的界定及其开发原则 [J]. 中国教育学刊, 2009 (1).

英雄辈出的地方，对家乡肃然起敬；另一方面，可以让学生发现蕴含在各种人文景观中的积极意义，进行自我教育，学习前人的各种优良精神，在熏陶中感受民族文化，形成正确的价值观，在继承传统文化的同时，激发起对家乡的认同感和热爱。

以翠亨古村保护区为例。翠亨村具有丰富的历史文化遗产，如翠亨村内历史街巷、翠亨民居展示区、翠亨农业展示区等。其中翠亨村内历史街巷均形成于清末民初，保存较为完整的、景观连续的主要历史街巷有和兴街、中亨街、众兴街。这是古村历史风貌最为完整、历史建筑最为集中、保存状况最为完好的区域，是重点保护区域。此外，翠亨古村保护区有优秀历史建筑17处，具有较好的建筑质量，保存完整，能够体现翠亨村村落特色和时代特征。因此，可以将诸如此类的优秀人文景观与当地的图书资料、历史传说、民间故事等结合起来，提出富有价值的学习主题，引导学生开展研究性学习，势必会极大地激发学生的探究兴趣。

（2）选择合适的教学法，活用乡土课程资源，激发学生的学习兴趣

教师自身的综合素质在很大程度上影响着乡土课程资源运用于思想政治课教学上的实际效果。教师选择合适的乡土课程资源进行教学时要根据实际需要：一是要善于根据教学内容重点、难点本身的特征选定；二是根据思想政治教育的现实需要和学生的关注点选定；三是根据授课学生的理论基础和理解能力选定。除此之外，教师还应树立多元化的课程资源理念，借助乡土课程资源，转变教学方式和学习方法。教师在授课中要注意避免单纯讲授式教学，也可选择案例式教学、情境教学法、合作学习法、探究式学习法等教学方法灵活运用乡土资源。

2. 结合艰苦卓绝的革命历史，开展社会实践活动，锻炼学生自主合作探究学习能力

课堂教学中选择艰苦卓绝的革命历史故事进行教学，是锻炼学生自主合作探究学习方式的有效途径。在教师的指导下，学生通过选择乡土资源中的革命历史，自主进行合作探究，从而更全面地了解、认识家乡革命历史，有利于增强学生的情感认同感。

以孙中山故居纪念馆和中山纪念中学保护区为例。孙中山故居纪念馆是以孙中山故居为主体的纪念性博物馆，坐落于广东省中山市翠亨村。开放的主要景点有：孙中山故居、孙中山纪念馆、孙中山听太平天国反清故事的雕

塑、孙中山试验炸药处——瑞接长庚牌坊、翠亨民居展示区、翠亨农业展示区、中山鼎、警世钟等,逐步形成以"孙中山成长初期的社会环境"为主题,兼具历史纪念性和民俗性、立体而多元化的陈列展览体系,充分地展现了孙中山伟大的爱国主义精神、思想体系和革命实践,再现了孙中山出生和成长初期的社会历史环境,使人们加深对孙中山这一伟大人物的了解。此外,翠亨村还是名人诞生地,孙中山、陆皓东、杨鹤龄、杨心如被乡人誉为"翠亨四杰"。他们在"驱除鞑虏,恢复中华"的革命斗争中功勋卓著。中山市很多中学教师会组织学生调研自己家乡的历史人物,进行自主合作探究,比如收集历史名人资料,介绍这些名人的生平及其在历史上的贡献;组织学生观看与本地名人相关的影视作品,如历史剧《辛亥革命》……引导学生从这些影视作品中自主选择与家乡有关的人物和历史故事进行合作探究。通过带领中学生参观孙中山故居纪念馆,促进青少年深入了解家乡文化,陶冶情操,培养优良品德。学生们在活动中得到了情感上的体验,享受到了学习带给他们的快乐和获得成果后的成就感,因此表现出了极大的学习兴趣。

3. 利用地区民俗文化与企业文化,开展极具特色的校本课程研究

民俗文化,指民间与集体遵从的、反复演示的、约定俗成的风俗生活和文化的统称,具有增强民族认同,强化民族精神,塑造民族品格的功能。企业文化作为一种组织文化,是企业在其长期的发展过程当中逐渐形成的稳定的文化观念和历史传统以及特有的管理风格。贴近学生生活的传统民俗文化与企业文化,无疑是传承、发展、丰富家乡文化的最好素材,可以极大地激发他们对家乡的认同感与自豪感。因而,通过多方参与开发地区民俗文化与企业文化,编写适合学生的校本教材,无疑具有重要意义。

以中山市翠亨新区为例。翠亨新区有着区别于国内其他新区的最大亮点——文化引领的全球华人精神家园。秉承高度的文化自觉和自信,塑造孙中山文化品牌,搭建文化交流平台,加强历史文化资源的保护和利用,实施文化精品工程,建设海内外华人共有精神家园探索区。它的战略定位包括四个方面:新一代珠江西岸理想城市先行区、转变经济发展方式引领区、人水和谐智慧用海试验区、海内外华人共有精神家园建设探索区。如中华文化岛、华人艺术中心、华商总部园、中华智慧生态园、逸仙湾休闲沙滩景观。落实到具体产业规划上,翠亨新区明确"4+2"的定位,即绿色装备制造业、

智能电子产业、健康医药产业和高端都市产业四大支柱产业和以产业基金、绿色金融为主导的创新金融业，以文化旅游、健康养生为主导的服务业两大特色产业。中学思想政治课以开发利用翠亨新区的特色地域资源为依托，将其与思想政治课中相关经济知识与文化知识相结合，培养学生科学精神核心素养。有条件的学校可以邀请专家开展系列讲座，邀请文化名人作专题系列报告，既与学校教师共同研发校本教材，又可培训教师如何利用校本教材进行教学。由地方文化名人担任顾问，对本地方民俗文化与企业文化有研究基础的教师参与编写，结合学生认知特点和兴趣爱好，编辑成极具特色的校本课程教材，在全校范围内推广使用，也可利用现代教育技术制作成视频资料，更好地传承地区民俗文化与企业文化。

从翠亨村乡土课程资源开发与利用的成功做法与经验可以发现，自然生态风光、社会民俗文化与企业文化、人文历史景观及革命历史等乡土资源的开发对中学政治教学具有很大价值。但是不能直接照搬照抄这些成功做法与经验，应以自身学校情况为基础，因地制宜、因时制宜、因人制宜，使乡土资源真正为中学政治课教学发挥作用。

第四节　乡土人文资源在思想政治课中的开发与利用

《新时代爱国主义教育实施纲要》（以下简称《纲要》）明确指出："要引导人们了解中华民族的悠久历史和灿烂文化，从历史中汲取营养和智慧，自觉延续文化基因，增强民族自尊心、自信心和自豪感。要坚持古为今用、推陈出新，不忘本来、辩证取舍，深入实施中华优秀传统文化传承发展工程，推动中华文化创造性转化、创新性发展。"《纲要》指出："依托自然人文景观和重大工程开展教育。"孙中山故里具有丰富的人文资源，开发和利用这些乡土课程资源，对于思想政治课教师创造性地实施新课程，具有非常重要的意义。

一、利用乡土人文资源，优化课堂教学

1. 乡土人文资源与教材内容相结合

中山乡土人文资源内容丰富、形式多样、意义深远，是优质的、本源性的思想政治课教育资源，其每一处革命遗址、革命文物、革命纪念馆、革命

陵园所承载的革命精神和厚重的历史文化都昭示着中国人民英勇奋斗的光辉历史，是最真实、最有说服力的教育素材，是高中学生坚定理想信念、滋养社会主义核心价值观和提升马克思主义理论素养的鲜活教材。① 高中思想政治课教师通过精心挑选与课程目标相一致的乡土人文资源作为课程补充，将有利于用"新鲜供给"满足学生的精神需要，进而使学生深切感受到马克思主义在当代中国的解释力和应用力，自觉与思想政治课"亲近"起来。比如讲必修2《政治生活》第六课"中国共产党领导的多党合作和政治协商制度"中的第一框"中国共产党执政：历史和人民的选择"时，我们使用国父孙中山先生的近代抗争历史做材料，以辛亥革命的失败来分析民族资产阶级的软弱，通过对比得出结论：中国共产党执政是历史和人民的选择。中山故里人文资源丰富了课堂教学内容，为课堂教学提供了鲜活的素材。通过乡土人文资源与教材知识的有机结合，实现了思想政治课教学政治性和学理性相统一，理论性和实践性相统一，灌输性和启发性相统一，显性教育和隐性教育相统一。

2. 乡土人文资源与多种教学方式结合

普通高中政治的培养目标是着力发展学生核心素养，这就要求教师在传授知识的同时，注重对学生思维能力的培养和正确价值观的引导。为达成这一要求，教师要灵活运用多种教学方法。如在讲《文化创新》这一课时，我校刘老师首先利用言传身教的方式，专门穿了中山装来上课，吸引同学注意，并组织同学思考：孙中山创制的中山装历经百年为什么能传承下来，进而得出孙中山先生的"天下为公"思想。并引导学生小组合作"设计作品参与中山文化节"，同学们积极参与，制作了明信片、纪念品、《中山歌》、画报等。刘老师结合地域特点并根据教学知识点对乡土人文资源进行了认真的筛选，找到乡土资源与教学内容的最佳结合点，对课堂具体操作和出现的问题及时地进行指导，深度解读翠亨村乡土人文资源，帮助学生深入了解当地的乡土人文资源，收到了良好的效果。

我们对乡土人文资源的运用方法主要有：图片法、视频法、故事法、情景体验法、合作探究法、实地参观法等。借助图片，化抽象为具体，使学生更加理解历史知识；借助视频，为学生创设一个声、像、体全面立体的环

---

① 王春霞. 论红色文化资源在大学生思想政治教育中的功能定位及实现路径［J］. 理论教育导刊，2018（05）：132–135.

境；通过创设情境，拉近政治与学生的距离；通过合作探究，既培养了学生的合作精神，又锻炼了学生的思维能力。我们还让学生以小组为单位，通过查询网络、走访、查阅书籍等方式，收集与教材相联系的红色旅游资源信息，并加工组合成书面材料，每组选一名代表，跟大家分享。

3. 乡土人文资源与信息技术相结合

当代中学生大多为"00后"，伴随着互联网的发展而成长，是典型的"数字原住民"，具有鲜明的"数字化生存"特质。网络已成为开展中学生思想政治教育的"新课堂"。我校将乡土人文资源中红色基因有效融入校园网建设，唱响网络红色主旋律、弘扬网络正能量。通过创设独具魅力的网络"新课堂"，提升有效点击率，让红色元素在网络上迅速"走红"，进而达到以高大上的政治内容为主题的红色文化宣传也能"走心"的效果。例如，我们通过中学生所青睐的微电影、微小说、小剧场等方式生动直观地将红色文化呈现出来，获得直戳心底、打动人心的效果。其中学生拍摄的微电影《孙中山》以几个主要情节展现了孙中山光辉的一生。学生从电影拍摄活动和观看电影中受到很大启发，提高了学习积极性。

除此之外我校还通过拓宽教学渠道，搭建中山市红色文化资源学习平台，充分利用课堂平台、实践教学、网络园地等多种载体，通过微电影、微信公众号、微课、手机APP等形式对中山红色文化资源的精神内涵进行宣传讲解，实现课上课下、线上线下融为一体，逐步实现本土红色文化资源共享与交互。

二、依托乡土人文资源，丰富"第二课堂"

1. 乡土人文资源注入校园文化

将乡土资源注入校园文化活动，让学生真正感受到思想政治课教学实践教育与乡土人文资源的魅力。我校通过阅读、讲座、参观、写作等形式，开展"读一本书""上一堂主题班会课""开一场报告会""写一篇纪念文章""进行一次参观学习""办一次展览""拍一部微电影""开展一场知识竞赛""办一台晚会""搞一次社会实践活动"等系列专题教育活动，深入开展孙中山文化教育工作，展示学习和教育成果。通过多种方式，让学生主动接触乡土人文资源，也让乡土人文资源逐渐走进学生生活。这样，乡土人文资源能对学生产生潜移默化的影响，调动学生学习主动性。翠亨村是名人诞

生地，孙中山、陆皓东、杨鹤龄、杨心如被乡人誉为"翠亨四杰"，他们在
"驱除鞑虏，恢复中华"的革命斗争中功勋卓越。我们组织学生调研自己家
乡的历史人物，进行自主合作探究，比如收集历史名人资料，介绍这些名人
的生平及其在历史上的贡献；组织学生观看与本地名人相关的影视作品，如
历史剧《辛亥革命》，引导学生从这些影视作品自主选择与家乡有关的人物
和历史故事进行合作探究。通过带领中学生参观孙中山故居纪念馆，促进青
少年深入了解家乡文化，陶冶情操，培养优良品德。学生们在活动中得到了
情感上的体验，享受到了学习带给他们的快乐和获得成果后的成就感，因此
他们表现出了极大的学习兴趣。

笔者指导的课题《中山市东区三溪村古屋维护与开发利用现状研究社
会实践活动方案设计》荣获 2018 年广东省中学思想政治学生社会活动成果
交流（社会调查类）一等奖。课题组指导的中山纪念中学生开展的"中山地
区中草药情况调查"获 2018 年第十六届中山市青少年科技创新大赛一等奖。

2. 乡土人文资源支撑文艺活动

乡土人文资源在思想政治教育方面的导向作用，体现在具体的实践活动
及文艺活动中。老一辈革命家的革命事迹及人生经历，是宝贵的乡土人文资
源。教师在进行思想政治教育时，利用话剧等艺术形式，让老一辈革命家的
革命思想和革命事迹通过多种方式进入学生的日常生活。用艺术形式展现乡
土人文资源，让学生在观看过程中增强政治认同。

3. 乡土人文资源营造文化氛围

乡土人文资源是中华优秀文化的重要组成部分，是思想政治课教育资源
的重要组成部分，蕴含浓厚的地方气息和鲜明的地方特色，具有天然的亲和
力与凝聚力，容易使学习和生活在该地区的学生产生亲近感，进而更易接
受、交流和互动。在中学思想政治课教学实践中融入并合理利用地方人文资
源，有助于丰富和完善中学思想政治课实践教学的课程资源，增强思想政治
课的吸引力和实效性。营造乡土资源氛围，有利于学生在吸收知识的过程中
洗涤心灵，培养艰苦奋斗的精神，增强学生的社会责任感。学校可以通过创
造条件、营造氛围，让学生在日常生活中多接触乡土人文资源。例如制作主
题板报"美丽的翠亨我的家"等，让学生充分感受乡土人文资源。乡土人
文资源能潜移默化地使学生认识到世界观、人生观与价值观的重要作用，从
而提高学习积极性，拉近思想政治教育和学生之间的距离。

三、挖掘乡土人文资源，开发校本课程

贴近学生生活的传统民俗文化与企业文化，无疑是传承、发展、丰富家乡文化的最好素材，可以极大激发他们对家乡的认同感与自豪感。因而，通过多方参与开发地区民俗文化与企业文化，编写适合学生的校本教材，无疑具有重要的意义。

学校以开发利用翠亨新区的特色地域资源为依托，将它与思想政治课中相关经济知识与文化知识相结合，编写校本课程，培养学生科学精神核心素养。还邀请专家开展系列讲座，邀请文化名人作专题系列报告，与学校教师共同研发校本教材。由地方文化名人担任顾问，对本地方民俗文化与企业文化有研究基础的教师参与编写，结合学生认知特点和兴趣爱好，编辑成具有特色的校本课程教材，在全校范围内推广使用，收到良好效果。

第六章
开展课题研究　促进教师专业成长

思想政治课教学效率与教师的教学方式、学生认知状况、学习态度、学校管理水平以及校园环境有密切关系，研究这些问题有利于教师专业成长。

第一节　"网络四环教学法"研究

实现由应试教育向素质教育的转变，已经成为当今教育教学改革的主旋律。在教学中运用"网络四环教学法"是实现应试教育向素质教育转变的有益探索。

所谓"网络四环教学法"就是引导学生在阅读教材的基础上，通过设置知识网络图、订正知识网络图、学知识网络图、用知识网络图四个环节，达到掌握知识、培养能力、提高素质的目的。这种教学方法坚持教为主线、学为主体，重在开发智能，以提高学生素质为归宿。它打破了以教师为中心的教学模式，实现了三个转变，即实现了以教师讲授为主向教会学生会学的教学方式转变，以课堂教学为中心向课内课外相结合的教学方式转变，以传授知识为中心向发展智能、提高素质的教学方式转变。实践证明，根据教材内容，恰当地运用"网络四环教学法"能有效地激发学生的智力和能力，提高教育教学效果。

一、"网络四环教学法"课题的提出

进入新时期以来，党和国家鉴于政治课教学的极端重要性及其现状，多次强调要进一步加强和改进政治课教学。"加强""改进"的主要目标，就是要通过教学培养学生运用正确的立场、观点及方法增强"观察和分析问

题的能力"、"参加社会实践的能力"，从而提高学生的"政治素质"和"思想道德素质"。长期的教学实践使我们感到，因循多年的教师结论、学生背条条框框的教学模式完全忽视了学生的主体地位，视学生为"容器"、"机器人"，无法实现上述教学目标。为此，近年来笔者在30多所学校开展了"网络四环教学法"改革实验，使教学境况有了显著改观。

二、网络四环教学法的理论依据及其意义

1. 现代教育理论是构建"网络四环教学法"的理论基础

现代教育理论普遍认为，在任何教学活动中，学生都是学习的主体，学习活动主要靠学生自己完成。教师讲得再多再好，也只有通过学生独立的理解和加工，才能成为自己的知识。如果教师的讲解不能引起学生学习的动机或与学生原有的知识结构不相适应，学生就会充耳不闻。如果教师所传授的知识不经过学生自己的思考和练习，就可能成为浮光掠影。另一方面，也要强调教师的主导作用，因为教学的方向和内容、方法和进程、质量和结果等都主要由教师决定。网络四环教学法使"教学必须以学生为主体，教师为主导"这种现代教学理论的基本观点在实践形式上和课堂结构上得到了保证。

2. 提高学生学习能力是新课程改革的目标

"授人以鱼不如授人以渔"讲的是传授给人既有知识，不如传授给人学习知识的方法，因此教会学生学习是教学的基本任务。联合国出版的《学会生存》一书指出："未来的文盲将不再是目不识丁的人，而是没有掌握学习方法，不会钻研、学习能力低下的人。"[①] 随着科学技术的发展，人类知识总是在迅速增长，更新周期大大缩短，学生必须会学习，才能不断更新知识适应将来工作的需要。21世纪的人类社会将是信息社会，社会越文明、进步，越需要知识，每个人都必须努力学习和善于学习，才能适应社会发展的需要。目前我国教育改革着眼于培养学习能力强的高素质人才，因此，政治课教学要探讨应试教育向素质教育转变的途径。在教学中，指导学生形成知识网络，弄清知识结构，能培养学生良好的学习习惯，体现学生的主体作用，有利于帮助学生在掌握知识的同时形成学习能力。

---

① 联合国教科文组织国际教育发展委员会. 学会生存 教育世界的今天和明天 [M]. 华东师范大学比较教育研究所，译. 北京：教育科学出版社，1996：89.

3. 现代心理学教育理念是"网络四环教学法"的实践基础

美国教育心理学家布鲁纳指出："知识的任何组织，如果能把知识嵌进一个人业已组成的认识结构中，而减少了材料的极度复杂性，那就会使那类材料比较易于检索。一般来说，按照一个人的兴趣和认识结构组织起来的材料就是最有希望在记忆中'自由出入'的材料。"① 网络四环教学法就具有这种特点和优点，因为知识网络图的构建具有一定规律可循，网络式的认识结构容易为学生掌握。所以当一个新的教学内容出现时，学生就容易按照自己业已储存的认知结构，在兴趣的诱导下，将新内容中的知识点嵌进一定的"章法"，使它便于检索，成为"最有希望在记忆中自由出入"的材料。实践证明，网络四环教学法可以极大提高学生学习效率。

4. "网络四环教学法"是培养未来社会高素质人才的要求

未来社会是信息社会，生活节奏快，知识与技术更新的周期越来越短。美国加速学习系统公司创始人柯林罗斯在《学习地图——21世纪加速学习革命》中提出："几乎各行各业的知识，每隔两三年就会倍增，这意味着你的知识必须倍增，否则，你就会落伍。"② 学生仅靠传统教学模式所学到的知识是不可能适应社会快速变化的需要。联合教科文组织在对世界各国教育进行考查的基础上，提出了一个长达30万言的《学会生存》③ 的报告，强调的也是只有学会学习，才能学会创新，才能学会更好地生存。因此，一些发达国家在80年代就提出了"终身教育"、"终身学习"的新观念。这些新观念认为，现在正"处在唯一不变的就是变化"，"以及变化的旋风愈转愈快"的时代，"学会如何学习"应优先于"学什么"。所以，学校教育的目的不只是学到什么知识、什么技能，更重要的是要教会学生如何学习，"学会怎样学习"，要把学生培养成为具有终身学习能力的人才。未来社会是一个又一个新的未知数，原有的认识成果不足以应付未来社会，而靠终身的学校教育不可能也无必要，靠得住的只能是人的自主学习能力。因此，课堂教学不仅是让学生学会知识，更要让学生"学会学习"。过去说"知识就是力量"，现在应当说"掌握知识的知识（即方法与能力）就是力量"。学会学习是未来人立身处世的需要。提高人的素质，首先就是要提高人学习的

---

① J. S. 布鲁纳. 论教学的若干原则 [J]. 教育研究, 1979 (5): 60–65.

② 柯林·罗斯. 学习地图——21世纪加速学习革命 [M]. 北京: 中国城市出版社, 1999: 4

③ 联合国教科文组织国际教育发展委员会. 学会生存　教育世界的今天和明天 [M]. 华东师范大学比较教育研究所, 译. 北京: 教育科学出版社, 1996: 89.

能力。

会学习是古今中外众多事业上成就辉煌的专家、学者寻求未知、突破陈见、创新理论的共同特点。达尔文、牛顿、爱因斯坦、华罗庚等人都是"会学习"的佼佼者，他们长于学习，都有或长或短的自主学习经历。牛顿在剑桥大学读书时，因瘟疫流行，学校放长假，他就回家住了一年零八个月，利用这段时间在微积分、光学、万有引力三个方面进行了大量的自主学习研究，为日后的科学发现打下了雄厚基础。爱因斯坦上大学后，理论物理科教授韦伯不能传授给他们什么新的东西，他就拿起了老招数，即不断地自己读书，自己设疑，自己求索，终于得到了热学、光学、电学的最新理论。

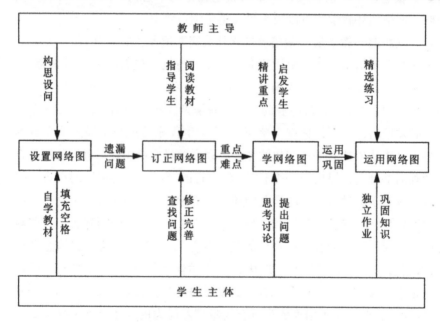

图 6-1 网络四环教学法的基本模式图

三、网络四环教学法的基本模式

网络四环教学法的操作程序：

1. 设置网络图

教师指导学生绘制一个单元的网络图。网络图的绘制要注意以下几点：第一，要按照教材的体系顺序绘制，并且要体现出知识点之间的逻辑关系，知识要点之间的辈分关系、从属关系。第二，内容要全面、层次要分明。网络图要囊括教材的基本要点。网络图的基本层次应有六层：第一层是单元标题，第二层是"节题"，第三层是"框题"，第四层是知识点，第五层是主题句，第六层是理论依据或者事实依据。第三，绘制网络图主要绘制框架，其大部分内容要以括号、空格形式绘制出来，由学生去填充。

学生根据网络图的指引去阅读教材，在弄清教材脉络后，按网络图去填充网络中的空格。这样既克服了学生阅读课文无目的的现象，培养了学生自学能力，又在填充空格中加深了印象，强化了记忆。

2. 订正网络图

通过第一步，学生对结构概貌有了一个基本了解，但是他们很难将全部内容都填写出来，因此，我们设置了订正网络图这一环节。

第一，要指导学生细读课文，逐段逐句地阅读，看是否有遗漏。

第二，学生阅读课文的方法：阅读课题查看"节题"，了解课文的总体框架；阅读引言看"框题"，了解课文教学目的和主要原理；阅读框题查找基本观点，了解概念和原理的主要内容；阅读基本观点，寻找阐述观点的基本依据。指导学生按照关键词—主题句—知识点—框—节—单元，逐层了解其间的逻辑关系。

第三，学生根据教师的指导查漏补缺，即①查第一层次是否合理，看"节题"是否准确反映课题；②查第二层次是否合理，看"框题"是否反映"节题"；③查第三层次是否合理，看每一段落提纲是否准确反映框题；④查第四层次，看每层次是否反映段落，层次是否遗漏；⑤查第五层次，看每层次的论据是否有遗漏。发现问题，即予以订正。

第四，指导学生自制网络图，归纳网络图绘制方法。

3. 学网络图

通过第二步，网络图完整地绘制出来，但这并不等于学生对知识的真正理解和掌握，不等于知、情、意、行转化过程的真正实现。对许多知识点，特别是重点和难点，学生尚停留在"知其然，而不知其所以然"的层次上，因此我们又设置了"学网络图"这一环节。

如何学网络图呢？首先，在网络图的指导下，按照课—节—框—知识点—主题句—关键词的顺序，逐一研究各部分知识在系统中的地位和作用。用这样的方法掌握的知识具有系统性，结构严谨，条理性强的特点。其次，教师根据教材的重点和难点，针对学生的疑难问题进行启发式的讲解。讲解时，教师应注意：①讲解的重点应放在"三点一线"上。所谓"三点"即新旧知识的结合点，新知识的关键点（重点和难点），理论联系实际的结合点，所谓"一线"指前后各节之间和基本概念原理之间的内在联系。②要重视发挥教材的教育性，避免因强调知识的完整性而削弱思想政治课的教育功能。

4. 运用网络图

"运用网络图"是巩固和深化知识，形成能力的重要环节。网络图学习的效果如何，在此环节中既可以得到检测，又能得到补充、纠正和巩固。如何引导学生"运用网络图"呢？方法是：

第一，用网络图回忆复习书本知识。网络图是对书本知识精炼而有条理的概括，绘制网络图是对书本知识由厚到薄的处理过程。纲举目张就是对书本知识由薄到厚的更高层次上的再现过程。

第二，利用网络图拟题训练：①以网络中每个知识点为单位，编制成最简单的问题；②以网络图中相互联系的几个知识点为单位，拟成小综合题；③以整个网络图知识为答案内容，拟成一个大综合题。

四、网络四环教学法的意义

1. 有利于强化学生的主体地位和作用，调动学生的主动性和积极性

教师和学生是课堂教学活动中的两个最主要的因素，师生关系的好坏直接关系着课堂教学的效果和学生对所学知识的接受程度。所以说我们在课堂教学活动中对师生关系问题的处理是首要的。要处理好师生关系，应该摆正各自的位置，即教师是主导，学生应该是学习的主体。而在应试教育观念的影响下教师往往把学生当成了考试的机器，教师的附属品，因此在进行课堂教学活动时往往出现"一言堂"，课堂教学过程其实就是"教师讲、学生听"的过程，结果往往是学生学习没有积极性，教学效果不理想。所以我们要摆正师生各自的位置，树立"学生是学习的主体"这一观念，通过启发式教学引导培养学生的独立思考能力，让学生真正成为课堂活动的主角，真正成为课堂的主人和学习的主体，以求最终实现学生的全面发展。比如笔者在讲授"国有企业经营者的地位"这一课时就放手让学生先通过阅读总结出本课主要讲了哪些重要知识点，其中自己觉得哪些是重点、哪些是难点，为什么这样认为。在同学们各抒己见后笔者进行了总评，然后又在黑板上列出了本课所学知识的大致框架结构图表，并空出其中一些关键地方分别让三个小组的同学在分工协作的基础上进行了一场友谊赛。这样做不仅让学生在课堂活动中扮演了"主角"，培养了学生自我学习的能力，而且一系列

的活动极大地调动了学生学习的积极性和热情，增强了学生对思想政治课的兴趣。

2. 有利于提高学习效果，强化记忆

这种复习方法是通过把知识进行归纳概括或浓缩整理，使知识条理化、简单化，以便梳理及记忆。例如，在复习人类社会的发展基本常识时，把内容浓缩整理为"一、二、三、四、五"，即一条规律（或原理）：生产关系一定要适应生产力发展的规律（或原理）；一个根本标准：生产关系是适应生产力发展的要求是衡量社会进步与否的根本标准；两部历史：人类社会发展的历史首先是生产发展的历史，同时在阶级社会里又是阶级斗争的历史；两个必然：资本主义必然灭亡，社会主义必然胜利；三个基本观点：生产观点、阶级观点、群众观点；四个关系：人类社会发展的一般过程和特殊过程的关系，实现共同理想与实现最高理想的关系，实现理想与艰苦奋斗的关系，个人前途与祖国命运的关系；四个主要方面的内容：生产力、生产关系，社会组织和国家、思想文化和科学技术。五种社会形态：原始社会、奴隶社会、封建社会、资本主义社会、社会主义社会和共产主义社会。这样人类社会的基本常识便轻松地"印"在学生的脑海里了。

在以上学习方式里，生产力和生产关系的内容贯穿于每一学习方式之中，因为生产力与生产关系的相互关系和相互作用是《思想政治》教材的一条主线。因此，我们可以在整个复习过程中，从不同的角度、不同的层面把握这条主线，进一步厘清不同课程知识之间的关系，便于全面掌握教材的内容。

第二节　高三学生"学习瓶颈期"研究

一、问题的提出

《体育心理学》中有一条关于动作技能训练的学习曲线，它显示这样一种现象：训练者开始进步快，后期进步慢，中间总会有一个非常明显的或长或短的停顿期，我们把这个叫做"学习瓶颈期"。

高三学生在第一轮复习后，基本掌握了所学的基础知识和思想方法，学习成绩有了明显提高。但是，正当学生受到了极大鼓舞，充满了信心和希望，提高了学习兴趣，并努力搞好第二轮复习时却发现自己复习效率变差，有时连学过的知识也感觉模糊，学习进步的速度减慢，学习成绩提高较慢甚至是下降，处于一种停滞或波动状态。我们称这种现象为"学习瓶颈期"。

通过问卷调查发现，笔者所在的重点中学 2014 届和 2015 届高三学生在第二复习阶段分别有 96% 和 98% 的同学出现了"学习瓶颈期"，学习瓶颈期的存在极为普遍。学生出现这种现象时，不仅会出现头脑一片空白，复习时精力不集中的现象，甚至会出现连学过的知识也回忆不起来的现象，欲速而不达，复习效果差，成绩下滑；更加严重的是，学生会因此感到焦躁，注意力分散，忧心如焚，身心疲惫，灰心丧气，学习兴趣降低，丧失信心，情况严重的可能会出现自暴自弃，放弃学习的念头。为了让学生更好地搞好高三第二期这一关键时期的复习，使学生在高考中取得理想的成绩，考上自己期望的学校，我们就必须开展对高三学生"学习瓶颈期"的研究。

1996 年中共中央、国务院在《深化教育改革全面推进素质教育的决定》中指出，要"针对新形势下青少年成长的特点，加强学生的心理健康教育，培养学生坚忍不拔的意志和艰苦奋斗的精神，增强青少年适应社会生活的能力"。接着，教育部又于 1999 年专门发布了《关于加强中小学心理健康教育的若干意见》的文件，进一步明确了加强中小学心理健康教育的重要性，并提出开展心理健康教育的具体意见。

因此，为了贯彻落实我国有关"加强中小学心理健康教育，全面推进素质教育"的方针、政策，结合教学实践，笔者组织科组成员把当前在高三学生中普遍存在的"学习瓶颈期"作为研究课题。通过研究，加强对学生的心理健康教育，不断提高高三学生对"学习瓶颈期"的认识，切实增强高三学生应对"学习瓶颈期"的心理调节能力，寻求缩短高三学生"学习瓶颈期"时间的有效途径，尽量减少"学习瓶颈期"对高三学生复习的负面影响，努力把我校的毕业生培养成"心理更加健康、知识更加丰富、素质更加全面"的综合型人才。

二、理论依据

1. 教育心理学说与发展心理学说

教育心理学是研究教学基本规律的科学，是应用心理学的一个分支，主要研究教育和教学过程中，学生掌握知识和技能，形成良好道德品质的规律，并根据学生的个性差异，全面贯彻"因材施教"的原则，尽量避免操之过急，脱离实际。教育心理学为培养人教育人提供了科学依据。因此，为了提高教学质量，教师必须掌握学生认识过程的规律以及在不同的学习阶段的心理特征，才能合理地组织教学，并让学生最大限度地掌握知识技能，提高各种认识能力。而发展心理学则主要是研究人在不同年龄阶段的心理特点的发展变化规律，并根据个体的成长规律和身心特点，有针对性地进行教育和培养工作，以便从根本上提高人的素质。我们开展高三学生"学习瓶颈期"这一课题研究的主要目的是为了让老师更清楚地了解学生，也使学生更准确地认识自己，达到学校教育和自我教育的最佳效果。而教育心理学说与发展心理学说为我们课题研究的开展提供了心理学方面的科学依据。

2. 唯物主义辩证法中联系观与发展观

马克思主义认为"人是社会关系的总和"，"人们的存在就是他们的实际生活过程"。现实的个人活动不是存在于社会关系之外，而是存在于社会关系之中。不是个人的活动形成着社会活动，而是"社会在生产着、形成着它的个体的活动"。个人离不开社会，个人只有在正确处理个人与社会关系中才能获得发展。马克思主义认为"事物是普遍联系的"，个人的心理素质与他所处的社会环境及现实活动有密切关系。所以，笔者在研究"学习瓶颈期"的过程中，对学生所处的环境进行比较深入的调查、分析，并依据活动的具体要求不断地调整研究方法。而唯物主义辩证法中的联系观、发展观为我们的研究提供了重要的理论依据。

3. 全面和谐发展理论

苏霍姆林斯基在他的全面和谐发展理论中指出，在教育过程中要使相对独立的德育、智育、体育、美育、劳动教育与心理教育相互渗透和相互交织，构成一个统一而完整的过程。因为，教育的影响之间存在着数十种、数百种甚至数千种依赖关系和制约关系，教育的效果取决于这些关系实现的程度。一种教育因素不能脱离其他教育因素及其整体，每种作用于人的手段的效果，要根据另一些影响手段的深思熟虑程度、目标明确程度和有效程度而定。完整的教育体系不能忽视和抛弃其中任何一个组成因素。教育中没有主次之分，犹如在构成美丽花朵的花瓣中没有主要花瓣一样，教育中一切都是主要的。所以，教育工作者在"教书育人"的同时要把以前忽视的心理教育贯穿于其他各育之中，渗透于整个施教过程中。而我们进行以"学习瓶颈期"为突破口的学生心理健康状况研究，是为了教师更好地了解学生的心理状况，更好地在教学过程中实施心理教育，以取得更好的教学效果。这完全符合全面和谐发展理论。

4. 基础教育课程改革的重点要求

新课程体系强调培养学生良好的心理素质和健全的人格，使学生自尊、自信、自律，积极主动、乐观向上；具有克服困难、应对挫折的勇气；具有良好的心理素质；具有公平竞争意识和坚忍不拔的毅力……因此，对"学习瓶颈期"进行研究，加强学生心理健康教育，完全符合当前基础教育课程改革的要求。

三、理论假设

结合高三学生的各项活动，尤其是学习活动，坚持以学生为主体，以"学习瓶颈期"为重点，以学生发展性心理问题研究为核心，通过开展形式多样的研究分析和教育活动，了解、分析、探讨"学习瓶颈期"的成因、影响及解决方法，帮助学生度过"学习瓶颈期"，取得更大的进步，并由此而探索建立预防高三学生"学习瓶颈期"和排除其负面影响的教育机制及有效而系统的方法。

四、研究的具体目标与内容

1. 研究的具体目标

本研究课题共有三个方面的研究目标。

（1）认知目标

通过对"学习瓶颈期"的调查、分析和探讨，帮助高三学生全面了解"学习瓶颈现象"的外在表现和内在原因。

（2）能力目标

让学生通过对"学习瓶颈期"的了解，帮助学生在遭遇"学习瓶颈期"后能不急不躁及时调节心理状态，优化学习方法，强化心理素质，切实增强学习自信心，尽量缩短"学习瓶颈期"存在的时间。

（3）发展目标

通过对"学习瓶颈期"的研究，让学生在具备应对"学习瓶颈期"的各种能力的基础上，有效地提高心理素质，形成健康的人格品质，为学生今后的身心发展提供帮助。通过此项研究，学校逐步建立符合我国教育实际的预防"学习瓶颈期"和排除负面影响的教育机制，进而为构建符合现代教育要求的中学生心理素质教育培养模式提供借鉴和参考。

2. 研究内容

本课题的研究内容可归结为两个方面：

（1）"认知"能力

①通过测验、系统观察、问卷调查和个别交谈等方法了解"学习瓶颈期"及学生的心理健康状况。

②通过个案分析、归纳总结等方法找寻"学习瓶颈期"出现的原因及克服"学习瓶颈期"的有效途径。

③通过心理咨询、知识讲座和网络宣传等形式使学生正确认识"学习瓶颈期"，消除对它的恐惧心理并引导学生顺利地度过"学习瓶颈期"。

（2）自我调节能力

为了使处在"学习瓶颈期"的同学能尽早地走出"瓶颈"，走向"海阔天空"，必须培养学生良好的自我调节能力。

①强化信心。"自信是成功的一半"。开展"我能行"的实验研究，使学生明白"学习瓶颈期"不是学习极限，增强学生的自信心，并使学生学会积极的自我暗示，如在桌上贴上"我有学习能力，我一定能成功"的字条等。

②优化情绪。让学生学会以平常心对待考试和成绩，由此步入一种超脱功利的更高的学习境界。

③适当放松。课余听听音乐，散散步，以给疲倦的大脑适当的休息时间。

④调整学习方法。根据复习内容和进度及时调整学习方法与策略。

⑤正确的学习观。学习是自己的事，别人的意见、想法正确的就接受，不正确的就没必要使它成为自己的负担。

五、研究步骤与作法

1. 研究步骤

本课题预期研究时间为 2014 年 3 月至 2016 年 1 月，具体分为五个阶段进行。

第一阶段：前期筹备（2014 年 3 月至 7 月）。

确定研究课题，制定课题研究方案，明确研究内容与目标，确定研究对象（2015 届高三学生），着手队伍建设。课题研究由主持人牵头，教科室具体实施，德育处密切配合，高三班主任及任课老师积极参与。

第二阶段：调查研究（2014 年 7 月至 9 月）。

采取观察、问卷调查、随机抽样、个别咨询等方式，了解"学习瓶颈期"在高三学生中存在的状况以及高三学生对"学习瓶颈期"的态度和心理准备情况，并着手研究和尝试"调适"的方法。

第三阶段：综合分析（2014 年 9 月至 2015 年 7 月）。

综合本届高三学生"学习瓶颈期"的症状，归纳消除"学习瓶颈期"的各种方法和措施（包括教师的疏导和学生的自我调适），总结其中的经验和教训，形成课题研究的阶段性结论，并启动对新一届高三学生的观察、分析和研究。

第四阶段：明确措施（2015 年 9 月至 10 月）。

以相关心理学和教育学理论为指导，按照学生对"学习瓶颈期"的不同态度，找准学生心理健康的不足和差距，进一步壮大研究队伍，进一步完善观察、分析和研究的方法，探求"学习瓶颈期"出现的规律，明确克服"学习瓶颈期"的各种措施，并在 2016 届高三推广实施，逐步扩大研究成果。

第五阶段：总结规律（2015 年 11 月至 2016 年 1 月）。

综合比较各种措施的效果，总结"学习瓶颈现象"出现的规律和应对方法，并展示研究成果，形成结题报告并加以推广，为提高中学生心理素质提供重要的借鉴和参考，从而有效地推动素质教育的发展。

2. 研究方法

（1）系统观察法

在日常的教学过程、课外活动等自然状态下，有目的、有计划地对学生的言行举止、学习状态进行系统观察并积累资料，然后对观察资料进行整理分析，了解"学习瓶颈期"在学生中存在的情况并对学生的心理状态进行评估，为课题的开展提供依据。

（2）个别交谈法

课题研究人员通过与被访学生面对面地谈话了解学生在"学习瓶颈期"的心理状态，为以后的研究提供依据。

（3）问卷调查法

通过设置以"'学习瓶颈期'是什么？'学习瓶颈期'有哪些危害？怎样正确应对'学习瓶颈期'？"等问题为主要内容的"问卷调查表"，并以网络咨询和表格发放等形式，广泛了解学生对学习瓶颈现象的认识程度，为进一步的研究打下基础。

（4）测验法

选择笔者所在学校和兄弟学校高三学生及其他年级部分学生，运用信度效度较高的心理健康诊断测验方法对学生进行测查，了解"学习瓶颈现象"在学生群体中存在的现状及其影响，为课题的开展提供依据。

（5）个案分析法

选取受"学习瓶颈期"影响程度不同的几个学生进行跟踪调查，并根据调查结果，分析其处在"瓶颈"和走出"瓶颈"后对学习的不同态度，及其走出"瓶颈"的不同方法，为综合总结时提供解决问题的方法。

（6）归纳总结法

在以上两项研究的基础上对研究结果进行归纳总结，并根据本校学生的实际情况制定出一套能最大限度消除"学习瓶颈期"负面影响的教育模式。

3. 研究实施的基本做法

（1）知识讲座

请有关心理专家和教育专家及本校心理专业老师就"学习瓶颈期"演讲报告，并组织学生观看相关的电影、录像。

（2）班级自治法

通过班主任顾问制教育法，树立学生对"学习瓶颈期"的正确认识。

（3）范例引导法

充分利用范例的形象性引导学生顺利地度过"学习瓶颈期"。

（4）心理疏导法

开设心理咨询室，加强心理疏导。

（5）心理训练法

针对"学习瓶颈期"进行预防和克服训练。

（6）网络教育法

充分利用学校教育网络对学生进行有关预防"学习瓶颈期"及怎样度过"学习瓶颈期"的教育。

六、研究过程

1. 建立研究体系

（1）锁定目标

"学习瓶颈期"出现的规律；"学习瓶颈期"的成因及消除方法。

（2）确定对象

2015届高三毕业班。

2. 进行师资培训

为了保障研究的顺利进行，课题组首先对研究人员（教师、家长）进行培训，让他们了解"学习瓶颈期"的表现、产生的原因，做到心中有数，并及早地关注，主动地探寻消除"学习瓶颈期"的方法。

"学习瓶颈期"内涵及其界定：

"学习瓶颈期"，是指在学习过程中的一定阶段，产生学习效率降低，学习进步速度减慢甚至停滞的现象。当学习者坚持努力，不断克服障碍，掌握了新的规律或窍门，学习进步的曲线又会重新上升。"学习瓶颈期"是教育心理学在研究操作技能形成过程时所发现的一种带规律性的现象。在各种知识和技能的学习过程中，一般都要经过四个阶段：

（1）开始阶段

学习者要理解新事物、熟悉新规律，学习比较费力，提高速度不快，但一般都是向上发展的。

（2）迅速进步阶段

初步掌握了所学对象的基本规律和方法，学习成绩明显提高，并因此受到鼓舞，提高兴趣，树立信心，进步较快。

（3）瓶颈阶段

由于学习过程中遇到各种障碍，学习进步的速度减慢，学习成绩提高甚少或是有所下降，处于一种停滞或波动状态。

（4）克服瓶颈阶段

"学习瓶颈期"的成因：

①过度学习压力。目前，重点中学的学生从事着单调繁重的学习活动，特别是实行全封闭管理的学校，按作息时间表的安排，每天学生至少要在教室里待十多个小时，为了完成课外作业，有一半以上的学生则要坐上十多个小时，不停地听、读、背、写，从周一到周六，节假日也不例外，如此这般，导致学生心理疲劳。

②家长期望太高，望子成龙。重点高中的学生家长大多数对子女的期望值都很高，为使他们的学习成绩超过同龄人，一些家长在孩子完成学校沉重的作业后，往往还给他们"加小灶"，使学生得不到片刻休息和娱乐时间，由此导致他们对学习心生厌倦。

③心理障碍。学生遇到困难，就丧失信心，把学习效率低归因为自己能力不够。这种心理障碍，往往打乱学习步伐，使正常的学习受到干扰，影响学习效率。这种心理不利于学习进步，因此树立自信心对于学习非常重要。学习好比球场比赛一样，实力相近的两个球队比赛，往往心理上的比拼十分重要，好的心态，就会有好的发挥，要有"一定拿下"的信心，而不是"去拼一拼"的心态，自信是你认为能够应对比赛，战胜挑战的信念，自信就是力量！

④生理障碍。只有科学用脑，才能事半功倍。有的人不善于科学用脑，只是埋头书本，熬时间，大脑和身体过度疲劳，学习效率低下，这是学习瓶颈期产生的重要原因。劳逸结合可有效调节流经大脑的供血量，改善脑营养代谢，促进脑能源物质的合成，消除脑疲劳。学习与文体活动交替、与睡眠相互调节、学习方式和内容方面的变换是消除脑疲劳的好方法。

⑤方法障碍。相当部分学生不讲究学习方法，在学习中，原有的学习方法、认识方法不够科学合理而未被发现，或因已不适应新的学习内容又没有得到及时的更换，当成绩提高到一定程度，这些方法的缺陷逐渐暴露，就出现了"学习瓶颈期"甚至阻碍"学习瓶颈期"的顺利渡过。这时，需要改良旧的方法，采用新的方法，学习才能进步。

⑥环境障碍。众多独生子女共有的不良心理品质，诸如依赖性强、意志薄弱、孤芳自赏、宽以待己、严以责人等，优越的生活条件使他们感觉不到刻苦学习的重要性，因而学习缺乏动力，学习需要老师、父母督促。

⑦动力障碍。缺乏学习兴趣以及正确的学习动力，学习效率必然下降。只有树立远大目标，保持强大的前进动力，才会闯过难关更勇进。

高三学生学习中的"学习瓶颈期"是学习过程中客观存在的现象，当我们了解到这种规律性以后，就不至于为学习和进步过程中出现的停滞、退步而感到灰心、沮丧，会冷静地分析产生学习瓶颈期的具体原因，从而找到突破瓶颈的方法，就能满怀信心地突破瓶颈，到达预定的目标。

3. 进行问卷调查，摸清底子

高三学生学习中的瓶颈现象表现纷繁复杂，其成因也是多方面的。针对高三学生中感到学习压力大、学习效率低等现象，课题组进行了大量的调查问卷情况及心理咨询个案研究。高三第二学期期初，共发出调查问卷一千多份，调查对象是高三年级全体学生。调查共收回问卷998份，调查统计结果如下：

表6-1 学习动机调查表

调查项目		占调查总人数的百分比（%）	
		文科学生	理科学生
你讨厌上学吗？	是的	5.7	5.6
	有时	57.5	59.3
	不是	36.8	35.1
你认为学校学习	很苦很累	20.1	19.2
	无可奈何	34.9	38.7
	乐在其中	45	42.1
你认为学习效率低的原因是	自己能力不够	42.5	46.3
	学习基础差	37.3	44.4
	其他	19.3	9.4
你喜欢现行学校学习模式吗？	喜欢	47.3	47.3
	不喜欢	35.3	43.4
	无法忍受	17.5	9.4

学习动机不强烈产生学习心理障碍。动机是指激起或者抑制一个人去行动的一种意图。学习动机包括学习态度以及对学习成败的认识。通过对许多学业不良学生的调查，我们发现他们学习动机不明确，47.3%学生把失败归因于自己能力不够，这样当遭受失败时会消极地接受后果，认为自己既然不具备成功所必备的能力，努力也是徒劳，便放弃努力。

表6-2 学习方法、学习习惯调查表

调查项目		占调查总人数的百分比（%）	
		文科学生	理科学生
你是否一坐到桌前就开始学习？	能马上开始	19	19.7
	有时不能马上开始	72.5	68.6
	怎么也不能马上开始	8.5	11.7
上课是否做小动作或小声讲话而不听	经常有	17.1	10.1
	偶尔有	67.9	73.3
	没有	14.9	16.6
没有教师或父母督促你能主动学习	能主动	26.4	25.8
	有时主动	65.5	65
	不主动	8.1	9.1
为了更好地学习你是否考虑过你学习方法的优点和缺点？	经常考虑	29	24.3
	有时考虑	49.1	59.5
	不考虑	21.9	16.2

学习方法不当产生学习心理障碍。现代学习理论认为，学习是信息的加工过程和知识的建构过程。在这过程中，学习者的学习方法显得尤为重要。在调查中发现，不少学生看不到学习方法的作用和意义，在学习方法上听其自然，不愿意花时间和精力去认真研究和掌握科学的学习方法。比如不考虑学习方法优点和缺点的学生，文科学生有 21.9%，理科学生有 16.2%。不讲究正确的学习方法，一是会对各学习阶段的特点认识不足。二是会对自身的学习状况、学习条件认识不足。所谓正确的学习方法，就是最适合自己的方法。学生如果对自己的学习个性特征认识不清，学习上就会有盲目性和缺少针对性，学习的效果就大为减弱了。三是会产生不良的学习习惯。不讲究学习方法，学习就处于无计划、无目标的松散状态。加之中学生的自控能力还较差，导致上课不注意听讲，不按时完成作业，不爱动脑筋，成绩差不总结经验，不找原因……时间一长，不良学习习惯就形成了，学生的学习心理障碍自然就产生了。

表6-3　学习压力调查表

调查项目		占调查总人数的百分比（%）	
		文科学生	理科学生
觉得父母对你的学习成绩期望值太高？	是	31.1	32
	有时是	39.4	45.5
	不是	29.5	22.5
你是否因为功课不理解而厌烦？	经常厌烦	12.3	5.8
	对有些学科厌烦	55.6	69.7
	不厌烦	32.1	24.4
有没有因烦恼而不用功学习的事？	经常有	11.5	13.4
	偶尔有	59.6	58.4
	没有	29	28.2
你是否认为自己不论做什么，都是徒劳无用的？	常常认为	7.3	6.8
	有时认为	37.6	46.8
	不认为	54.4	45.9
学习教室时间	小于10小时	7.3	6.5
	10小时以上	92.7	93.5

学习压力过大产生学习心理障碍。对中学生来说，学习压力是一个很普遍的现象，几乎每位学生都会觉得学习有压力。适度的学习压力是激励学生学习的重要因素，它使学生在不断调整自己学习状态的过程中，改变学习方法和提高学习成绩。但学习压力过大而产生的种种问题则成为学生学习心理

的障碍，影响学习成绩的提高。高三学生的学习压力一般来自以下几个方面：一是学业方面的压力。进入高三后，课程深度增加，对学生的自学能力要求加强，学生普遍有学习压力。部分学生由于基础差，习惯依赖教师，一时难以适应这一急转弯时期，产生较大的学习压力。二是来自考试的压力。学生在接受心理咨询时，最常申诉的是考试焦虑症状，一遇到半期考、期末考，心理就非常紧张，尽管平时上课注意听讲，但考试时一紧张，思维就迟钝，头脑一片空白，原来会做的题目都答不出来。三是来自家长方面的压力。当前，家长"望子成龙，望女成凤"的思想极为普遍，学生在回答调查题目"你是否觉得父母对你的学习成绩期望值太高"时，回答"是"的文科学生占31%，理科学生占32%；回答"有时是"的，文科学生占39.4%，理科学生占45.5%。调查数据显示，家长的殷切期望，让学生们背负了沉重的心理压力。过分的学习压力容易使学生产生应激状态，长时间的应激状态，不仅会降低学习成绩，还会损害学生的身心健康，产生学习心理障碍。

表6-4 教师影响调查表

调查项目		占调查总人数的百分比（%）	
		文科学生	理科学生
你是否认为教师的教学方法对于激发你的学习兴趣很重要？	经常认为	54.5	49.9
	有时认为	36.1	41.2
	不认为	9.4	8.9
你是否因为喜欢这个老师，才喜欢他所教的课？	经常是	23.4	17
	有时是	38.5	32.1
	不是	38.1	50.9
你是否经常碰到能让你对学习感兴趣的老师？	经常是	23	16.9
	有时是	50.1	61.1
	不是	26.9	22
你是否认为老师讨厌你？	经常认为	8.1	7.7
	有时认为	37.9	40.7
	不认为	54	51.6
老师对我总是不信任、不尊重？	经常是	6.5	6.1
	有时是	30.4	22.7
	不是	63.1	71.1

教师的教学方法及对学生的信任尊重程度也是影响学生学习心理的重要因素。表6-4的调查结果显示，文科90.6%的学生，理科91.1%的学生认为教师的教学方法对于激发自己的学习兴趣很重要；文科26.9%、理科22%的学生认为没有碰到让自己对学习感兴趣的教师；文科46%、理科

48.4%的学生认为老师讨厌自己，文科36.9%、理科28.8%的学生认为老师对自己不信任、不尊重。学生和教师朝夕相处，教师的教学方法及对学生的信任尊重程度对学生学习心理影响是巨大的，学生因喜欢这个教师，也就喜欢他所教的学科，这在笔者的调查中很突出地反映出来，例如文科班学生在回答上述问题时，答"经常是"的占23.4%，答"有时是"的占38.5%，也就是说61.9%的学生因喜欢这个老师，也就喜欢他所教的学科。可见，教师对学生学习兴趣的引领是至关重要。同样，教师对学生的信任、尊重、关爱程度，对学生的学习积极性也有着很大的促进作用。反之，对学生的不信任、不尊重、不关爱，则是造成学生学习心理障碍的重要因素。课题组成员在走访学生中了解到，因行为不良而被教师贴上"弱智"标签，从此一蹶不振甚至自暴自弃的学生还是存在的。在调查中，认为教师讨厌自己的学生，文科"经常认为"的占8.1%，理科占7.7%；"有时认为"的文科占37.9%，理科占40.7%。这些现象和数据都说明教师有违师德的行为还是存在的，这些行为的存在严重影响了学生的学习积极性，造成学生学习心理障碍。因此，加强师德建设势在必行，刻不容缓。

表6-5 高三学生睡眠现状调查表

调查对象	占调查总人数的百分比（%）		
	很不充足	不太充足	充足
高三学生	60.5	31	8.5

由表格我们可以看出，大部分学生睡眠状况不理想。

表6-6 高三学生入睡时间调查表

调查项目	占调查总人数的百分比（%）
3分钟	15.6
3分钟~5分钟以内	40.8
5分钟以内~10分钟以内	18.8
10分钟以上	21.8
失眠	3

注：午饭后，按你习惯的睡觉姿势躺在床上，同时手中拿（不要用力，自然握住即可）一个勺子（或其他落地有较大声音的物品），之后准备迎接睡眠。过一段时间，勺子从手中落下，听到声音你会惊醒，请记下这段时间。

从上表可知学生在10分钟以内75.2%，这表明大部分学生都存在不同程度的疲劳，非常需要补充睡眠。学生中有3%失眠，这说明学生精神负担重。

从以上表格的综合考察可得出：大部分学生进入了瓶颈期，也就是说，三、四月份是"学习瓶颈期"的高峰期。

4. 开展心理咨询活动，加强师生交流

针对"学习瓶颈期"现象，举办心理学知识讲座，使学生明确认识，矫正观念，培养激发学习动机，增强学习信心，以积极进取的心态，克服学习心理障碍，从而使学生懂得如何正确对待学习上的成功与挫折，如何增强自信心，如何交友，等等，从而使学生将自己的心理机能调节至最优状态。

通过心理咨询活动，有针对性地对学习心理有障碍的学生进行疏导。增强学生自信心的措施：（1）激励教育，唤起学生信心。欣赏能开启学生的心扉，震动学生的心灵。心理学家罗森塔尔（Robert Rosenthal）做过一个实验，在一个普通小学里，心理学家给同一年级所有的班级做了一次心理评估。然后随机选了一个班，告诉他们的班主任和任课老师，这个班所有的学生智商非常高，将来必成大事。一年之后，心理学家再次来到这个小学，发现当初他们选择的那个普通的班级里普通的学生果然都变得非常优秀。（2）捕捉学生的"闪光点"，树立学生自信心。教师的悉心教育和热情鼓励对学生来说非常重要，当学生学习遇到困难时，教师要帮助他们分析原因，指导他们克服困难。绝大多数学生有上进的愿望，但很多学生缺乏耐力，努力不能持久。造成这种现象的原因是多样的，老师要了解学生的学习智力状况、学习基础、学习习惯、意志品质和家庭状况等，然后有针对性地采取措施，完全可以提高学生的自信心。

5. 通过学科教育教学活动渗透心理教育的有关内容，达到优化学生学习心理的目的

各学科教学本身都包括心理教育的内容，只要教师备课时强化心理教育的导向，就可以使授课与调控学生学习心理有机地结合起来。① 为了帮助学生顺利度过学习的瓶颈期，我们的针对性措施有：（1）加强家校联系。学生厌学与家庭不良教育密切相关，不正确的家庭教育会助长学生厌学，溺爱、打骂、体罚、放纵不利引导学生树立正确的学习观，和平、冷静、民主的家庭教育有利学生树立正确的学习观。（2）缩减学习时间，劳逸结合，减轻学生压力。辩证法告诉我们：当部分优化组合时，整体功能会大于部分之和，学习也是这样，当我们把学习时间与娱乐活动优化组合时，能产生"1+1>2"的效果。（3）上好心理课。学习是一个系统工程，改变学生厌学心理，要实现从应试教育向素质教育的转变，加强心理辅导。（4）教学中注意发挥学生的情感作用，调动学生积极肯定的情感感知学科教学内容，从

---

① 韩贵平. 小学生数学学习的心理障碍极其消除［J］. 快乐学习报（信息教研周刊），2013 (6).

而达到积极思维和牢固记忆的目的，为学习心理的优化打下良好基础。①

6. 开设"学习方法指导"课程

随着社会的发展，信息量倍增，呈急速增长的趋势，当今世界日新月异，在知识爆炸的年代掌握学习方法才能适应变化了的世界。科学家预言未来世界文盲不再是目不识丁的人，而是不会学习的人，不懂学习方法的人。正确的学习方法能提高学习效率，调动学生的积极性和主动性。因此开设"学习方法指导"课程尤为重要，科学的学习方法能使学生以良好的学习态度、学习习惯、学习行为面对各门课程学习，学习效率就大大提高。

7. 开展学习方法经验交流活动，为学习心理有障碍的学生提供学习榜样

他山之石，可以攻玉。定期组织学生总结交流学习经验，可以使学生明确自己的长处和不足，将促进其发扬优点，改正不足；可以使学习困难的学生从同学的经验介绍中，获取符合自己实际的学习方法，促进学习成绩的提高。为什么有些同学天天埋头苦读，考试成绩却不理想？为什么有些同学玩得尽兴，学习成绩却很拔尖？一个很重要的原因就是学习方法的正确与否。我们通过主题班会，"学习经验"讨论，一帮一活动，黑板报介绍，学生给学生讲题等活动，让学习困难的学生从同学的成功经验中看到自己的不足与努力方向，使困难学生学有榜样，赶有方向。

8. 举办以"走出学习瓶颈期"为主题的班会活动

老师与学生、学生与学生共同探讨学习瓶颈期。在老师的指导下，学生开展了"树立信心，提高学习效率""睡眠与学习效率"等主题班会。以下话语从学生班会中摘录出来，体现了高中生对睡眠与学习关系的看法。

表6-7　高中学生对睡眠与学习关系的看法

编号	具体内容
1	睡眠是学习之母
2	学得越充实，睡得越香
3	只有会休息的人才会学习
4	充足的睡眠与良好的学习成绩互为充分条件
5	睡好了，学习也有精神，但可能学习好，也有可能学习不好
6	学习 = $K \cdot$ 睡眠
7	长期睡眠不足不仅影响学习成绩，而且会影响身体健康
8	睡眠与学习相辅相成
9	要想学好，必须睡得好，如果睡不够，成绩也拉倒
10	睡眠不足，课堂上听课效率低下，晚上加班，形成恶性循环

---

① 孙伟. 中学生学习心理障碍的调查与研究 [J]. 中小学校长，2005 (1).

通过班会讨论，学生们认为：保证完美睡眠的最佳方式就是严格守时，体育锻炼可帮助自己从白天的压力调整到晚上的愉快，通过研究学生提高了认识，并能在实际中自觉贯彻执行。

9. 利用校园网，丰富课余生活

上网是青年学生最喜好的活动，因此，笔者所在的学校选择校园网作为校园文化的载体，构筑全新的校园文化体系，精心建造优良的校园网络环境，开展丰富多彩的网络文化活动（如网上辩论会、网上专题讲座、网上论文交流、网上心理咨询）让学生参与，并把科学的世界观、人生观、价值观和爱国主义精神渗透到各类活动中去，使学生从中受到感染，接受教育，形成爱好，培养良好的意志品质。其具体模式如下：

网络活动 —接受→ 感染 —形成→ 爱好 —磨炼→ 意志 —指导→ 行为 —陶冶→ 情操

通过网络活动，学生熟练地掌握了现代信息技术的基础知识，学到了比书本知识更为广泛的内容，开阔了视野。网络虚拟性特征所提供的超大文化空间培养了学生的想象力和创造力，网络实时交互操作培养了学生人际交往能力，而网络自由性特征带来的文化行为自由培养了学生的网上自律意识，并练就收集、判断和处理信息的能力。在网络文化活动中，我们始终坚持以学生人文精神养成为重点，让健康、高雅、生动的文化活动占领校园文化阵地，从而培养学生正确的人生观、价值观，促使学生形成良好的道德品质、政治素质、强烈的社会责任感、较强的集体主义精神，养成良好的学习习惯，培育浓厚的学习兴趣、强烈的求知欲望。

通过网上交流和网上心理咨询，学生消除了心理障碍和苦恼，开阔了眼界，提高了学习兴趣，促进了身心发展，提高了综合素质。

10. 定期召开家长会，给孩子营造一个宽松的学习环境

家长要给考生创造一个宽松的环境，有些家长对孩子出现的学习瓶颈期比孩子本人还要担忧，不停地干预，这样只会加重孩子的心理负担，不利于孩子走出学习瓶颈期。家长在这段时间一定要心平气和，给孩子创造一个宽松的环境，有助于孩子平稳地走出瓶颈期。

中学生学习心理障碍的表现是多方面的，产生的原因也是复杂的。相应的，引导中学生克服学习心理障碍的对策也是多样的。我们通过加强教育理论的学习，深化"高三学生学习中的学习瓶颈期"的课题研究，指导学生从学习动机、情感、意志、认识、行为等方面进行学习，促进学生学习心理

的不断优化，消除心理障碍，使他们在德智体美劳诸方面生动活泼地主动发展，从而提高教育教学质量。

　　总而言之，"学习瓶颈期"在高考复习中普遍存在，严重影响考生复习的进度和效果。有的同学由于"学习瓶颈期"的出现，产生畏难情绪，又哭又闹，甚至丧失高考自信心。其实复习中的"学习瓶颈期"并不可怕，它只是黎明前的黑暗，学生只要锲而不舍，用顽强的毅力克服这种暂时现象，"柳暗花明又一村"的惊喜就会很快到来。

七、研究成果

1. 建立了研究模式

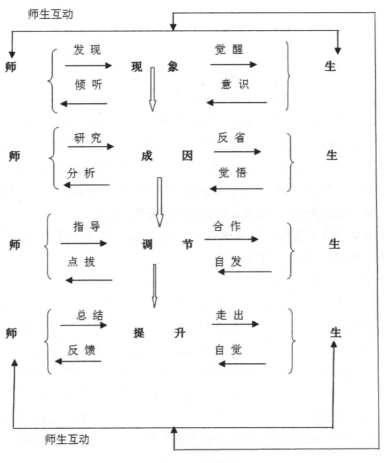

图 6-2　研究模式

2. 了解了"学习瓶颈期"出现的一般规律

高三初期，"学习瓶颈期"还只是个别现象，因为此时每科都在进行第一轮复习，全都是专题训练，学生都得心应手，成绩稳步提高。

到了高三第二学期，随着第二轮（综合）复习的开始，出现"学习瓶颈期"几乎成为了一种普遍现象。但通过疏导，绝大多数人能很快地突破"瓶颈"，在高考中取得较为理想的成绩；只有那些学习被动且沉默寡言者所经历的"学习瓶颈期"较长，甚至有个别的学生至高考后也不能走出"学习瓶颈期"。

3. 总结出了一些缩短"学习瓶颈期"的一般方法

（1）缩短"学习瓶颈期"要改变以"时间战"代替"效益战"的做法，给学生提供养精蓄锐之机

人的大脑总有个抑制、兴奋的过程。兴奋和抑制，正常时都存在，相互抑制、相互转换。大脑处于觉醒状态时，那么大脑皮层兴奋高于抑制，表现为兴奋；大脑处于睡眠状态时就抑制高于兴奋，表现为抑制。大脑皮层抑制高于兴奋就会使注意力不集中，学习效果就会大打折扣。

同样，一周七天，星期一到星期五天天晚睡早起，成年人尚且需要双休日来消除疲劳、调整心态，如果学校和家长剥夺了学生、子女过双休日的权利，强制星期六星期天上课或请家庭教师补课，势必使学生神经高度疲劳。因此，还学生以节假日，让他们有充分的时间来调节一周紧张的学习神经，有利于避免学习心理饱和的情况，快速度过学习瓶颈期。

（2）缩短"学习瓶颈期"要改变以"题海战"代替"能力战"的做法，使学生从麻木的状态中解脱出来

题海战术加重学生负担，效率低下，不利培养学生能力，严重影响学生身心健康。如何摆脱题海战术呢？学习的提高过程实际上是一个解决问题、减少错误、降低出错率的过程，出错率减少了，学习成绩自然就上去了。那些着急做题的学生不如先停下来，认真改错。只有及时改正，避免错误的重复出现，才能提高学习效率。精选例题以"析"、"解"、"变"、"思"的教学思想引导学生学习才是真正提高学生能力的唯一方法。因此，只有在教学上改变这种以题海战代替"能力战"的"应试教育"的做法，全面实施素质教育，贯彻量力性的原则，方可有利于学生提高学习效率，从而缩短学习瓶颈期。

（3）缩短"学习瓶颈期"要树立全体学生观，使每个学生经常体验到

成功的喜悦

　　当前课堂教学实施素质教育，最现实、最首要的问题就是要做到面向全体，以提高全体学生素质为目的，开展好课堂教学。教师应该平等地对待所有的学生，无论他们的年龄、性别、文化背景、家庭出身如何，不管他们出生在农村还是出生在城市，不管他们是否有残疾，也不管他们对学习是否有兴趣，学习成绩如何，教师都应赋予他们同等的学习机会。如果在学习过程中从未体验或极少体验过成功的欢愉，感受着的永远只是"也无风雨也无晴"的平淡，或者较多的是经受失败与挫折的苦恼，那么，他在心理上一定常处于压抑、自卑状态，必然对学习产生厌烦情绪，把学习看成是一种不堪忍受的苦事。

　　(4) 缩短"学习瓶颈期"要设立目标，督促奋进

　　对于因为学习目的不明确，缺乏学习动力而形成学习瓶颈期的学生，要让学生明确学习目的，为他们树立远大的理想，设立近景、远景目标，利用目标去激励他们勤奋学习。目标激励使学生明确前进的方向，目标激励的作用非常重要，就像大海中航行的船，有了目标，船会乘风破浪，勇往直前，迅速地到达彼岸。如果没有目标，船就会随波逐流，不知漂向何方，甚至会触到暗礁。

　　(5) 缩短"学习瓶颈期"要保持积极的学习心态

　　积极的学习心理状态表现为学习既有信心又有兴趣，心理处于积极主动的状态。大学扩招以后，虽然上大学不难，但是上重点大学难。有些同学信心不足，往往与正确的目标定位有关。古人说，取法乎上，得乎其中；取法乎中，得乎其下；取法乎下，无所得矣。奋斗目标总比实际高一点才有激励作用，但不能太高，太高只能挫伤人的斗志。每个同学都要根据自己的实际，实事求是地进行目标定位，并将长远目标具体化为每月、每天的行动任务。比如今天复习什么、做几套试卷，完成了任务，便达到了今天的目标，就会有成功感。第二轮复习中测试比较频繁，同学们要科学地看待每一次测试分数，把测试看做是发现自己薄弱环节的"火力侦察"，积极主动地查漏补弱。同学们身在"高原"之上，要正确认识自己在高原期中的细微进步，克服过度焦虑心理和浮躁心理，始终保持自信、愉悦、平静的学习心态，这是化解高原现象的良策之一。

　　(6) 缩短"学习瓶颈期"要学会科学用脑

　　一张一弛，文武之道。复习越紧张，越要学会积极休息。首先要改掉晚

上加班到深夜的不良习惯，保证每天的睡眠时间（午睡一小时，晚睡七小时）和睡眠质量，使大脑兴奋、抑制的节律与人体生物钟的节律相一致；课间要到户外活动，呼吸新鲜空气，或者听听音乐，或者同学之间闲聊，或者参加运动量较小的体育活动，让大脑得到休息和调整；还要学会用转换学科、转换学习方式的方法，来转换大脑兴奋点，达到休息目的；同时要排除杂念和干扰，全身心地走进科学殿堂，寻幽探宝，用知识固有的美和已获得的学习成果来娱乐心身。高三复习是"马拉松"长跑，只有保持良好的学习、休息节奏，才能防止大脑过度疲劳，顺利通过复习备考的极限期。

（7）缩短"学习瓶颈期"要改进学习方法

不同复习阶段，应有不同的学习方法和思维方式。基础复习阶段需掌握各学科基础知识和基本技能，就该较多采用微观思维，着眼局部，狠抓知识点、能力点的记忆、理解、应用。专题复习阶段侧重于构建知识网络，培养综合运用能力和创新思维能力，要采用宏观思维、发散思维，着眼全局，从学科的核心或主干切入，总体把握知识，在整个学科甚至跨学科去理解、应用知识。对于习题不仅仅满足于会做，还要学会从多种解法中选择最优解法，学会分析题目条件、结论的变化所带来的解法变化，提高解题速度和思维层次。要从宏观上把握各类题型的解法，并把它上升到学科思想方法的高度去领会。此外，基础较差的同学要把主要精力集中在基础题和中档题上，大胆抛弃难题。俄国心理学家维果茨基认为，学生的发展有两种水平，第一级水平（自己能独立达到的水平）和第二级水平（在老师帮助下能达到的水平）两级之间的距离叫最近发展区。最近发展区孕育着学生能力提高的可能性。同学们要用这一理论指导自己的复习，判断课堂上、资料上的哪些题在自己的最近发展区内，应该学懂弄通，避免在发展区外的难题上浪费宝贵时间。

八、一点体会

1. 该课题是一项有理论和实践价值的课题

"高三学生'学习瓶颈期'研究"是一个很有现实意义和实用价值的研究课题，无论是老师、家长、学生，都对此很感兴趣，其关注程度、参与研究的热情绝不亚于高考志愿的填报。只要好好把握，好好引导，一定能进一步研究出优秀的成果。

2. 该课题的研究是一项比较复杂的工程

"高三学生'学习瓶颈期'研究"需要研究者耐心细致地观察和深入透

辟地分析，它要求研究者有扎实的心理学知识与心理诊断分析的能力，因为尽管"学习瓶颈期"具有一定的共性，但产生"学习瓶颈期"的原因和走出"瓶颈"的时间却大多因人而异。

3. 该课题的研究还有待于进一步提高

尽管我们的研究取得了一些进展，但是刚开始推广时还是有些感到不顺手。总之，该课题还有进一步研究的必要。我们将一如既往地展开研究，为了教学，更为了家长和学生。

第三节　生态文明建设背景下的绿色学校创建研究

一、课题研究背景

环境与发展是当今世界各国普遍关注的重大问题。人类经过漫长的奋斗历程，特别是从产业革命以来，在改造自然和发展经济方面做出了巨大成就。但是，由于工业化过程中的处置失当，尤其是不合理地开发利用自然资源，致使人类赖以生存的摇篮正在经历一场磨难：全球环境恶化日益加剧，空气污染，气候变异，臭氧层损耗，水域污染，森林锐减，土地荒漠化，水土流失，物种灭绝……一系列的环境问题，使人类面临空前的挑战。全人类均应认识到事态发展的严重性，人类的生存和发展与生态环境的演化和发展休戚相关，没有地球的生态环境，就没有人类文明的发展，也没有人类的今天和明天，接受环境教育，保护生态环境，实现经济的可持续发展是每一个人都应关注的课题，应该认识到保护环境就是保护人类自己。

尤其在中国，生态系统承受着最多的人口和最大的社会发展压力。有良知的爱国的人们没有理由不关注中国的生态保护、环境质量的改善。正如一位哲人所说，你可以不关心政治，你可以不卷入战争，但你不能不关心环保，除非你拒绝生存！

中学生是祖国的未来，他们是否接受环境教育，是否具有环保意识和正确的环境道德观念，是祖国经济建设成败的关键之所在，更是国家兴衰存亡之根本。事实上，了解环境问题、接受环境教育已进入学校生活，不容回避，而组织学生学习环境知识、了解环境问题、进行环境教育更是学校教育义不容辞的责任与义务，已是刻不容缓、势在必行。但是现阶段学校对中学生在环境教育方面还做得不够，特别是用课题研究的方法进行环境教育才刚刚起步。

为此，笔者从 2011 年起，就开始着手组织教师自编教材，组织学生学习环境知识，进行环境教育，培养环保意识。随后成立"学校环保世纪行"活动小组，以校园环境建设和市区环保问题为切入点，引导学生关心身边的环境建设和环保问题，并积极投入环保实践行动，参加学校及所在区域的环保建设。

二、理论依据

1. 马克思主义认识论

马克思主义认识论认为，物质决定意识，意识对物质具有能动作用。社会存在决定意识，社会意识对社会存在具有能动作用。当前的物质世界中存在着日益突出的环境问题，由此必然产生相应的环境意识，如果不发挥环境意识的能动作用，没有正确的环境意识（缺乏环保意识），环境将向着不利于人类的方向不断恶化，出现生态危机。同时，马克思主义认识论还认为，认识是主体对客体的能动反映。实践是认识的基础，它对认识起着决定的作用。认识的辩证运动，是实践和认识的对立统一关系具体的历史的展开，它表现为由实践到认识、再由认识到实践的两次飞跃过程，以及"实践—认识—实践"的不断反复和无限发展过程。我们对中学生进行环境教育，培养他们的环保意识，激励他们参与环保实践，让他们将来走上社会更好地为社会服务，促使社会、经济、生态的可持续发展，在哲学上符合认识的发展规律。所以，马克思关于物质与意识的基本原理以及认识与实践的基本理论是本课题研究工作开展的指导思想。

2. 可持续发展理论

可持续发展就是既满足当代人的需求，又不损害子孙后代满足其需求能力的发展。人口、经济、社会、环境、资源应相互协调：（1）鼓励经济增长不仅重视增长数量，而且要求改善质量，提高效益，节约能源，减少废物，改变传统的生产和消费模式，实施清洁生产和文明消费。（2）发展要以保护自然为基础，与资源环境承载能力相协调，发展的同时必须保护环境，包括控制环境污染，改善环境质量，保护生命的支持系统，保护生物多样性，保护地球生态的完整性，保证以持续的方式使用可再生资源，使人类的发展在地球承载能力之内。（3）发展要以改善和提高人类的生活质量为目的，要与社会进步相适应。简而言之，可持续发展理论深刻地揭示了"自然—社会—经济"复杂巨大系统的运行机制，正确地规范了两大基本关系：一是"人与自然"之间的关系，二是"人与人"之间的关系。要求人类以最高的智力水准与道义上的责任感去规范自己的行为，创造一个和谐的世界。所以，作为人类家园的未来建设者，青少年、中小学生从小就应接受环境教育，培养环境保护意识，投身环境保护与改善环境质量的实际行动。

3. 环境学说

环境学利用系统学原理指出：人类与环境是同一个系统中两个密不可分的因素，我们要研究人类与环境之间的协调关系，掌握它们的发展规律，调控人类与环境之间的物质和能量交换过程，以改善环境质量，造福人民，促进人类与环境之间的协调发展。环境教育有四个方面：（1）了解全球范围内环境演化的规律，人类环境变化的过程，环境的基本特性、结构和演化机理等，以便应用这些认识使环境质量向有利于人类的方面发展，避免出现对人类不利的变化；（2）了解人类活动同自然环境之间的关系，以便协调社会经济发展与环境保护之间的关系，使人类社会和环境协调发展；（3）探索环境变化对人类生存的影响，发展环境科学的社会功能，探索污染对人类健康危害的机理及环境毒理学研究，为人类正常健康的生活服务；（4）了解区域环境污染综合防治的技术和管理措施。①

4. 环境生态学

环境生态学系统地论述了生物与受人类干预的环境之间的相互作用的规律。它以研究生态系统为核心，在宏观上研究环境中污染物在生态系统中的迁移、转化、富集和归宿，以及对生态系统结构和功能的影响；在微观上研究污染物对生物的毒理作用和遗传变异影响的机理和规律……因此，只有把生态系统和人类经济社会系统作为一个整体来研究，才能彻底揭示生态平衡问题的实质，阐明它从平衡到不平衡，又从不平衡到新的平衡的发展规律，人类要掌握并运用这一发展规律，有目的地控制生态系统的演变过程，使生态系统的发展越来越适宜于人类的生存和发展。

5. 环境教育理论

1970 年，国际保护自然与自然资源联合会（IUCN）对环境教育第一次进行了定义："所谓环境教育，是一个认识价值、弄清概念的过程，其目的

---

① 周光敏. 小议环境科学的研究对象、任务及其发生发展［J］. 才智，2013（3）.

是发展一定的技能和态度。对理解和鉴别人类、文化和生物物理环境之间内在关系来说，这些技术和态度是必要的手段。环境教育还促使人们对环境问题的行为准则作出决策。"1972 年，联合国在斯德哥尔摩召开的人类环境会议再次强调环境教育的必要性，并正式把"环境教育"的名称确定下来。1975 年，联合国教科文组织发表了著名的《贝尔格莱德宪章》，它根据环境教育的性质和目标，指出环境教育是"进一步认识和关心经济、社会、政治和生态在城乡地区的相互依赖性；为每一个人提供机会获得保护和促进环境的知识和价值观、态度、责任感和技能；创造个人、群体和整个社会环境行为的新模式"。1992 年，联合国环发大会通过的《21 世纪议程》认为"目前对人类活动和环境的内在联系的意识仍然相当缺乏"，因此，"提议开展一个全球教育活动，以加强环境无害的和支持持续发展的态度、价值观念和行动"，并建议"将教育重新定向，以适合持续发展"。今天，环境教育活动已经在全球开展相当普遍，对全球环境保护运动起到了不可替代的推动作用。

6. 教育部《中小学环境教育实施指南（试行）》的基本理念与要求

环境教育的基本理念：引导学生认识世界是普遍联系和相互依存的，引导学生珍视生物多样性，引导学生理解可持续发展的内涵，引导学生主动参与解决环境问题，培养学生的环境责任感。

实施环境教育的要求：引导学生关注家庭、社区、国家和全球面临的环境问题，正确认识个人、社会和自然之间相互依存的关系；帮助学生获得人与环境和谐相处所需要的知识和技能，养成有益于环境的情感、态度和价值观；鼓励学生积极参与面向可持续发展的决策与行动，成为有社会实践能力和责任感的公民。

三、研究策略

环境教育的目标可归结为十个字，即：关心、知识、态度、能力、参与。为了实现这一目标，我们着重研究以下几个方面的环境教育策略。

1. 管理机制创新——建立科学的运行管理机制

环境教育是一门新兴的教育。既然是新兴的，当然就具有尝试性和实验性。如何使这种尝试和实验有序地进行，从而达到预期的目的，科学的运行管理机制（制度）是保障。为此我们做了以下工作：

（1）促使学校成立环境教育领导小组

校长任组长，主管教学的副校长具体负责组织、实施和协调工作，教科室负责课题研究和开发。其成员由课题组研究人员（绝大部分是学校管理人员）、教师和社区代表组成。

（2）将学校环境建设和环境教育纳入学校发展规划——追求自然环境与人文环境的和谐

教育的改革首先在于理念的更新，学校领导在办学上始终坚持与时俱进。自2012年以来，学校一直在探索一种"以人为本，刚柔相济"的"和谐式"管理方略，即"坚持四大追求，打造学校品牌"。其中的"追求自然环境与人文环境的和谐，打造学校环境品牌"就是针对校园环境建设和环境教育提出的（见《经验论文集·坚持四大追求，打造学校品牌——"和谐式"学校管理方略初探》）。同时，学校多次将环境教育研究纳入学校发展规划。

（3）师资培训——研究带培训，培训促研究

师资培训是搞好环境教育的前提和基础。尽管学校没有专业的环境教育教师，但学校领导和课题组善于利用活动资源，采用"研究带培训，培训促研究"的方法进行师资培训。一方面，从与环境教育关联较紧的学科（如地理、化学、生物）教师中选拔人员参与课题研究，要求他们在研究中不断丰富和充实自己的环境教育知识和技能，逐步达到专业人员水平，这里主要强调的是自修。另一方面，配合创建绿色学校活动，及时派人参加省级和国家级"创建绿色学校培训班"，并要求培训人员回校将培训的内容和培训者的学习体会在全校教师大会上进行传达，实现"点–面辐射"的培训效果。

（4）绿色图书角和绿色书架

图书馆是进行课题研究和环境教育的有益场所。为了充分发挥其作用，图书馆特别开设了绿色图书角和绿色书架，将环境教育以及与环境教育相关的书籍报刊集中编目，以供全校师生查找和阅读。现在，学校图书馆已有环境教育图书2000余册，报纸杂志40余种。

（5）建立环境教育监督和管理机制

一是"过程"的监督管理，二是"质效"的监督管理。前者主要针对教师而言，内容包括计划的制订、总结的撰写、活动的开展及活动记录的收

集整理、学科渗透方案和课时教案以及教师论文等，其监督管理的部门为教导处和教科室。后者主要针对学生而言，内容包括环境意识的形成和行为习惯的养成，环保实践活动的参与等，其监督管理的部门为政教处（含团委会、学生会）和教科室。

2. 舆论先行——培养环境意识

由于学校地处五桂山脚下，环境污染和环境破坏的情况不太严重，其危害不大，或危害不十分明显，学生的环境关注和保护意识较为淡薄。因此，要进行环境教育，必须先加强环境教育的宣传。为此，课题组首先从以下方面展开工作：

（1）举办环境教育专题讲座

专题讲座有利于学生系统而有重点地掌握环境知识，强化环保意识。课题组不但要求课题研究人员对学生进行专题讲座，而且邀请有关专家教授来校进行专题讲座。

（2）利用国旗下的讲话进行环境教育

国旗下的讲话是面向全校师生进行教育的极好机会。课题组成员每期均借这个机会，结合环境纪念日，向全校师生进行环境教育。

（3）利用黑板报、宣传窗进行环境教育宣传

校园黑板报和宣传橱窗是环境教育和环保宣传的主要阵地。课题组专门承包了一块校园黑板报用于环境教育和环保宣传，每学期出四次。其他黑板报（含各班教室）和宣传橱窗每期至少出一期环保专版。此外，阅报橱窗还有一个专栏张贴《中国环境报》和《环境时报》。

（4）观看自然风光片和环境教育录像等进行欣赏和警示教育

组织学生观看《走进九寨黄龙》《长江三峡》等旅游风光片，培养学生的环境赏识意识。组织观看《中国生态环境警示录》等录像带，进行环境警示教育，让学生意识到保护自然环境的重要性，从而达到自觉进行环境教育，提高环保意识的目的。

（5）利用标语牌进行宣传教育

标语牌具有暗示和警示作用。课题组设法在校园内人员流量大的地方以及需要加强保护的环境区域建立永久性的标语牌。如："增强绿色意识，选择绿色生活，倡导绿色文明，创建绿色学校""爱护卫生，保护环境""草木无情尚添绿眼，人间有爱何忍践踏"以及"绿色学校公约"等。

（6）利用各种环境纪念日开展环境教育与宣传活动

环境纪念日是向学生进行环境教育和环保宣传的极好机会。我们利用"爱鸟周"宣传鸟类是人类的朋友，利用"植树节"带领学生义务植树，利用"地球日"宣传保护地球爱我家园，利用"环境日"宣传保护环境从我做起，等等。

（7）成立环保活动小组

我校在 2012 年成立"环保世纪行活动小组"，2014 年成立"环保先锋队"。课题组充分利用这两个组织开展"知识讲座""环保咨询""知识竞赛"等宣传教育活动，发挥学生的主体作用，培养学生的自觉意识。

（8）利用报纸杂志对学生进行环境教育

为了让课题组成员较为丰富地掌握环境知识，及时了解国内外环保动态，把握环保信息，同时也为了让学生自觉地进行环境教育，学校阅览室订阅了大量的环境与环保报纸杂志，如报刊有《中国环境报》《环境保护报》《环境时报》等；杂志有《环境教育》《人与自然》《中国人口、资源与环境》《生态环境与保护》《中国花卉盆景》《地理世界》《生物学通讯》《天文爱好者》等。

（9）利用校园广播站和电视台进行环境教育

"校园之声"广播站每周五播放"环境新闻集锦"和"环保访谈"。"学校电视台"利用晚自习前插播环境节目，如"走向大自然""我们身边的环境问题""丢掉陋习，保护环境"等。

3. 学科渗透——实现教育的全员性和全程性

学科课堂教学是学生接受教育的主阵地。课题组自始至终特别重视学科教学渗透。首先，我们以地理、生物、化学、语文、政治等学科作为重点实施科目。地理、生物、化学等自然科学类课程主要侧重于知识的传授，技能的掌握，实践的探索，并尝试运用所学的知识分析和解决周围的环境问题；语文、政治等社会科学类课程侧重于审美体验、行为习惯、道德规范、法律法规和价值判断等方面的教育，要求各科分年级根据教材内容制订具体的渗透实施方案，并在课时教案中得以体现。然后，将这些教案和成功的试验课加以推广，逐步将环境教育有机地渗透到各学科的课堂教学中，从而实现环境教育的全员性和全程性。

4. 活动强化——实施"三结合"的环保行动方案

环境教育的终极目的是环境活动的开展，在环境活动中强化学生的环境参与意识，形成良好的环境价值观念，养成良好的环境行为习惯，并积极投身到环境保护事业中去。在环境教育活动的开展中，我们注意"三结合"，即校内活动与校外活动相结合，以校内活动为主；主题活动与常规活动相结合，以常规活动为主；宣传活动与保护活动相结合，以保护活动为主。具体如下：

（1）校内活动：包括主题活动和常规活动

校内主题活动分为宣传活动和保护活动。校内主题活动中的宣传活动包括：结合环境纪念日进行宣传；倡议禁用一次性餐具；倡议节约水电等能源；倡议一纸多用；召开主题班团队会；开展环境征文，在学校内部刊物《这里》上开辟专栏；举办环保演讲比赛和辩论赛；开展环境知识竞赛；制订校园环境公约。校内主题活动中的保护活动包括：成立环保活动小组，建立环保示范区，在校园内植树种草。

校内常规活动分为宣传活动和保护活动。校内常规活动中的宣传活动包括：阅读环境书刊，制止破坏环境行为，张贴和宣传环境教育的图文资料。校内常规活动中的保护活动包括：环境卫生的打扫和保持；禁用一次性餐具、节约水电、一纸多用；收集废旧电池；垃圾分类放置；不折枝摘花践踏草地；不在墙壁上乱涂乱画；捐旧助贫；关注校园环境，提出合理建议，促进绿色建设；研究性学习的环境教育研究；综合实践活动中的环境教育活动。

（2）校外活动：包括宣传活动和保护活动

校外宣传活动包括：利用集体郊游进行环保宣传，利用旅游黄金周等高峰期进行环保宣传，结合环境纪念日进行宣传。校外保护活动包括：组织学生上街进行卫生大扫除，考察长江水库水面漂浮物的打捞和处理，考察市区内的河流污染情况并提出整治建议，组织学生到库区植树造林，关注中山市南朗垃圾处理现状，检测自来水厂的水质，对南朗整治提出建议，促成市街道夜宵摊的搬迁，对在市区内乱葬、乱建"活人墓"的现象提出整治意见。

5. 环境优化——创建绿色学校

马克思曾说："人创造环境，环境也创造人。"为了实现环境育人，学校领导和课题组研究人员积极摸索一条"追求自然环境和人文环境的和谐"

的建设思路，努力打造学校环境品牌，创建绿色学校。在具体操作过程中，我们确立了三种观念：第一是整体观念——校容校貌的整体优化是最和谐、高质量的自然环境；第二是群体观念——优化人际关系，形成学校成员的同向合力，是学校人文环境的支点；第三是主体观念——让学生在积极主动参与中实现自身发展，这是建设自然环境和人文环境的出发点和归宿。具体来说就是"坚持两手抓，两手都过硬"。

（1）抓自然环境建设

整治学校池塘。将入塘污水改道，塘边砌廊，塘中建亭，塘内植荷。现在，学校池塘已成为了学校的一大景观。

改造扩建食堂，改善就餐环境。原来的学生食堂餐厅总是油烟弥漫，影响学生就餐。后来，经课题组建议，改建了油烟通道，扩建就餐空间，改善了就餐环境。

（2）抓人文景观重构

几年来，学校秉着"古为今用"的原则，从教育性、审美性、实用性出发，先后修建了"一廊""四碑""四园"。

（3）树立绿色理念

注意将绿色理念中的"相融相谐"、"顺其自然"等观点纳入人文教育中，由此生发和强调"以人为本""发展学生个性""关爱后进生""教育的全员化"等教育理念。

正因为如此，学校先后荣获省文明卫生单位、园林式单位、绿化学校、省级绿色学校、全国创建绿色学校先进学校等光荣称号。

6. 科研引领——培训技能

科研深化包括课题研究的深化和学生环保技能的掌握。

（1）课题研究的方法

讲座。请有关专家学者或本校老师就某一环境问题作学术性的演讲报告，并观看相应的电影、录像、幻灯或展览。

观察。观察并记录学生对环境的关注情况和环保行为习惯。

问卷调查。调查学生的环境意识和行为习惯。

参观考察。指导学生对居住环境、校园环境、工矿企业、河流、湖泊（水库）、大型工程等进行考察。

科技活动。指导学生采集、制作标本，进行样品测定、环境监测等。

宣传活动。组织学生出黑板报、专刊，举办摄影、书法、绘画、手抄报展览，以及配合"地球日""环境日""节水周""爱鸟周"等纪念日进行环保宣传。

公益活动。组织学生参加美化校园植树造林、种植花草等活动。协同有关部门组织学生积极参与市区旅游环保资源的开发、利用和保护等工作。

团队活动。组织环境主题班会、队会、团会，不断强化学生的环境意识，促使他们积极投身环保。

竞赛活动。定期或不定期组织举办环境知识竞赛、环保征文比赛。

（2）课题研究的模式

"认识与实践"模式：

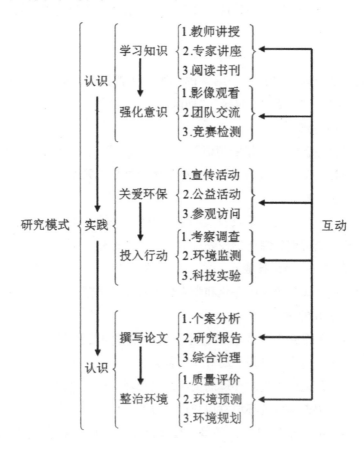

图6－3　"认识与实践"模式

（3）学生环保技能的掌握

在进行环境教育，开展环境活动的同时，我们非常注重学生的环境保护意识和实践能力的培养，如考察、调查、访问、交流、方案设计等。我们还尽量注意培养学生环境科研能力，指导他们进行相关实验。例如：

校环保活动小组成员就"植物减少空气含菌量效应"进行了较为科学的观测，推测出了颇具价值的结论：植物确实具有减少空气含菌量的效应，植物因素对空气质量的影响远大于人为因素，植物品种的多样化、植物层次的立体化，均对空气质量有一定的影响。

（4）开展环境研究性学习

2012 年下学期以来，研究性学习活动共组建了近 40 个环保研究小课题。

7. 社区延伸——推进周边环境建设

环保绝非某一类人的事，环境建设也绝非只是某个单位的事，它必须靠全社会共同进行，共同推进。根据这个理念，课题组不但关注校园内的环境建设，而且关心周边环境建设，注意与所在地区的政府和人民共同建设美好的家园。

（1）建立关系

与县环保局、区环保局、旅游局等单位建立业务关系。与环卫处、街道办事处、居委会等单位建立服务关系。

（2）组织学生上街进行卫生大扫除，为区的环境卫生建设贡献自己的力量

如利用学雷锋纪念日、三八妇女节、环境纪念日等，上街帮助环卫工人清扫街道，多次受到区环卫处和环卫工人的赞扬。

（3）关注地区河流域水面漂浮物的打捞和处理

课题组成员考察后非常关注蓄洪区水面漂浮物的打捞和处理工作，并多次向有关领导提出了处理意见。

（4）组织学生对区内的河流污染情况进行考察，并提出综合治理方案

南朗镇内共有五条小河，其中有一条从镇中心经过，污染情况相当严重。课题组研究人员率领环保活动小组进行考察之后，对河流污染的综合治理提出了许多建设性的意见。如分段管理，门前三包；部分封闭人流量较大

的河道；疏通河段；规范治理河沿等等。以上建议均被市区有关部门采纳。

（5）组织学生到长江水库区植树造林

环保活动小组在对库区进行考察之后便到那些没有绿化的地方植树造林，此举得到了库区领导和当地民众的称赞。

（6）关注南朗镇垃圾处理现状

课题组研究员曾带领环保活动小组成员多次考察区的垃圾处理情况，并提出了分类回收、深埋、焚烧等垃圾处理建议。

（7）对自来水厂水质进行检测，引起自来水厂的高度重视

自来水厂的水源主要是水库的水，这些水主要源于表土水，受人类活动及气候和地质状况的影响较大，故水质较差。正因为如此，课题组研究人员曾带领环保先锋队对自来水厂的水质进行检测，结果发现水中钙、氨、硫、磷、汞、铅、铁的含量较高，有的甚至严重超标。这一检测结果促成了新水库的兴建，大大改善了自来水厂的水源水质。

（8）促成南朗镇道夜宵摊的搬迁

某街道原来是一条美食街，主要由夜宵摊组成。夜宵摊生意兴隆，可散发的油烟污染了环境，严重影响了居民的生活与健康。课题组成员将情况调查反映给镇政府有关部门后，夜宵摊就被搬迁。

（9）对南朗镇街道的整治提出合理的建议，直接促进了区的综合治理

南朗镇的一条街道，全长301.3米，有国税局、宾馆、地税局等单位及其家属区，还有建设银行家属区、南朗镇医院家属区等，人流量和车流量都大。而街道路面窄、基础差，既损害了城市形象，又给车辆、行人带来极大不便。同时，小摊小贩多，卫生状况较差，严重影响了城市的旅游形象。基于此，学校领导（课题组成员）邀请镇党委书记等领导到现场办公，从而切实解决了街道的改造和综合治理问题。

（10）提合理化建议

课题组成员对在五桂山区乱葬和乱建"活人墓"的现象提出整治意见。土葬的风俗虽然难以禁止，可乱葬于风景区内确实有煞风景。

六、研究成效

1. 校园环境有特色

笔者所在的学校具有八十多年的办学历史，是一所名校。它不仅以其过

硬的教学质量和独有的办学特色享誉远近，而且因其幽雅宜人的环境吸引各地学子前来求学。

俯瞰我校，一湾绿色被一条条断续的白色带分割成一畦一畦。宽一点的白色带是楼宇，窄一点的白色带是校园大道。白色与绿色和谐统一，显得那么淡雅、柔静，确实能使人们产生一种想投入其中的欲望。

步入校园，抢眼的是左边的逸仙湖。挤出湖边的田田的荷叶会令你心锦摇荡，亭亭的荷花会招引你跨过湖边的绿草地、深入湖中的春秋亭进行观赏。密密的荷叶下看不见流水的影子，不用遗憾没有采莲船帮你穿行荷叶间，湖心富丽的春秋亭会助你坠入绿荷之中，通往亭子的曲廊会给你增添穿行嬉戏的雅趣，只是千万别让清风吹来的徐徐荷香醉倒而忘返。漫步绿树浓荫的校园大道，两旁闪闪的草地会令你驻足它们的融融绿意，晃晃的树影会叫你仰视它们的亭亭如盖，羞赧的花容会让你报以甜甜的笑意。一切是那么清爽惬意，如入画境，如品诗意。如果你是一位环保关注者，你会留意"四区"（环境卫生责任区、环保设施保护区、环境自然保护区、环保示范区）、"二牌"（"增强绿色意识、选择绿色生活，倡导绿色文明、创建绿色学校"，"没有地球的健康就没有人类的幸福"）以及相关的"爱护卫生、保护环境"等永久性标语牌；同时，你会很快估算到校园绿化面积超过一半。确实，校园绿化率已达 66.4%。可以说，整个校园是在绿色主旋律下的自然环境与人文环境的和谐统一。

2. 学生环境意识浓

环境意识包括环境赏识意识、环境保护意识、环境关注意识、环境发展意识。

（1）环境赏识意识

学生能自觉欣赏优美的自然风光，感受和谐的生态氛围，体验洁净的生活空间，有健康的环境赏识意识。

2012 年下学期期初和期末，我们对高一新生进行了一项问卷调查，其结果如下：

表 6-8　看电视调查问卷表

时间＼影片	卡通片	武侠片	生活片	风光片
期初	140/300	100/300	48/300	12/300
期末	60/300	70/300	75/300	105/300

由上表可知：学生在未接受环境教育之前，最喜欢看的是卡通片、武侠片等虚拟性的电视剧，占80%；而对生活片、风光片等贴近生活的电视剧则兴趣较少，只占20%，尤其是对电视风光片感兴趣的微乎其微，仅占0.04%，可见其环境赏识意识非常淡泊。通过一个学期的环境教育后，学生的兴趣明显的发生了转移，喜欢生活片、风光片的已占60%，特别是喜欢电视风光片的人大大增加，占其中的35%，比原来增加了近90倍。可见，通过环境教育，学生形成了健康的环境赏识意识，能自觉地欣赏优美的自然风光。

同时，2013年上学期，我们再次对高一的学生进行了另一项问卷调查，其结果如下：

表6-9　选择居住地

闹市区	城郊	农村	山区
20/300	165/300	70/300	46/300

此表可看出：选择闹市区的人极少，仅占0.067%，而几乎所有的人选择居住城郊、农村、山区，尤其是选择农村、山区的也占了近40%。更为有趣的是，有一个女学生既选择了闹市区，又选择了山区，经询问后才知道，她希望同时拥有闹市区的发达经济和山区的自然风光物态，如果闹市区能拥有山区自然景观和清新空气，而山区也拥有城市发达的交通和物流，那就不必费心地选择居所，就可以四海为家了。尽管有点幻想的成分，但可看出她对环境的赏识和要求。

（2）环境保护意识

学生对优美的环境有怜香惜玉之情，能自觉地进行环保宣传、爱护自然景观、保护生态环境、保持环境卫生，从而形成了良好环境保护意识。

中山纪念中学是一个花园式学校，春天百花齐放，夏有石榴荷花，秋有桂花菊花，冬有腊梅傲雪。但一年之中，很难见到有一个学生折枝摘花，因为人人对花草树木都怀有一种怜香惜玉之情。去年中秋节时，有一位家长来校与儿子共度中秋节，当她经过香气扑鼻的桂花树下正要折下一枝玩赏时，一位学生忙上前阻止说："阿姨，别折了，留下给我们慢慢品味吧！"这位家长后来跟她的儿子说起此事时，她儿子却学着老师的话说："花开的香，你想据为己有，人长得好，你难道也想据为己有？妈妈，你差点给我丢丑了。"

如果说环境教育是一个润物无声、潜移默化的过程的话，那么这位家长的儿子便是一个教而化之的成功个案。

近几年来，学校通过出黑板报、宣传橱窗，举办环境摄影、书法、绘画、手抄报展览，配合"地球日"、"环境日"、"节水周"、"爱鸟周"等纪念活动，利用旅游黄金周、展览会等高峰期，组织环境主题班会、队会、团会，抓住集体郊游机会，对学生进行环境教育，带领学生进行环保宣传，不仅有效地培养了他们的环境保护意识，而且锻炼了他们社会活动能力，实现了通过环境教育全面培养人的目的。

（3）环境关注意识

学生能自觉地关注环境新闻，能在生活中发现身边的环境问题，并能正确地处理保护和发展的关系，提出合理的环境建设意见。

关注环境新闻。一方面，为了配合环境教育，学校图书馆特别开设了绿色图书角和绿色书架，阅览室订阅了 40 余种环境报纸杂志；同时，阅报栏专门开辟了环境报刊专窗，"校园之声"广播站适时播送环境新闻，"学校电视台"定期播放环境节目，为学生提供关注环境新闻的机会，以增加学生的环境关注意识。2012 年下期至 2013 年下期，我们对高一年级的学生进行了跟踪调查，其结果如下：

表 6 - 10　关心环保新闻

时期	人数	阅读环境书籍	阅读环境报刊	收集环保文章	留心环保标语	观看环境节目
2012 年下期	100	2	15	1	20	4
2013 年上期	100	12	40	5	36	12
2013 年下期	100	30	70	16	40	22
2014 年上期	100	65	96	24	60	35

从表上可以看出：随着环境教育的深入，学生关注环境新闻几乎逐渐成为一种自觉的行为。尤其是在阅读环境报刊方面，差不多由自觉变成了自发。2015 届高三 24 班黄晓峰同学说："我喜欢看报纸，但每次去看时都要去浏览一下《中国环境报》。"

增加环境知识。由于学生对环境的日益关注，他们的环境知识也日益增加。对于每届学生，我们都要在高一、高二时分别举行一次环境知识竞赛。从竞赛的结果看，学生的环境知识有明显的增加。

表 6 - 11　环境知识检测

时间	人数	60 分以下（人）	60 ~ 80 分（人）	80 ~ 90 分（人）	90 ~ 100 分（人）
2012. 6	160	24	78	40	28
2013. 6	160	0	65	64	31

关注校园环境建设。随着学生对环境行为和环境知识的不断关注，他们便自然而然地将环境关注意识实践化，逐步关心其生存环境，尤其是校园内的环境建设。如校园内逸仙湖的整治建议，学生食堂扩建的提议，理化生实验室改造的呼吁，锅炉设备的改进意见，校园大道的整修方案等，最初都是由环保先锋队提出来的。另外，环保先锋队还主动为校园内名贵树木挂上了标记牌，建立了校园环保示范区。同时，他们还建议学校设立"绿色教室""绿色寝室""绿色食堂""绿色家属区"等环境示范窗口，极大地促进了学校的绿色建设。

（4）环境发展意识

学生明白：人类要生存，社会要发展，环境也要随之发展；而环境的发展需要人类的合理利用和善意对待。

通过环境教育，绝大部分学生都认识到自然资源的有限性，基本上明白"天人合一"的环境生存理念和可持续发展的战略观点。尤其可贵的是，他们能将所形成的环境发展意识述以成文，发扬光大。学校的校本刊物《这里》每期都能刊登相当数量的环境习作。为此，我们特地结集印刷了《学生环境习作集》，共收录了94篇优秀习作。

3. 学生环保行为习惯好

（1）讲究卫生习惯

学生不但养成了良好的个人卫生习惯，如：勤洗手，勤洗澡，勤换衣袜等；而且养成了良好的公共卫生习惯，如：不随意乱涂乱画，不随地吐痰，不乱扔瓜皮果壳纸屑和食品包装袋，将剩余饭菜倒入泔水桶，顺势捡起地上的纸屑放进垃圾桶，在课桌旁备一个废纸袋收集自己的废纸等物，顺手将垃圾分类放置等。

（2）厉行节约习惯

学生明白：节约不仅是一种经济行为，而且是一种环保时尚。例如：随手关灯，不让电器长时间处于待机状态；随手关闭水龙头，注意一水多用，节约水电资源。充分利用纸张的正反两面，尽量使用再生纸张，保护森林资源；回收废旧物品，将一些轻度破损的物品修复后再次使用，避免垃圾污染，争取变废为宝；尽量乘公交车，或骑自行车，或以步代车；不购买贺卡，拒绝接受随意散发的传单。

（3）绿色消费习惯

绿色消费既指拒绝环境污染物，又指选购绿色商品。学生能拒绝使用一次性餐具，不使用塑料袋，少用罐装饮品、食品，不买干电池而买充电电池；在选购商品时认准"中国环境标志"（ISO14020），选购食品时认准"绿色食品标志"，能将手中的钞票变成一张"绿色选票"，让那些危害人类健康和破坏环境的产品失去市场。另外，能拒食青蛙等野生动物，不穿野兽毛皮制作的服装等。

（4）美化环境习惯

美化环境首先是要不破坏环境，在这方面，学生能做到不乱摘花折枝，不践踏草地，不随意在野外烧荒，不乱焚烧垃圾，不攀爬古树名木和文物古迹，不饲养和捕杀野生动物。其次是装点环境，如在室内养花，在生活区内养花种草植树，对周围的环境建设提出合理的建议等。

4. 校本教材的开发

学校课题组依据教育部颁发的《中小学环境教育实施指南（试行）》，结合学校和社区的具体实际，编写了校本教材《环境教育读本》。

七、结论

通过前一阶段的实验研究，我们有如下体会：

环境教育绝非一时一地的事情，也绝非一代两代人的事情，它是一项长期而艰巨的任务。虽然学校领导非常重视环境教育，并且身先士卒承担课题研究任务，课题组成员及热心于环保事业的老师通过多种渠道，采取多种方法，运用多种形式对学生进行环境教育，学校的环境面貌大为改观，学生的环境保护意识空前加强，环保行为习惯逐渐养成，但要使环保意识持久地深入人心，除了加强教育外，还必须假以时日。因而，环境教育应是一个系统工程。

既然环境教育是一个系统工程，那么环境教育、环保宣传、环保研究、环境建设都应落到实处，一句话，环保事业必须得到行政领导的支持，最好邀请领导参加。只有这样，所有的计划才会落到实处，不仅如此，还能更好地推动环保事业的向前发展。

总而言之，环保事业是"路漫漫其修远兮"。保护地球，保护环境，建设绿色家园将是每个人、每一代人的事业，我们课题组将一如既往地为此做出应有的努力。

（课题组成员：周友朋，钱正艳，傅彬）

参考文献

一、著作类

[1] 徐世贵，刘天成，秦辉. 名师备课与课堂有效性［M］. 重庆：重庆大学出版社，2011.

[2] 马克思，恩格斯. 马克思恩格斯选集（第1卷）［M］. 北京：人民出版社，1995.

[3] 教育部普通高中思想政治课课程标准实验教材编写组. 思想政治·经济生活［M］. 北京：人民教育出版社，2008.

[4] 河清. 全球化与国家意识的衰微［M］. 北京：中国人民大学出版社，2003.

[5] 联合国教科文组织国际教育发展委员会. 学会生存——教育世界的今天和明天［M］. 北京：教育科学出版社，1996.

[6] ［美］柯林·罗斯. 学习地图——21世纪加速学习革命［M］. 戴保罗，译. 北京：中国城市出版社，1999.

[7] 韩立福. 有效备课——知识建构型视野下的备课问题与对策［M］. 长春：东北师范出版社，2012.

[8] 中华人民共和国教育部. 普通高中思想政治课程标准［M］. 北京：人民教育出版社，2017.

[9] 朱明光. 普通高中思想政治课程标准（实验）解读［M］. 北京：人民教育出版社，2005.

[10] 师书恩. 计算机辅助教育［M］. 北京：北京师范大学出版社，1993.

[11] 李运林，李克东. 电化教育导论［M］. 北京：高等教育出版社，1986.

[12] 赵才欣，韩艳梅. 如何备课［M］. 上海：华东师范大学出版社，2009.

[13] 郑杰斌. 教师备课新动向［M］. 长春：东北师范大学出版社，2010.

[14] ［德］希尔伯特·迈尔. 备课指南［M］. 夏利群，译. 上海：华东师范大学出版社，2011.

[15] 陈旭远．教学技能［M］．北京：北京师范大学出版社，2015．

[16] 黄秀琼，尹文江．中学思想政治教学技能与微格实训教程［M］．北京：
科学出版社，2013．

二、论文类

[1] 张河珍．巧用时政 妙趣横生——时事政治在高中政治教学中的运用
［J］．福建教育学院学报，2018（11）．

[2] 陈哲远．基于核心素养培养的高中政治时政述评活动的开展［J］．西部素
质教育，2018（4）．

[3] 金瑾．时政资源的教学价值、开发与应用［J］．中学政治教学参考，2019
（13）．

[4] 庄媛．高中时政教育存在的问题及改进对策［J］．教学与管理，2017
（15）．

[5] 丛海啸．谈高中政治教材的"二次开发"——以《政治生活》实例素材处
理为例［J］．中学政治教学参考，2012（19）．

[6] 拓宏伟，任端．延安特色文化产业透视［J］．延安教育学院学报，2004
（1）．

[7] 黄浩森．乡土课程资源的界定及其开发原则［J］．中国教育学刊，2009
（11）．

[8] 王春霞．论红色文化资源在大学生思想政治教育中的功能定位及实现路径
［J］．理论教育导刊，2018（5）．

[9] 林惠燕．高中思想政治教学中的"一例到底教学法"探析——以《国际关
系的决定因素：国家利益》为例［J］．思想政治课研究，2017（4）．

[10] 黄思敏．案例精选取 情境巧设置 生成细无声——浅谈"一例到底"
教学法在思想政治课中的实际运用［J］．思想政治课研究，2015（2）．

[11] 倪爱华．"一案到底"教学法在高中思想政治课教学中的应用探析［J］．
新课程（中学），2015（11）．

[12] 陈伟全．新课程背景下政治课堂案例教学的运用［J］．新课程（教育学
术），2010（3）．

[13] 朱明光．关于思想政治学科核心素养的思考［J］．思想政治课教学，2016
（1）．

[14] 李晓东．基于学科核心素养的社会主义核心价值观培育［J］．思想政治
课教学，2016（7）．

［15］李祖布，汪彦君．核心素养视角下思想政治课教学策略的转变［J］．教学与管理（中学版），2018（1）.

［16］张露．中学政治核心素养：内涵、特性及培养路径［J］．教育导刊（上半月），2017（1）.

［17］杨秀玉．教师发展阶段论综述［J］．外国教育研究，1996（6）.

［18］戴锐．新教师职业适应不良及其防范［J］．教育探索，2012（4）.

［19］王丹燕．关于新教师备课策略的探讨［J］．新课程学习，2013（6）.

［20］彭书棋．浅谈时政热点在高中治课教学的运用［J］．中国科教创新导刊，2009（24）.

［21］杨文淑．在高中思想政治中进行时事教育的方法［J］．学园，2013（29）.

［22］陶孝忠．时事政治在高中政治教学的有效应用［J］．学园，2014（26）.

［23］黄敬辉．在时政教学中培育"政治认同"素养的思考［J］．福建基础教育研究，2018（5）.

［24］中华人民共和国教育部．基础教育课程改革纲要（试行）［N］．中国教育报，2001.

［25］黄欢．红色资源在《文化生活》教学中的运用．［D］南昌：江西师范大学，2017.

［26］王美荣．试论中学思想政治课案例教学的理论与实践［D］．西安：陕西师范大学，2011.

［27］明新．中国小学新手教师的表现特征研究［D］．上海：华东师范大学，2017.

［28］刘其林．高中思想政治教师集体备课的问题研究［D］．武汉：华中师范大学，2017.

［29］高虹洁．红色文化资源融入高中思想政治教育的应用研究［D］．武汉：华中师范大学，2017.